나의 첫 금리 공부

금리만 알아도 경제가 보인다

나의 첫
금리 공부

염상훈 지음

일에일북스

당신의 첫 금리 공부를 위하여

　서점에 가면 주식에 관련된 책, 부동산에 관련된 책은 너무나도 많습니다. 경제에 대한 책들도 간혹 보입니다. 그런데 금리를 이야기하는 책, 채권시장에 대해 말하고자 하는 책은 만나기가 어렵습니다.

　그런데 금리와 채권시장은 하고 싶은 이야기가 너무 많습니다. 기준금리가 과연 물가에 영향을 미칠 수 있을까요? 외환보유고가 많다는 것이 과연 자랑거리일까요? 왜 우리나라는 전 세계에서 가장 신용에 대한 비용이 저렴한 나라가 되었을까요? 왜 우리나라는 유일하게 국채 30년 금리가 국채 10년보다 더 낮은 나라가 되었을까요? 왜 일본에서 지진이 일어났는데 엔화는 강세를 보일까요? 도대체 마이너스 금리는 어떻게 존재할 수 있을까요?

이 책은 학교 수업시간에도 회사에서도 아무도 이야기해주지 않던, 그리고 관심도 없고 중요하게 여겨지지 않았던, 그러나 매우 중요하고 흥미로운 금리에 관한 이야기를 전달하고자 합니다.

모든 경제위기의 시작과 끝에는 금리가 있습니다. 1929년 10월 미국 주식시장에서 주가가 폭락하면서 대공황이 시작되었습니다. 그 직전까지만 해도 거품 경계론이 나올 정도로 들끓고 있던 주식시장은 왜 갑자기 폭락했을까요? 당시 미국 중앙은행인 연방준비은행은 주식시장의 거품이 커지는 것을 막기 위해 1928년에 4% 수준에 불과하던 콜금리를 1년 만에 10% 수준까지 끌어올렸습니다. 이렇게 급격한 금리 인상이 주식시장 하락의 도화선에 불을 댕겼다는 평을 듣고 있습니다. 돈을 빌려서 투자하던 사람들이 늘어난 이자부담과 대출상환 요구를 견디지 못하고 주식을 투매하기 시작했고, 그것이 대공황의 시작인 검은 목요일Black Thursday의 계기가 되었습니다.

'일본의 잃어버린 10년'은 1991년부터 2002년까지 일본의 장기침체 기간(혹자는 현재까지도 이어지고 있다고 평가하고 있는)을 말합니다. 이전까지만 하더라도 일본은 엄청난 호황을 누리고 있었고, 1980년대부터 이어진 저금리 기조로 인해 시중에는 막대한 유동성이 흘러넘쳐 이 자금들이 일본의 주식시장과 부동산시장으로 몰려들었습니다. "도쿄의 땅을 다 팔면 미국을 살 수 있다"라는 말까지 나왔습니다. 그러자 일본 중앙은행은 저금리 기조를 거두고 급격하게 금리를 인상하면서 시중의 유동성을 흡수하고, 자산가격 상승을 경계하기 시작했습니다. 하지만 이는 엉뚱하게도 그동안 쌓여왔던 거품이 쌓여온 속도보다 더 빠르게 꺼지는 반작용을 불러왔습니다. 이후 10년, 아니 20년이 지난 지금까지도 일본의 부동산시장은 내리막을 걷고 있습니다.

미국의 서브프라임 모기지 사태도 마찬가지입니다. 2000년대 초반부터 중후반까지 이어진 전 세계적인 저금리 기조는 다시 한 번 부동산가격 상승에 불을 지폈습니다. 2006년쯤부터 각국이 자산가격 급등을 경계하며 금리를 인상하고 유동성을 흡수하려고 노력했지만, 그 과정에서 급작스러운 부동산가격 하락을 경험했습니다. 부동산 관련 구조화 상품들에서 막대한 손실이 발생하면서 당시 초대형 금융기관 중 한 곳인 리먼브라더스가 파산했습니다. 그 후 전 세계가 동반 침체를 경험했습니다.

이후 위기는 유럽에서 나타났습니다. PIGS(포르투갈, 이탈리아, 그리스, 스페인)국가들은 유로화 통합 이후 기존의 자국통화 대비 강력한 유로화에 힘입어 국가를 포함해 경제주체들의 자본 조달 금리가 크게 내려가는 것을 경험했습니다. 이를 바탕으로 PIGS국가들은 2000년대를 거치며 막대한 부채를 키워나갔고, 리먼브라더스 파산 이후 나타난 부동산 및 기타 자산 가격의 하락으로 인해 부채 상환 압박이 커지면서 심각한 위기 상황을 겪었습니다. 한때 이탈리아와 스페인의 국채금리가 10% 중반대까지 치솟는 모습을 보이기도 했습니다.

대형 경제위기의 시작에는 모두 금리가 있었습니다. 또한 위기 발생 이후에도 금리가 있습니다. 대공황이 시작된 검은 목요일 이후 미국 중앙은행은 금리를 바닥으로 끌어내렸고, 일본 역시 버블 붕괴 이후 제로 수준까지 끌어내린 기준금리를 지금까지 유지하고 있습니다. 2008년부터 주요 선진국들 대부분은 2% 이하의 초저금리를 지금까지 유지하고 있습니다.

주식시장과 주가는 현상이자 결과입니다. 결과를 예측하기도 매우 어렵습니다. 하지만 채권시장과 금리는 원인이자 결과이며, 본질이자 현상입니다. 주가는 정책당국이 결정할 수 없지만, 금리는 정책당국이 결정할 수 있는 부분이 있습니다. 투자자 입장에서는 현상과 결과만을 보여주는 주식시장을 예측하는 것은 어렵습니다. 그렇지만 현재 정부의 의도를 파악하는 것은 그보다 쉬운 일입니다. 채권시장과 금리를 보면서 그 의도가 제대로 통하고 있는지 파악한다면 주식시장의 방향을 예측하는 데 도움이 될 것입니다.

금리와 주가, 환율, 원자재와 부동산 가격은 같은 선상에 존재하는 평등한 관계가 아닙니다. 금리는 토양과 같으며 나무의 뿌리와도 같은 존재입니다. 금리를 시작으로 주가와 환율, 원자재와 부동산이라는 가지가 자라나는 것입니다. 토양과 뿌리의 상태에 따라 그것들이 얼마나 자랄 것인지, 혹은 가지가 시들어버릴 것인지를 알 수 있습니다.

그러나 앞서 언급했듯이 금리와 채권시장은 우리에게 여전히 낯선 존재들이며, 어렵고 복잡해 보이는 단어들입니다. 저 역시 회사에 입사하기 전까지만 하더라도 우리나라의 중앙은행이 한국은행이라는 것, 그리고 그곳에서 우리나라의 기준금리를 결정한다는 기본적인 사실조차도 알지 못했습니다.

아무것도 모르던 제가 채권시장에서 애널리스트로서, 그리고 법인영업을 담당하는 브로커로서, 채권을 직접 운용하는 운용역으로서의 경험, 그리고 대체투자시장에서의 경험이 쌓이면서 느꼈던 수많은 흥미로운 이야기들을 들려드리고자 합니다. 이 책은 저의 시선으로 바라본 채권시장과 금리에 관해 독자들에게 설명하는 놀이터이기도 합니다. 이 놀이터에서 쉽게 놀기 위해 최대한 현재와 과거의 사례를 연관시켜 금리, 경제, 물가, 신용, 환율, 그리고 현재의 금융위기와의 관계를 설명하기 위해 노력했습니다. 여러분이 저의 이 작은 놀이터에서 마음껏 놀아보길 바랍니다. 또 이 책을 계기로 더 깊고 넓은 금융지식을 탐구하기 위한 작은 발판이 되기를 기원합니다.

염상훈

목차

PART 3

물가와 금리,
관계의 역동성에 주목하라

PART 4

신용과 금리,
위험한 만큼 금리는 올라간다

"한국은행은 오늘 열린 금융통화위원회에서 기준금리를 지난달에 이어 동결하기로 결정했습니다"라는 아나운서 멘트, 이게 무슨 소리인가? 뉴스에서 매달 흘러나오는 소식 중 하나지만 우리는 사실 관심이 없다. 금리는 어렵게 느껴지고, 아무도 가르쳐주지 않는다. 하지만 채권시장은 주식시장보다 크다. 채권과 금리를 모른 채 주식에 투자하는 것은 수학·과학을 모른 채 영어·국어만으로 수학능력시험을 보겠다는 것과 다를 바가 없다. 금리, 반드시 알아야 한다. 아는 것이 힘이자 부(富)다.

PART 1

금리를 모르면
경제를 알 수 없다

금리 역시
하나의 가격이다

금리는 하나의 가격이다. 돈이 필요한 사람과 돈을 굴리려는 사람이 만나 결정하는 가격일 뿐이다. 누가 더 간절하냐에 따라 금리의 높낮이가 결정된다.

금리는 하고 싶은 말이 많다. 금리는 경제 상황에 따라서도 변하고, 거래 상대방에 따라서도 변하고, 거래기간에 따라서도 변하고, 국가에 따라서도 변한다. 하지만 우리는 오로지 2가지 금리만을 알고 있다. 하나는 은행 예금금리, 나머지 하나는 은행 대출금리다. 예금금리는 늘 너무 낮고, 대출금리는 늘 너무 높게 느껴진다. 주식은 어떤 종목이 비싸고 싼지 그렇게 치열하게 고민하면서도 금리에 대해서는 왜 그저 받아들이고만 있는지 우리는 스스로 돌아볼 필요가 있다. 금리가 무엇을 의미하는지, 내게 주어진 금리를 어떻게 받아들여야 하는지, 그리고 어디로 가야 나에게 적합한 금리를 찾을 수 있는지 생각해볼 시간이 왔다.

금리는 경제 온도계다

금리는 나라의 경제 상황을 대변한다. 마치 하나의 온도계와 같다. 현재 이 나라의 경제가 얼마나 뜨거운지, 차가운지를 나타낸다. 금리는 실제 온도계처럼 경제가 뜨거울수록 올라가고 차가울수록 내려간다.

우리나라 경제가 엄청난 호황기를 겪고 있다고 가정하자. 누구든지 손대는 사업마다 성공하고, 투자하는 족족 큰돈을 벌고 있다. 이 경우 너도나도 돈을 빌려 사업을 하거나 투자를 하려 한다. 사업이나 투자를 하지 않고, 남에게 돈을 빌려주고 있는 대부자나 채권자의 입장에서는 아쉬운 점이 많다. 돈이 있지만 그 돈을 가지고 남들처럼 사업이나 투자를 하지 않고, 자신의 돈을 필요한 사람들에게 빌려주고 있기 때문이다. 이 상대적인 상실감과 피해의식은 금리를 높임으로써 해결된다. 즉 이자를 더 받으면 된다. 다만 그 이자는 빌려가는 사람이 얻을 수 있는 기대이익을 넘을 순 없다. 만약 그 수준이 넘는다면 빌려가는 사람은 '죽 쒀서 남 주는' 꼴이 되기 때문이다.

반대로 우리나라가 엄청난 불황을 겪고 있다고 가정해보자. 사업을 하면 망하고, 투자를 하면 돈을 까먹는다. 사람들은 아무도 사업을 하려 하지 않고, 투자를 하고 싶어 하지 않는다. 내가 누군가에게 돈을 빌려주고 싶어도 내 돈을 아무도 필요로 하지 않는 것이다. 그렇다면 대출금리를 낮출 수밖에 없다. 울며 겨자 먹기로 싼 금리로 돈을 빌려줘야 하는 것이다. 그래서 불황기에는 금리가 낮아지게 된다(대신 안전한 곳에만 돈을 빌려주려고 한다).

이처럼 금리는 돈이 필요한 사람과 돈을 빌려주려는 사람들이 만나서 결정하는 가격이다. 경제가 뜨거울 때는 돈을 빌리려고 하는 사람들이 많아지고 금리는 올라가게 된다. 반대로 경제가 어려워지면 돈을 빌리려고 하는 사람들이 줄어들면서 대출금리는 바겐세일에 나서게 된다. 그래서 금리는 경제 온도계다.

금리 = 현재 경제 상황이 반영된, 채권자와 채무자가 합의한 이자율

신용 문제가 더해지면 복잡해지는 금리

그런데 문제가 있다. 바로 신용이다. 내가 가진 돈을 '삼성전자'에 빌려줄 때와 '친구'에게 빌려줄 때의 불안감은 완전히 다르다. 만약 내가 받을 수 있는 이자율, 즉 대출금리가 같다면 나는 불안한 내 친구보다는 삼성전자에 빌려주고 싶을 것이다(물론 여기서 우정이나 사람 사이의 정은 고려하지 않기로 한다).

그렇다고 내 친구가 경제활동을 포기할 수는 없다. 그 친구도 돈이 필요할 것이다. 그렇기 때문에 나는 내 친구의 신용도를 고려해 금리를 조절하게 된다. 내 친구가 삼성전자보다 불안한 만큼 이자를 더 받으면 된다. 일종의 보험료 개념이다.

친구 100명에게 돈을 빌려줬는데, 3명쯤 사업에 실패해 돈을 갚지 못하는 상황이 발생했다고 하자. 그렇더라도 다른 97명에게 받은 전체 이자가 삼성전자와 같은 100개의 기업에게 받은 전체 이자와 같다면, 혹은 더 많다면 나도 내 친구에게 돈을 빌려줄 때 아쉬움이 남지 않는다. 그렇다면 여기서 앞서 언급한 금리는 다시 다음과 같은 식으로 표현할 수 있다.

금리 = 현재 경제 상황이 반영된 최소한의 이자율

+ 대출자의 신용위험

고려해야 할 또 다른 요소, 대출기간

현재 적정 주가지수가 얼마일까? 지금의 주가지수는 과연 합리적일까? 적정 주가지수를 도출할 수 있는 계산식이 있을까? 물론 있다. 금융회사에서 일하고 있는 수많은 사람들에게는 지금도 자신이 만든 모델이 존재하며, 자신의 말이 옳다고 주장하고 있을 것이다. 하지만 모두가 공감하고 인정하는 그런 정형화된 해답은 존재하지 않는다. 그런 것이 있다면 수많은 사람들이 주식시장에 뛰어들 이유가 없지 않은가? 백화점에 있는 물건처럼 정해진 금액에 사고, 정해진 금액에만 팔린다면 아마 주식하는 사람들 중 90% 이상이 주식을 그만둘 것이다. 최소한 주식시장에서는 '내가 너보다는 똑똑해'라는 생각을 하는 사람들이 있기 때문에 오늘도 수많은 주식거래가 이루어지고 있다. 같은 주식을 누구는 사고 있고, 누구는 팔고 있다. 둘 중 한 명은 어쨌든 틀렸다.

금리 역시 마찬가지다. 돈을 빌린 사람과 돈을 빌려준 사람, 둘 중 한 명은 틀렸다. 조금만 더 고민해보면 내가 지금 가지고 있는 돈으로 얻을 수 있는 최고 금리, 내가 지금 필요한 돈을 빌릴 수 있는 최저 금리를 얻어낼 기회를 찾을 수 있다.

다시 본론으로 돌아와서 금리를 생각할 때 고려해야 할 것이 또 있다. 그것은 기간, 즉 만기의 문제다. 예를 들어보자. 어느 날 친구가 또다시 내게 돈을 빌려달라며 왔다. 일주일 뒤에 돈을 돌려주겠다고 한다. 많은 사람들이 여기서 '뭐, 일주일 정도쯤이야'라고 생각하며 돈을 빌려준다. 심지어 이자조차 요구하지 않는 경우도 있다.

하지만 그 친구가 돈을 1년 후에 갚을 테니 빌려달라고 한다. 1년 사이에 나도 그 돈을 쓸 일이 생길 수도 있다. 빌려주는 기간이 일주일이면 친구와의 우정도 충분히 유지할 수 있을 것 같지만, 1년이라면 사람 인생은 모르는 법이다. 그 친구와 무슨 문제가 생겨서 생판 모르는 남이 될지도 모른다. 앞서 언급했듯 친구가 가지고 있는 신용위험의 정도는 기간에 따라서도 변한다. 같은 조건이라면 빌려간 돈을 '일주일' 뒤에 갚지 못할 확률보다는 '1년' 뒤에 갚지 못할 확률이 훨씬 높다.

기회비용의 문제도 있다. 친구에게 돈을 빌려준 1년 동안 혹시 내가 다른 곳에 돈을 투자했을 때 더 많은 돈을 벌게 될 기회를 포기하는 것에 대한 기회비용이다. 그래서 금리에 대한 식을 정리하면 다음과 같다.

금리 = 현재 경제 상황이 반영된 최소한의 이자율
+ 기간을 고려한 대출자의 신용위험
+ 기간에 따른 기회비용

━━━━━━━━ 금리는 많은 정보를 지니고 있다. 금리는 경제가 좋을수록 오르고, 상대방의 신용이 나쁠수록 오르고, 거래기간이 길어질수록 오른다. 반대로 금리는 경제가 나빠질수록 내려가고, 상대방의 신용이 좋을수록 내려가고, 거래기간이 짧아질수록 내려간다. 주가는 계속 오르는데 금리가 계속 내려가고 있다면 한번 의심해봐야 한다는 것이다. 복잡하게 느껴지는가? 아직 남은 이야기가 많다. 이 책을 재테크에 관심이 많은 일반인, 혹은 경제를 공부하고 싶은 대학생 등 열의가 있는 사람들이 읽고 있으리라 생각한다. 남은 이야기를 통해 더 많은 정보를 알아보자.

명목금리가 아니라
실질금리를 봐야 한다

눈에 보이는 금리는 중요하지 않다. 그것은 그냥 숫자에 불과하다. 금리는 명목금리가 아니라 물가상승률을 반영한 실질금리를 항상 생각해봐야 한다.

가끔 뉴스에서는 아르헨티나의 기준금리가 60%로 인상되었다든가, 터키 기준금리가 20%를 넘어섰다는 보도를 전한다. 이들 나라에서는 은행 예금만 가입해도 부자가 되는 걸까?

명목금리와 실질금리의 차이

우리가 흔히 말하는 금리는 명목금리를 의미한다. 은행에 붙어 있는 플래카드에 써 있는 금리 역시 명목금리가 기준이다. 눈에 보이는 대부분의 금리가 다 명목금리다.

예를 들어보자. A나라의 금리는 3%이고, 물가상승률은 0%다. B나라의 금리는 15%이지만, 물가상승률은 20%다. 당신은 어느 나라에 돈을 넣어두겠는가? 계산을 해보자. B나라 은행에 1만 원을 예금하면 1년 뒤 1만 1,500원이나 받을 수 있지만, 이는 사실상 손해를 보는 것이다. 왜냐하면 B나라에서 1만 원 하던 물건이 1년 뒤에는 1만 2천 원이 되어 있을 테니 말이다. 1년 전에는 그 물건을 살 수 있었지만, 1년이 지난 시점에서는 오히려 같은 물건을 사는 데 500원이 부족하게 된다.

그래서 우리는 금리를 항상 물가와 함께 생각해야 한다. 우리 눈에 보이는 금리가 아닌, 물가를 제외하고 얻을 수 있는 실질적인 수익률을 '실질금리'라고 한다. 다시 한 번 정의하면 실질금리는 명목금리에서 물가상승률을 제외한 수치를 의미한다.

명목금리 = 실질금리 + 물가상승률

우리는 실질금리를 정확히 알 수 없다

여기서 문제가 발생한다. 지금이 2020년 1월이라고 가정해보자. 우리나라의 2019년 물가상승률은 2%라고 가정하자. 당신은 2020년 새해를 맞이해 착실하게 돈을 모으고자 한다. 이제는 실질금리의 개념을 알고 있으므로 실질금리가 최소한 2%는 넘어야 은행에 돈을 맡길 거라고 마음먹었다. 그렇다면 은행 예금금리는 최소한 몇 % 이상이 되어야 할까? 정답은 '모른다'이다.

은행의 예금금리는 가입할 당시 이미 결정되어 있다. 명목금리는 확정된 셈이다. 하지만 물가상승률은 그렇지 않다. 앞서 가정한 2019년의 물가상승률 2%는 이미 지나간 숫자일 뿐이다. 2020년 물가상승률이 어떤 숫자가 나올지는 알 수 없다. 만약 어느 은행에서 판매하는 4% 금리의 1년 만기 정기예금에 가입해도 2020년 물가상승률이 4%가 나온다면 나의 실질금리는 0%다. 나의 자산가치는 전혀 늘어나지 못한 셈이다.

문제를 어렵게 만드는 가장 큰 이유는 명목금리는 대부분 알 수 있는데, 실질금리는 미래의 물가상승률에 의해 결정되기 때문에 알 수 없다는 것이다. 그래서 내가 지금 투자해서 얻을 수 있는 미래의 수익률, 실질금리는 판단하기 쉽지 않다.

실질금리의 국가별 의미

실질금리는 명목금리에서 물가상승률을 제외한 내가 실질적으로 얻을 수 있는 수준의 금리를 의미한다. 그러므로 실질금리가 높다는 것은 대출자 입장에서는 대출에 대한 비용이 많이 든다는 뜻이고, 예금자 입장에서는 예금을 통해 얻을 수 있는 '진짜' 수익이 크다는 것을 의미한다. 또한 그럼에도 불구하고 높은 실질금리가 유지되고 있다는 것은 그 나라의 경제활동이 매우 활발해 높은 금리에도 불구하고 대출을 통해 어디엔가 투자하고자 하는 사람들이 많다는 것을 의미한다. 반대로 실질금리가 낮다는 것은 그 나라의 경제활동이 위축되어 있어 신규투자 수요가 낮고, 대출을 원하는 사람보다 예금을 원하는 사람이 많다는 것을 의미한다.

신흥개발도상국은 실질금리가 높다. 2010년 1월 브라질의 기준금리는 8.75%였지만, 2010년 연간 물가상승률은 5.9%였다. 브라질에 있는 은행들이 1년 예금금리를 기준금리 수준으로만 제시했더라도 2010년 1년간의 예금투자를 통해 얻을 수 있는 실질 수익은 2.85%에 달했다. 우리나라 같은 경우에는 2010년 1월 기준금리는 2%였으며, 2010년의 물가상승률은 3.9%에 달했다. 2010년 1월에 은행 예금금리가 3.5%라고 가정한다고 하더라도 실질 수익은 -0.4%다. 예금에 넣어두었다면 사실상 손해를 본 셈이다.

일반적으로 선진국에 비해 개도국들은 성장률이 선진국보다 높고, 물가상승률도 선진국보다 높다. 또한 명목금리에서 물가상승률을 제외한 실질금리도 개도국이 선진국보다 높다. 개도국 같은 경우 일반적으로 높은 인구성장률 덕분에 선진국보다 높은 잠재성장률을 보인다. 일부 국가에서는 상대적으로 낮은 임금, 풍부한 자원 등의 요인으로 선진국들의 투자가 유입되며 높은 성장률을 보이는 경우도 많다(물론 이런 부분은 개도국이 선진국의 투자를 받을 수 있는 환경이 충분히 조성되어 있다는 가정이 필요하긴 하다). 성장률이 높다는 것은 임금상승률 역시 높다는 것을 의미하며(만약 높은 성장률에 비해 임금상승률을 낮게 유지하면 사람들의 사회적 반감이 누적되다 결국 사회적 문제로 표출된다), 그로 인해 물가상승률 역시 높아진다. 그래서 개도국의 명목금리 역시 선진국보다 높다. 물가상승률이 높기 때문에 이를 적절히 조절하기 위한 기준금리의 수준 자체가 선진국보다 높기 때문이다.

실질금리도 선진국보다 개도국이 높은 경우가 일반적이다. 그 이유는 매우 간단하다. 실질금리는 대출자에게는 대출을 얻기 위해 지불해야 하는 실질적인 비용이며, 예금자에게는 예금을 통해 얻을 수 있는 실질적인 수익이기 때문이다. 그러므로 경제가 활발하고 성장률이 높은 나라인 경우에는 실질금리가 높게 형성이 된다. 그래서 개도국은 선진국보다 실질금리 수준이 높은 것이다.

실질금리의 시대별 의미

2017년 소비자물가상승률은 1.5%였다. 2017년 상반기 시중은행의 1년 만기 정기예금 금리는 1.5% 수준에 불과했다. 실질금리는 제로 수준이었다. 이렇게 실질금리가 제로 상태 혹은 마이너스 상태를 오래도록 유지하기는 어렵다. 실질금리가 마이너스라는 것은 예금자는 돈을 넣어두면 넣어둘수록 손해를 본다는 것을 의미한다. 대출자 입장에서는 대출을 받으면 내가 상대방에게 이자를 지급하는 것이 아니라 오히려 이자를 받는 셈이나 마찬가지다. 그러므로 실질금리가 마이너스 상태가 되면 대출이 증가하고 저축이 줄어들기 때문에, 당시 경제가 매우 심한 침체기를 겪고 있는 것이 아니라면 물가 상승이 나타나게 되고, 중앙은행은 이를 조절하기 위한 기준금리 인상을 단행하게 된다. 실제로 2017년 11월 한국은행은 기준금리를 1.25%에서 1.50%로 25bp 인상했다. 그러나 만약 당시 경제 침체의 정도가 심하다면 추가적인 기준금리 인하를 단행해 실질금리의 마이너스 상태를 더 심화시켜 대출과 투자를 유인하는 방법을 사용할 수도 있다.

이렇게 실질금리가 낮다는 것 자체가 그 나라의 경제활동이 상당히 위축되어 있고, 잠재성장률이 많이 낮아져 있다는 것을 의미한다고도 이미 앞에서 언급했다. 우리나라의 실질금리가 과거부터 이렇게 늘 낮았던 것은 아니다.

우리나라의 명목금리를 대표하는 금리를 1년 정기예금 금리로 가정하고, 이것을 물가상승률과 비교한 다음 페이지의 그래프를 보면 우리나라의 실질금리는 대부분의 기간 동안 플러스 상태를 유지했다. 가끔 실질금리가 마이너스 혹은 거의 제로 수준에 도달하는 경우가 있는데 이런 일이 생기는 상황을 요약하면 다음과 같다.

첫 번째는 2008년과 같이 물가가 갑자기 급등하는 경우다. 2008년 초 예금에 가입한 사람들은 6% 정도의 금리를 보고 자신들의 돈을 맡겼다. 하지만 2008년 소비자물가상승률은 4.7%로 실질적으로 얻은 이익은 1% 정도에 불과했다(물론 2008년 주식과 같은 위험자산에 투자하고 있던 투자자들은 2008년 9월 리먼브라더스 파산과 함께 마이너스의 수익률을 경험했을 것이다).

두 번째는 2010~2012년, 2017~2018년과 같이 경기회복에도 불구하고 기준금리 인상이 이루어지지 않아 혹은 기준금리 인상 속도가 물가

한국의 예금금리와 소비자물가상승률 추이

자료: 한국은행

범례: — 소비자물가상승률(전년비) — 정기예금 금리(1년 이상~2년 미만)

상승 속도보다 낮아 명목금리가 물가상승률에도 미치지 못하는 경우다. 이와 같은 경우에는 금리고정형 상품의 매력이 상대적으로 떨어지는 시기이며, 최소한 물가상승률 이상의 수익을 올릴 수 있는 상품(부동산이나 원자재 혹은 주식·원자재 투자 펀드, 물가연동국채 등)에 투자해야 하는 시기라고 판단할 수도 있다.

그러나 실질금리만 보고 투자를 결정하는 것은 어렵다. 2008년 실질금리가 점차 축소되는 것을 보고 이를 경기활동의 둔화로 판단하고 위험자산 투자를 자제했다면 그것은 매우 성공적인 투자였을 것이다. 그러나 당시에는 물가 급등으로 인해 실질금리가 축소되고 있었던 것이고, 물가급등이 일어났던 가장 큰 원인은 유가 급등이었다. 미국의 부동산시장은 이미 서브프라임 쪽에서 2007년부터 위험신호를 일부 보내왔다 하더라도 유가 급등은 경기 호조로 인해 나타났을 것이다. 부동산가격, 물가, 주가까지 모두 상승하는 가운데 실질금리의 축소 하나만을 보고 위험신호로 판단하기는 어려웠다. 또 실질금리 축소를 위험신호로 판단하는 투자자가 있다면 2017년에 큰 실수를 했을 가능성이 크다. 2017년 반짝 나타난 물가 상승으로 인한 실질금리의 축소를 보고 위험자산에 대한 투자를 멈췄다면 부동산가격의 급등을 바라만 봤어야 했다.

다만 확실한 것은 과거에 비해 실질금리의 수준 자체가 낮아졌음은 부인할 수 없는 것이다. 앞으로도 그런 기조가 이어질 가능성도 상당히 커 보인다.

━━━━━ 예전에는 대부분 물가상승률보다 예금금리가 높았다. 그래서 사람들은 예금에 돈을 넣어두는 것만으로도 실질적인 수익을 얻을 수 있었다. 부동산투자나 주식투자로 돈을 버는 사람이 옆에 있어도, 개미처럼 열심히 돈을 모으고 그렇게 자신의 자산을 불려가는 사람들도 성공할 수 있었다. 속도의 차이만 있었을 뿐이다.

그런데 지금은 이야기가 다르다. 2010년 이후 지금까지 예금금리는 물가상승률과 위아래를 바꾸어가며 싸워가고 있다. 가끔 물가상승률이 너무 낮아 실질금리를 조금이나마 플러스로 만들어주고 있을 뿐이다. 개미처럼 돈을 모아도 실질적인 나의 자산가치가 쉽게 늘어나지 않고 있다. 지금 같은 상황에서는 개미 같은 삶이 답이 될 수 없다. 눈에 보이는 예금금리가 곧 나의 수익인 것은 아니다.

주식시장보다
채권시장이 더 크다

2018년 우리나라의 주식시장 시가총액은 1,600조 원 수준이지만, 채권시장은 1,900조 원이 넘는다. 이렇듯 주식시장보다 채권시장이 큰데, 이를 모르는 사람들이 많다.

사업은 남의 돈으로 하는 것이다. 성공할 자신만 있다면 초기투자를 아낄 이유가 없다. 필요한 만큼의 자금을 전부 보유하고 있으면 좋겠지만, 세상에 사업을 시작할 때부터 그렇게 자금이 여유 있는 사람 혹은 기업은 많지 않다. 그래서 사업을 시작하는 대부분의 사람들은 남의 돈을 빌려와 사업을 시작한다.

남의 돈을 빌려오는 방법은 크게 2가지다. 첫째는 주식을 발행하는 것이고, 둘째는 채권을 발행하거나 대출을 받는 것이다. 여기서 질문! 만약 사업주가 사업이 성공할 것이라는 강한 자신감이 있다면, 이 사람은 주식을 발행할까, 채권을 발행할까? 정답은 당연히 '채권'이다.

왜 채권을 발행하는가?

주식을 발행한다는 것은 남의 돈을 빌려오는 것이 아니다. 오히려 내 것을 팔아넘기는 것이다. 예를 들어보자. 여기에 어떤 사업이 있다. 이 사업을 시작하는 데 필요한 자금은 2억 원, 이 자금이 순조롭게 투입되었을 경우 매년 3천만 원의 수익이 기대된다. 사업주가 현재 보유한 자금은 1억 원이고, 추가로 필요한 자금은 1억 원이다.

주식을 발행할 경우 사업주는 총 2억 원 규모의 주식을 발행한 뒤 1억 원은 본인이 직접 사고, 남은 1억 원은 투자자, 즉 남의 돈을 받아오면 된다. 대신에 투자자는 이 사업에 대한 권리를 사업주와 동등하게 절반씩 가지게 된다. 즉 매년 발생하는 수익금 3천만 원을 재투자하지 않는다면 사업주와 투자자는 수익금의 절반인 1,500만 원씩 나눠 가지게 될 것이다. 사업주는 1억 원을 투자해 매년 1,500만 원의 수익금을 얻어가는 셈이고, 투자수익률은 15%가 된다.

채권을 발행한다면 더 높은 수익률을 누릴 수 있다. 주식은 1억 원 규모로 발행한 뒤 사업주 본인이 모두 인수한다. 부족한 1억 원은 채권을 발행해 남의 돈을 빌려온다. 이때 발행한 채권의 금리가 10%라고 가정하면 사업주는 매년 1억 원의 10%에 해당하는 이자를 채권을 매수한 사람에게 지급해야 한다. 수익금 3천만 원 중 1천만 원을 이자로 지급하면 남은 돈은 2천만 원이므로 사업주는 자신이 투자한 돈 1억 원에 대해서 매년 2천만 원의 수익을 올리게 된다. 주식으로 자금을 조달했을 때보다 수익률이 5% 높아진 셈이다.

채권은 발행한 뒤 만기가 돌아오면 다시 발행해 새롭게 자금을 조달해야 한다. 이때 사업을 시작하고 해당 사업이 안정된 모습을 보인다면 다시 발행하는 채권의 금리는 낮아질 수 있다. 이제 막 시작하는 기업보다는 5년째 사업을 이어오고 있는 기업이 더 안정적으로 보이는 것은 당연하다. 투자자들은 낮아진 위험에 대한 대가로 낮은 금리를 감수할 수 있다. 그럼 사업주는 더 높은 수익률을 올리게 되는 것이다.

물론 주식으로 자금을 조달하는 것이 더 유리할 때도 있다. 만약 발행하는 채권의 금리, 즉 지급해야 하는 이자율이 15%가 넘는다면 주식으로 조달하는 것이 더 유리하다. 이 사업에 대해 투자자들이 큰 불안감을 느껴 고금리를 요구하는 경우에는 주식조달과 채권조달의 비용을 비교해봐야 한다.

$$\frac{\text{사업을 통한 예상수익} \times \text{지분율}}{\text{사업주가 투자한 금액}} > \text{발행 가능한 채권금리}$$

위의 부등호가 유지된다면 채권으로 자금을 조달하는 것이 유리하다는 뜻이다. 하지만 현실에서 사업 초창기에는 채권으로 자금을 조달하기보다 주식으로 자금을 조달하는 경우가 많다. 이는 말 그대로 채권금리, 다른 사람의 돈을 순수하게 투자가 아닌 대출의 의미로 빌려오는 것에 대한 대가가 매우 크다는 뜻이다(혹은 대출이 거의 불가능하다). 불확실한 사업을 처음으로 시작하는 사람들에게 요구되는 이자율이 매우 높기 때문이다.

반대로 이미 사업을 진행하고 있고 그 사업에서 어느 정도 수익이 나는 기업은 채권금리가 자신의 사업에서 얻을 수 있는 수익률보다 낮은 경우가 대부분이다. 그래서 주식시장에 상장된 대부분의 기업들은 필요한 자금을 채권 발행 혹은 은행 대출을 통해 얻는다. 이런 이유로 주식시장에서 유상증자가 공시되는 경우에 일반적으로는 악재로 인식된다. 유상증자에 따라 자신의 지분율이 하락하게 되는 희석효과도 존재하지만, 채권을 발행해 자금을 조달하는 것보다 주식으로 자금을 조달하는 것이 더 유리할 정도로 사업의 수익률이 떨어졌다는 것을 의미하기 때문이다. 혹은 채권시장에서 사업의 불확실성이 커진 것으로 인식되면서 요구받는 채권금리가 엄청나게 높아졌다는 것을 의미하기도 한다. 그래서 자신감이 있는 기업들은 주식을 추가로 발행할 필요가 없다. 왜 내 돈을 남에게 나눠주려 하겠는가?

누가 채권을 발행하는가?

앞서 언급했듯 2018년 채권 발행잔액은 1,900조 원이 넘는다. 이 큰 규모의 채권을 도대체 누가 발행했을까? 채권의 가장 큰 발행처는 우리가 알고 있는 삼성전자, 포스코, SK 등과 같은 일반 기업이 아니다. 이 나라에서 가장 돈이 많이 필요한 곳, 역시 대한민국 정부다. 이렇게 국가가 발행한 채권을 국채라고 부르는데, 우리나라에서 대한민국 정부가 발행한 국채의 규모는 2018년 기준 600조 원이 넘는다. 국가의 수

채권별 발행잔액

(단위: 조원)

구분	국 채	지방채	특수채	통안채	금융채	회사채	계
2009	331	16	216	147	257	164	1,132
2010	360	16	255	163	247	179	1,220
2011	390	17	267	162	243	209	1,287
2012	413	17	318	163	240	244	1,395
2013	453	18	349	161	261	268	1,509
2014	493	19	308	178	324	267	1,589
2015	545	22	334	181	351	270	1,702
2016	613	21	337	174	374	269	1,789
2017	615	22	338	171	406	279	1,831
2018	641	21	328	172	446	300	1,908

자료: 한국은행

입원은 국민들의 세금이며, 이 세금을 가지고 필요한 곳에 자금을 투입한다. 하지만 필요한 돈이 세수(세금 수입)보다 많아지면 돈을 어디선가 빌려와야 하는데, 정부가 시중은행에 가서 돈을 빌릴 수는 없기 때문에 금융시장에서 국채를 발행해 필요한 자금을 조달한다.

그런데 600조 원이나 되는 국채를 누가 다 사갔을까? 바로 '우리'다. 우리는 알게 모르게 국채의 상당량을 사고 있다. 우리가 가입한 국민연금 중 상당 부분이 국채에 투자되어 있으며, 우리가 보험회사에 납입한 보험금도 자금 운용 시 안정성을 중요하게 여기기 때문에 국채에 투자되고 있는 것이 많다. 우리가 증권사에 가서 CMA에 가입한 돈도, 대출 기능이 없는 우체국의 예금이나 보험에 가입한 돈들의 일부도 국채로 운용되고 있다. 또한 우리가 집을 살 때, 자동차를 살 때 강제로 구입해야 하는 국채들도 존재한다.

정부도 하나의 거대한 기업이다. 버는 돈은 뻔한데 자꾸 쓰는 돈만 많아지면, 그 기업은 부실해질 수밖에 없다. 국채도 엄연히 이자를 지급해야 하는 채권이므로, 이는 모두 정부의 부담이며, 결국은 국민의 부담임을 잊지 말아야 한다. 정치인들이 남발하는 포퓰리즘 정책을 날카롭게 바라봐야 하는 이유가 여기 있다. 정부의 돈은 결국 우리의 돈이다.

그다음 최대 채권 발행처는 대한민국의 중앙은행인 한국은행이다. 여기서는 170조 원이 넘는 채권 발행잔액을 가지고 있다. 한국은행이 발행한 채권의 이름은 통화안정증권으로, 줄여서 통안채라고도 한다. 한국은행은 나라 전체 돈의 양을 조절하는 기능을 담당한다. 그런데 경제가 발전하면서 전체 돈의 규모도 계속 커지고, 이것을 조절하는 데 필요한 자금의 양도 점점 커지고 있다. 그리고 사실상 한국은행이 채권을 발행한 돈 역시 정부의 부채로 봐야 하기 때문에 우리나라의 부채 규모가 생각보다 적지 않다는 점도 유념할 필요가 있다.

정부가 소유한 기업인 공기업들 역시 채권 발행잔액이 많다. 공기업들이 발행한 채권을 특수채 혹은 공사채라고 부른다. 공기업들은 정부의 기업이고, 운영 과정에서 손실이 발생한다면 정부가 법적으로 손실분을 메우도록 되어 있는 경우가 많다. 이런 공기업들이 발행한 공사채 잔액은 2018년 기준 320조 원이 넘는데, 그중 가장 많은 잔액을 보유한 기업이 한국주택금융공사다. 주택금융공사는 주택담보대출인 보금자리론의 재원 마련을 위해 주택담보대출저당채권MBS: Mortgage Backed Security을 발행하는데, 이 MBS의 발행잔액만 100조 원이 넘는 상태다. 주택담보대출의 규모가 꾸준히 커지면서 나타난 결과다. 과거에는 한국토지주택공사LH가 한때 50조 원이 넘는 채권 발행을 가지고 있는 공사채 발행잔액 1위의 공기업이었으나, 이제는 부동산 경기 회복 덕분에 보유한 토지 매각이 상당수 이루어지고 정부의 공기업 부채관리로 인해 채권 발행잔액이 35조 원 수준으로 감소한 상태다.

다음은 은행들이 발행한 은행채다. 사실상의 정부 소유 은행인 산업은행과 기업은행의 채권 발행잔액은 180조 원 수준이며, 일반 시중은행들의 은행채 발행잔액은 100조 원 정도다. 은행은 예금을 통해 자금을 수신하고, 그 자금을 가지고 대출로 운용해 수익을 창출한다. 하지만 예금수요보다 대출수요가 클 경우 부족한 자금은 은행채를 발행해 조달한다. 여기서 예금수요보다 대출수요가 계속 커진다는 것은 어딘가로 투자(혹은 투기)를 하기 위한 수요가 늘어나고 있다는 것을 의미하기 때문에 금융감독원은 예대율(예금잔액 대비 대출잔액의 비율)을 규제하고 있으며, 은행이 항상 예금 대비 대출 비중을 적절하게 관리하도록 유도하고 있다.

마지막으로 일반 기업들이 발행한 회사채가 있다. 전체 채권시장 1,900조 원 중에서 일반 회사채는 약 150조 원 정도를 차지하고 있어,

생각보다 비중은 크지 않은 편이다. 정부나 한국은행, 정부 소유의 공기업, 일반 시중은행과 같이 채권을 많이 발행하는 기관들은 신용에 대한 위험이 매우 적은 편이다. 하지만 일반 기업들 같은 경우에는 기업마다 위험도가 다르기 때문에 이에 대한 정확한 판단이 필요한데, 아직 국내에서 그런 것들을 정확히 판단하기 위한 기관과 인력이 부족하다. 이런 이유로 투자에 제한이 있을 수밖에 없기 때문에 회사채시장이 생각보다 커지지 못하고 있으며, 이러한 여건으로 인해 일반인들의 회사채에 대한 인식도 부족한 상태다.

━━━━━ 채권시장은 굉장히 크다. 일단 주식시장보다 크고 (2018년 말 기준), 발행주체도 국가부터 일반 기업·은행·공기업까지 포함되어 주식을 발행하는 기업들보다 범위가 넓다. 주식시장에서는 국가가 상장되어 있는 경우도 없고 공기업이 상장되어 있는 경우도 드물다. 하지만 채권시장에서는 이들 모두를 만날 수 있다.

발행주체의 범위가 넓고 시장이 크다는 것은 투자 기회가 더 많다는 것을 의미한다. 투자자들은 투자 가능 여력과 원하는 투자의 위험 수준에 따라서 적합한 발행자가 발행한 채권에 투자할 수 있다. 수익률이 낮다는 것도 편견일 뿐이다. 위험한 기업에 투자하면 그만큼 높은 수익을 올릴 수 있다. 채권시장은 당신의 생각보다 훨씬 크다.

왜 국가가 돈을 찍어서 국민들에게 고루 나눠주면 안 되는 걸까?

왜 국가는 국민에게 돈을 나눠주지 않는가? 그냥 돈을 찍어서 나눠주면 나도 잘살고, 너도 잘살고, 우리 모두 잘살 것 같은데 말이다. 어렸을 때 다들 한 번쯤은 해봤던 고민일 테지만, 그러면 안 되는 이유에 대해서도 여전히 잘 모르는 것 같다.

돈을 찍어서 뿌리면 가격만 변한다

우리나라에 단 2명이 살고 있다고 가정해보자. 한 명은 사과를 키워 먹고산다. 또 다른 한 명은 쌀을 키운다. 이들이 어느 날 '돈'의 필요성에 대해 공감하고 돈을 만들어 사용하기로 했다. 사과 한 개에 100원이고, 쌀은 밥 한 공기 분량에 100원이다. 그런데 갑자기 하늘에서 1만 원이 2명 각각에게 뚝 떨어졌다(하지만 그 둘은 상대에게도 하늘에서 돈이 떨어져서 1만 원이 더 생겼다는 사실은 모르고 있다). 그렇다면 이들은 부자가 되었을까? 답은 '절대 아니다'이다. 돈이 있으면 뭐하겠는가? 그 2명이 생산할 수 있는 사과와 쌀의 양은 변하지 않는다. 아무리 돈이 늘어나도 상대방에게 살 수 있는 사과와 쌀의 양은 같은 것이다.

그렇다고 아무것도 변하지 않는 것은 아니다. 변하는 것이 있다. 바로 사과와 쌀의 가격이다. 돈이 1만 원이나 더 생긴 두 사람은 서로의 사과와 쌀을 더 많이 사려고 할 것이다. 판매자 입장에서는 하나나 둘을 사가던 상대방이 여러 개를 사려 하니 상품의 가격을 올려야겠다고 생각하게 될 가능성이 크다. 결국 나라의 경제 상황, 총생산량에는 전혀 변화가 없는 가운데 물가만 상승하게 되는 것이다(이 나라에서는 사과와 쌀만 생산되기 때문에 사과와 쌀 가격이 오르게 되면 물가가 변한다). 결국 돈을 찍어서 공평하게 나눠주면 경제적인 측면에서는 변하는 것이 없으며, 물가만 올라 오히려 예전만 못한 상황이 된다.

이를 현실 세계에 적용하면 이렇게 생각해볼 수 있다. 우리나라에 있는 모든 돈, 즉 화폐뿐만 아니라 은행에 예금되어 있는 돈, 채권에 투자되어 있는 돈, 펀드나 MMF에 투자되어 있는 돈 등 모든 형태의 돈을 다 합치면 우리나라의 모든 물건 가격(집·땅과 같은 부동산을 포함한 돈을 지불한 어떠한 형태의 모든 물건)의 합이 된다. 애당초 물건을 구입할 때 돈을 지불했기 때문에 그렇게 지불된 돈은 어디에 어떤 형태로든지 움직이고 있을 것이다. 그렇다면 다음과 같은 식으로 우리나라 자산 총액을 표현할 수 있다.

우리나라에 존재하는 모든 돈의 합
= 우리나라 전체 물건 개수 × 개당 평균 물건가격

이런 상황에서 정부가 돈을 찍어 모두에게 공평하게 나눠준다 해도 어차피 우리나라의 생산시설, 생산량에는 변화가 없다. 그렇기 때문에 전체 평균 물건가격만 상승할 뿐, 물건 개수는 그대로다. 그래서 늘어나는 돈의 양만큼 물가만 상승하게 되는 것이다.

돈을 찍어서 어려운 사람들에게만 준다면?

세상의 자원과 상품은 늘 한정되어 존재한다. 사람들이 인공적으로 만들어낸 화폐, 즉 돈의 양만 늘어난다고 해서 자원이 더 생기거나 상품이 더 생산되는 것은 아니다. 그러므로 돈을 찍어서 누군가에게 준다고 하면 그 누군가는 부자가 될 수 있지만, 전 세계의 부는 변함이 없다. 오히려 그 돈을 받지 못한 다른 사람들에게 손해가 발생할 수 있다.

예를 들어보자. 어떤 나라에서 1년에 총 100개의 사과가 생산된다. 인구는 10명으로, 부자 3명은 1년에 20개씩 사과를 먹고, 일반 중산층인 5명은 8개씩 사과를 먹는다. 가난한 2명은 돈이 없어서 사과를 사 먹지 못하고 있다. 그런데 국가가 가난한 이들을 위해서 돈을 새롭게 찍어 사과를 사 먹을 돈을 줬다. 평소에 사과를 사 먹지 못했던 이들이 시장에 가서 사과를 사니 개당 1천 원이던 사과의 가격은 오를 수밖에 없다. 따라서 이 2명이 사 먹는 사과 개수만큼 나머지 사람들은 사과를 평소보다 덜 먹어야 한다. 부자들이야 가격이 조금 오른다고 해도 영향을 덜 받겠지만, 일반 중산층 5명은 8개씩 먹던 사과를 7개 혹은 5개만 먹게 될지도 모른다.

"가난한 사람들이 사과를 조금 더 먹게 되었는데 무슨 상관이냐"고 반문할 수 있다. 그 지적에 동의하고 싶지만 그러기 쉽지 않다. 이걸 사과의 문제가 아니라 내가 얻을 수 있는 총재화 수준의 변화라고 생각해보자. 국가가 가난한 사람들에게 보조금을 지급하면 물가는 오르게 된다. 내 가족의 한 달 생활비는 200만 원이었는데 보조금 지급으로 인한 물가 상승으로 예전과 같은 생활을 유지하기 위해서 250만 원이 필요해졌다. 그런데 소득은 변화가 없을 테니 나는 200만 원밖에 쓸 수 없고, 결국 어딘가에서 지출을 줄여 예전보다 못한 생활을 해야 한다. 그것을 쉽게 받아들일 수 있겠는가?

현재 국가는 어려운 사람들을 여러 가지 방법으로 돕고 있다. 실제로 돈을 직접 지급하기도 하다. 하지만 그것은 문제가 되지 않는 돈이다. 국가가 세금으로 거둬들인 돈이기 때문이다. 국가가 새롭게 화폐량을 더 늘려서 지급한 돈이 아니라는 것이다. 부자들이 보유한 돈의 일정 부분을 가난한 사람들에게 이동시킬 수 있으면 전체 돈의 양은 변하지 않고, 물가 상승이라는 문제도 발생하지 않는다. 다만 부자들에게 세금을 많이 걷으면, 부자들은 경제활동에 대한 의욕을 상실한다. 열심히 살 이유를 잃어버리게 되는 것이다. 그래서 국가는 그 접점을 찾아 양쪽을 최대한 만족시킬 수 있는 수준에서 세금을 걷고, 부를 재분배해야 하는 막중한 임무가 있다.

다시 한 번 강조하지만 돈을 찍어낸다고 변하는 것은 아무것도 없다. 돈의 양만 늘어나게 된다면 누군가는 평소보다 돈이 좀 남아돌게 된다. 잉여자금이 생긴 것이다. 그럼 그 돈을 가지고 은행 예금에 넣든, 주식을 사든 운용처를 찾게 된다. 이렇게 돈을 빌리려는 사람보다 돈을 운용하려는 사람들이 많아지면 금리는 하락하게 된다. 금리가 하락하면 대출수요가 늘어나고, 그렇게 되면 신용창조 과정에 의해 전체 돈의 양이 더욱크게 늘어난다. 뿌려진 돈으로 인해 금리는 낮아지고, 낮은 금리는 돈의팽창을 더욱 자극하게 된다. 팽창된 돈은 물가를 끌어올리게 된다. 이때물가상승세를 잡지 못하고 어느 한순간 놓치게 되면 하이퍼 인플레이션이 발생하게 된다. 연간 물가상승률이 1,000% 혹은 10,000%가 넘어가는 일을 막지 못하는 상황이 생길 수도 있다.

돈을 나눠주는 것이 무조건 나쁘지는 않다

지금까지 계속 '돈을 찍어서 나눠주는 것은 좋지 않다'는 식으로 말했다. 하지만 때에 따라서는 그것이 꼭 나쁜 것만은 아니다. 일단 변하지 않는 사실은 이것이다. 돈을 마구 찍어내면 물가가 오른다. 이것은 '1+1=2' 수준의 사실이다. 하지만 물가가 오르는 것이 나쁜 것만은 아닐때가 있다. 물가가 적절한 수준보다 많이 오르는 것은 명백한 문제이지만, 물가가 적절한 수준 아래로 하락하는 것은 더 큰 문제가 될 수 있기때문이다. 경제가 침체에 빠져서 물가가 하락하는 상황이 나타나면 국가는 돈을 찍어서 나눠주는 방법을 고민해볼 수 있다.

실제로 일본은 버블 붕괴 이후 장기불황을 타개하기 위해 국민들에게상품권을 나눠준 일이 있다. 또한 그 당시 일본도 화폐를 발행해서 국채를 직접 매입해 금리를 낮추려고 노력했다. 금리를 낮춰서 대출을 늘리고, 늘어난 대출이 소비를 자극해 물가가 오르기를 기대한 것이다. 그러나 돈을 찍어내고 그것을 나눠주었음에도 대출이 늘어나지 않고 신용창조 과정이 작동하지 않아 그들이 원하는 물가 상승이 나타나지 않았다 (그래서 결과론적인 이야기지만 그 당시에 더욱더 적극적으로 돈을 찍어내는 행동을 했어야 한다는 주장도 존재한다).

미국도 마찬가지다. 2007년 이후 부동산시장이 붕괴되고, 2008년 결국 리먼브라더스라는 대형 금융기관이 부도나자 미국 역시 경기침체와 물가 하락을 방어하기 위해 일본과 같은 방법을 사용했다. 화폐를 발행해서 미국채와 모기지 담보부 채권[MBS] 등 여러 가지 채권을 매입한 것이다. 그렇게 총 3차에 걸쳐 매입한 채권 규모는 3조 7천억 달러에 달했다. 원화로 치면 4천조 원에 달한다. 이 모든 것들은 시중금리를 낮추고, 대출을 증진시키기 위해 행해진 것들이다.

극단적인 방법이긴 하지만 물가 하락이 진행되는 경우에는 화폐 발행을 통해 경제의 장기침체를 막으려는 시도가 효과적일 수 있다. 하이퍼인플레이션만큼 디플레이션(물가 하락이 나타나는 것)은 벗어나기 어려운 것으로 알려져 있고, 2008년 이후 미국과 유럽 등지에서 펼쳐진 양적완화 정책으로 인해 제로 기준금리와 화폐 발행을 통한 시장 유동성 공급에 대해 사람들의 인식 역시 많이 관대해졌다.

사람들은 상호 간의 더 편리한 거래를 위해 화폐를 만들었다. 화폐는 서로 간의 약속이며 거래의 수단으로 활용되고 있지만, 결국 사람들이 만들어낸 실제로는 아무 가치가 없는 종잇조각일 뿐이다. 이것이 더 많이 발행되어 하늘에서 뿌려진다고 해도 공장에서 찍어내는 물건의 질과 양이 변하는 것은 아니다. 세계의 자원과 상품은 한정되어 있는데 돈만 늘어나면, 이는 결국 공급은 정체되어 있는데 수요만 늘어나는 것을 의미한다. 그러므로 가격의 상승만 불러온다.

실생활에서도 이와 비슷한 현상이 종종 나타나고 있다. 재원이 확보되지 않은 정치인들의 무분별한 복지정책이 그러하다. 자금 조달 계획이 없는 복지정책은 국가의 빚을 증가시켜 국가재정을 어지럽히거나 결국 화폐 발행으로 이어진다. 그로 인해 나타난 물가 상승을 제어하지 못하면 하이퍼 인플레이션이라는 존재를 만나게 된다.

차 한 대를 사고 싶다. 하지만 가지고 있는 돈이 없다. 그러면 돈을 빌려서 사야 하는데 대출금리가 10%라고 한다. 차를 사지 않기로 결정한다. 그러나 만약 대출금리가 2% 정도로 매우 낮다면 벌써 차를 구입했을 것이다. 금리가 높으면 팔리지 않아도 금리가 낮으면 팔릴 수 있다. 자동차 회사는 돈을 조금 더 벌 수 있고, 그 돈으로 새롭게 투자를 하거나 직원들의 임금을 올려줄 수도 있다. 그럼 그 직원은 또 다른 소비를 통해 같은 현상을 만들어낼 수 있다. 이렇듯 금리는 경기를 움직일 수 있다. 그래서 금리를 알면 경기의 흐름이 보이는 것이다.

PART 2

금리를 알면
경기의 흐름이 보인다

자산가치 평가의 첫걸음,
할인율에 대해 익히자

'조삼모사'의 원숭이들은 정말 어리석은 걸까? 아니다. 같은 7개여도 먼저 4개를 받는 것이 더 이득이다. 원숭이들은 할인율의 개념을 정확하게 파악했다.

금리는 막연하다. 의미하는 것이 무엇인지도 정확하게 모르겠다. 우리가 몸으로 느끼는 가장 큰 의미의 금리는 대출이자율이다. 내가 누군가에게 돈을 빌리는 것에 대한 대가가 금리인 것이다. 또한 내가 내 돈을 누군가에게 맡기는 것에 대해 받을 수 있는 보상이 곧 금리(흔히 말하는 이자)다. 하지만 그것 외에도 여러 중요한 의미가 있는데, 이번에는 자산가치를 평가할 때 쓰는 할인율로 금리의 의미를 살펴보려고 한다.

간단한 예를 들면 이런 것이다. 당신이 미래의 할인율을 적용할 때 5%라고 생각하던 것을 4%로 바꾸기만 해도 현재 사는 아파트의 가치는 4억 5천만 원에서 5억 원으로 올라가게 된다.

돈의 현재가치와 할인율

현재가치에 대해 먼저 설명해보자. 어느 날 갑자기 산신령이 내려와 당신에게 한 가지 제안을 했다. 지금 자신에게 100만 원을 주면 1년 뒤에는 110만 원을 주겠다고 한다. 일단 상대방이 산신령이므로 1년 뒤에 산신령이 도망가거나 하는 일은 없을 것이다. 그렇다면 당신은 이 제안을 받아들일 것인가? 당신은 현재 보유하고 있는 100만 원의 가치를 어떻게 판단하고 있는가?

다른 질문을 해보자. A회사는 월급 100만 원을 주고 당신을 고용하려 한다. B회사도 월급은 100만 원이다. A와 B는 같은 일을 하는 비슷한 회사다. 하지만 A회사는 월급을 선지급으로 매월 1일에 입금하고, B회사는 후지급으로 매월 말일에 입금한다. 당신은 어떤 회사에 입사하겠는가?

필자라면 당연히 A회사에 입사하기로 할 것이다. 돈은 무조건 먼저 받는 것이 좋다. 돈을 먼저 받아 은행에 넣어두면 최소한 한 달 동안의 이자를 더 받을 수 있지 않은가? 이런 차원에서 보면 '조삼모사^{朝三暮四}'의 원숭이들은 어리석지 않다. 같은 7개여도 먼저 4개를 받는 것이 더 이득이기 때문이다. 원숭이들은 할인율의 개념을 정확하게 파악하고 있는 것이다. 같은 100만 원이어도 지급 시점에 따라 가치가 다르다. 또한 당연히 같은 금액이라면 현재 돈의 가치가 미래에 받을 돈의 가치보다 높다.

현재가치란 내가 보유한 어떤 자산, 혹은 투자안 등 미래에 발생하는 수익이나 가치를 현재의 가치로 재평가한 것을 의미한다. 미래의 가치

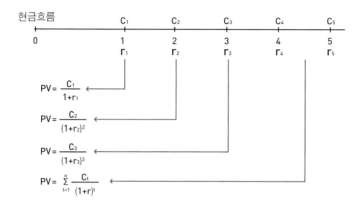

현재가치(PV)의 계산방법

현금흐름

$$PV = \frac{C_1}{1+r_1}$$

$$PV = \frac{C_2}{(1+r_2)^2}$$

$$PV = \frac{C_3}{(1+r_3)^3}$$

$$PV = \sum_{t=1}^{n} \frac{C_t}{(1+r)^t}$$

를 현재 기준으로 바꾸기 위해 사용하는 금리가 바로 할인율이다. 조금 복잡하지만 현재가치의 계산방법의 위의 도표를 참고하자. 미래에 발생하는 수익을 $C^{Cash\ Flow}$, 즉 현금흐름이라고 하고, 1년 뒤 발생하는 수익을 C_1, 2년 뒤에 발생하는 수익은 C_2라는 식으로 이름을 부여한다. 현금흐름(C_1, C_2, …)별로 현재가치$^{PV;\ Present\ Value}$를 구할 수 있는데, 이때 개별 현금흐름은 할인율인 $r^{discount\ rate}$을 적용한다. 할인율이 만약 5%라고 하면 1년 뒤 현금흐름인 C_1은 (1+r)인 1.05로 나눠줘야 하며, 5년 뒤 현금흐름인 C_5는 (1+r)의 5제곱값인 1.05^5로 나눠줘야 할 것이다.

쉬운 예로 만약 나의 할인율이 5%라고 가정했을 때 지금의 돈 100만 원과 1년 뒤의 돈 105만 원, 2년 뒤의 돈 110만 원(정확히는 110만 2,500원)의 가치는 모두 동일하다. 1년 뒤의 돈 105만 원을 1.05로 나누면 100만 원이 되고, 2년 뒤의 돈 110만 원은 1.1025로 나누면 약 100만 원이 된다. 누가 나에게 지금 100만 원을 받는 것과 1년 뒤 105만 원을 받는 것, 그리고 2년 뒤 110만 원을 받는 것 중 선택하라고 한다면 나는 3가지 모두 상관없다고 대답할 수 있는 것이다. 진심으로 그렇게 느낀다면 내가 설정한 할인율 5%는 나에게 적합하다는 결론까지 내릴 수 있다.

나에게 적합한 할인율 구하기

여기 어떤 투자 기회가 있다. 이 투자의 기대수익률은 100%에 달한다. 1억 원을 투자할 경우 내년에는 2억 원을 회수할 수 있을 것으로 예상된다. 누구에게나 꼭 투자하고 싶은 투자안이 될 것이다. 그러나 만약 나의 할인율이 100%가 넘는다면 이 투자안은 투자가치를 잃어버린다. 필요한 투자금은 1억 원인데 1년 뒤 현금흐름은 2억 원이고 할인율은 100%라면 '2억 원/(1+1)=1억 원'이 되므로, 투자금과 미래 현금흐름의 현재가치가 동일해 투자할 이유가 없다.

그렇다면 이때 사용되는 할인율이라는 숫자, 이것을 어떻게 구해야 할까? 기본적으로 할인율은 사람마다 모두 다르다. 기간마다 다를 수도 있다. 할인율은 일종의 기대수익률의 개념이다. 할인율을 100%로 스스로 설정해놓으면 '나는 수익률 100% 이하의 어떠한 투자에도 응하지 않겠다'는 의미가 된다. 스스로에게 적당한 할인율은 기본적으로 내가 원하는 수준의 수익률에서부터 출발한다. 하지만 저런 식으로 마구잡이로 높게 설정해두면 투자할 곳을 찾을 수가 없다. 또 할인율이 높다고 내가 많은 돈을 벌 수 있는 것은 아니다.

또 다른 개념은 자금 조달비용이다. 예를 들어보자. A라는 투자안이 있다. 예상수익률이 10%이지만, 지금 나는 돈이 없다. 돈을 빌리려면 이자비용으로 15%가 필요하다. 그렇다면 이 투자안은 실행할 수 없다. 만약 이자비용을 5%로 낮출 수 있다면 돈을 빌려 투자할 수 있을 것이다. 10%의 수익을 올려 5%의 이자를 지불하면 되기 때문이다. 실제수익률보다 이자율이 더 높으면 투자하지 않고, 실제수익률보다 이자율이 낮으면 현재가치가 0을 넘기 때문에 투자하는 것이다. 이자율이 할인율처럼 쓰이고 있음을 여기서 알 수 있다.

그렇다면 내 할인율도 변할 수 있음을 생각해야 한다. 내가 현재 1억 원 정도를 보유하고 있고, 보유자금에 대한 할인율은 5% 정도만 기대하고 있다. 만약 1억 원 규모의 투자안이 있는데 기대수익률이 8%라면 나는 이 투자를 할 의향이 충분히 있다. 기대수익률이 8%인 3억 원 규모의 투자안도 있다. 이 투자를 하기 위해서는 부족한 2억 원을 빌려와야 하는데, 이때의 대출이자율이 10%라고 가정해보자. 내가 보유한 자금 1억 원에 대한 할인율 5%와 대출한 자금 2억 원에 대한 할인율 10%를 감안하면 총 3억 원에 대한 할인율이 8.33%다. 그러므로 굳이 돈을 빌려가면서까지 3억 원짜리 투자안을 실행할 이유는 없다.

반면에 내 친구는 3억 원을 보유하고 있다. 이 친구는 나보다 욕심이 많은 편이라서 보유자금의 할인율로 6%를 생각하고 있다. 이 경우에는 순수 본인이 소유한 자금이기 때문에 기대수익률 8%의 투자안을 실행에 옮길 수 있다.

이렇게 할인율은 사람에 따라, 기간에 따라, 그리고 추가 자금 조달에 따라 변할 수 있다. 본인에게 적합한 할인율의 수준을 찾아야 나의 자산을 증가시키기 위한 최적의 방법 역시 얻을 수 있는 것이다.

중앙은행의 영향력, 할인율의 변화

나의 할인율이 10%라고 가정할 경우 5년 뒤 얻을 수 있는 현금흐름 1억 원에 대한 현재가치는 다음과 같다.

$$1억\ 원 ÷ 1.1^5 = 1억\ 원 ÷ 1.61051 = 약\ 6,209만\ 원$$

그런데 시중의 금리가 계속 하락하고 전체적으로 투자할 만한 기회들이 많이 사라졌다. 나 역시 할인율을 낮출 수밖에 없는 상황이 되어 할인율을 5%로 새롭게 조정했다(할인율은 사실상 타의에 의해 결정되는 수치다). 이럴 경우 5년 뒤 얻을 수 있는 현금흐름 1억 원의 현재가치는 다음과 같다.

$$1억\ 원 ÷ 1.05^5 = 1억\ 원 ÷ 1.276282 = 약\ 7,835만\ 원$$

할인율이 낮아졌으므로 같은 미래의 현금흐름이라고 해도 현재가치는 바뀌는 것이다.

중앙은행은 기준금리를 바꿀 수 있다. 또한 화폐를 발행할 수 있기 때문에 시중에 유통되는 화폐의 양을 늘리거나 줄여 시중금리를 조절할 수 있다. 경기가 침체되면 사람들은 소비를 줄인다. 공급은 그대로인데 수요가 감소하기 시작하면 물가가 하락하고, 돈을 벌지 못한 기업들이 도산한다. 생산량이 줄어드니 공급이 줄어들고, 직장을 잃은 사람들은 소비를 더더욱 줄이고, 다시 수요가 감소하는 악순환에 빠지게 되는 것이다. 만약 이때 강제적으로 물건의 가격을 올릴 수 있으면 자산 매각이 쉬워지고, 물가 하락을 막아 기업들의 생산량 감소나 부도를 일부 방지하는 효과가 있다. 경기침체에서 가장 무서운 것은 가격이 하락하는 디플레이션이다.

아파트를 샀다고 가정해보자. 5억 원이라는 거금을 들여 아파트를 구입했는데, 극심한 경기침체로 아파트가격이 하락해 4억 원까지 떨어졌다. 직장을 잃은 것도 아니고, 소득이 줄어든 것도 아니지만 나의 자산가치는 분명 하락했다. 나는 나의 미래가 걱정되기 시작했고, 소비에 나설 의욕을 완전히 상실했다. 자산가치 하락이 소비 감소로 이어진 것이다. 내 친구도 마찬가지다. A기업 주식에 1억 원이나 투자했지만 주가 하락으로 벌써 3천만 원이나 손해를 보았다. 그는 좋아하던 술을 끊고, 패션에 민감했는데도 옷을 사지 않는다. 우리는 이렇게 자산가치의 상승과 하락에 의해 소비가 변하는 것을 '부의 효과^{wealth effect}'라고 부른다.

경기침체가 나타나면 '소비 감소→물가 하락→기업들의 매출 감소→생산량 감소와 부도→직원 해고→소비 감소'라는 악순환이 시작된다. 이럴 때 악순환의 연결고리 중 하나인 소비 감소와 물가 하락을 막기 위해 기준금리를 인하하고, 시중에 유동성을 공급하기 시작한다.

이것은 다음과 같은 원리에 의해 작동한다. 우선 중앙은행이 기준금리를 인하하고 유동성을 공급하자 시중금리가 하락했다. 은행들은 예금과 대출 금리를 낮췄고, 사람들 역시 투자에 대한 기대수익률이 경기침체와 기준금리 인하로 인해 낮아졌다. 기업들의 이익이 감소하고 아파트나 오피스텔의 임대수익도 일부 감소했지만 기대수익률의 하락폭은 더 커졌다. 앞에서 보여준 예를 다시 보자. 5년 뒤 1억 원의 현재가치는 기대수익률이 10%일 때는 6,209만 원에 불과하지만, 기대수익률이 5%일 때는 7,835만 원으로 급증하게 된다. 중앙은행은 시중금리를 최대한 하락시켜 자산가격의 하락을 막으려는 시도를 할 수 있다. 이것이 중앙은행이 경기침체가 나타났을 때 기준금리를 인하하는 중요한 이유 중 하나다.

━━━━━━ 간단하게 정리해보자. 할인율이 낮아지면 현재가치는 증가하고, 할인율이 높아지면 현재가치는 감소한다. 또한 경기의 변동에 따라 현재가치를 구하는 대상, 즉 미래의 현금흐름 자체가 변할 수 있기 때문에 할인율이 낮아진다고 해서 투자의 현재가치가 무조건 올라가는 것은 아니다. 경제 상황이 좋아지면 기대수익률도 높아지기 때문에 할인율이 올라가겠지만, 경제 상황이 악화될 경우 눈높이가 낮아지면서 할인율이 낮아지게 된다.

기간이 길어지면 할인율은 아무래도 높아지는 경향이 있다. 경제 여건이 안정적이라고 가정할 경우 1년짜리 정기예금의 이자율이 2%라면

2년 만기 혹은 5년 만기 정기예금의 이자율은 2%보다 높아야 한다. 내 돈을 오랫동안 묶어두면서 같은 이자율로 운용하는 것은 현명하지 못한 처사다.

중앙은행은 경제를
살릴 수 있다 vs. 살릴 수 없다

2008년 9월 리먼브라더스가 파산한 이후 당시 미국 중앙은행(FED)의 의장 벤 버냉키는 침체에 빠진 미국경제를 살리기 위해 과감한 양적완화 정책을 시행했지만 사람들은 그 효과에 대해 끊임없이 의심했다.

영국 고전경제학자인 애덤 스미스는 『국부론』에서 '보이지 않는 손invisible hand'에 대해 처음 언급했다. 경제는 가만히 놔두면 개인들이 한정된 자원을 이용해 최대한의 이익을 끌어내기 위한 합리적인 행동을 하기 때문에 정부가 경제 조절 조치를 할 필요가 없다는 것이다. 시장은 '보이지 않는 손'에 맡겨두면 된다는 것이 그의 이론이었다.

하지만 오늘날 중앙은행들은 경제를 직접 제어하겠다고 기준금리를 변경하고, 통화량을 조절한다. 여의치 않을 때는 화폐를 발행해 시장의 자산을 매입하기까지 한다. 중앙은행은 위기에 빠진 경제를 진짜 살릴 수 있을까?

1929~1933년의 대공황

중앙은행이 시장경제에 적극적으로 개입해야 한다고 주장하는 근거 중 가장 대표적인 사건이 대공황^{great contraction}이다. 1929년 10월 24일 단 하루 만에 다우존스 산업 평균 지수는 20%가 넘게 폭락했는데, 이른바 검은 목요일이다. 이후 다우존스지수가 예전 수준을 회복하기까지 20년의 세월이 걸렸다.

항상 그렇듯이 위기 이전에는 경제의 호황, 그리고 그에 따른 거품의 형성과 신용과 대출의 증가 과정이 나타났다. 주식시장도 고공 행진을 이어갔다. 하지만 한 번 폭락하기 시작하자 이후에 거침없는 하락세가 이어졌고, 이후 시장은 스스로 패닉에 빠졌다. 정부는 이 과정에서 별다른 손을 쓰지 못했다.

과도하게 대출을 받아 주식에 투자하던 사람들이 순식간에 길거리로 내몰렸으며, 이들에게 돈을 빌려준 은행들 역시 직격탄을 맞았다. 1930년에 뉴욕의 중심은행인 유나이티드 스테이트 은행이 파산해 50만 명이 예금을 찾을 수 없게 되었고, 1931년에는 한 해 동안 2,300개의 은행이 문을 닫았다. 극도의 신용경색 현상이 나타났고, 사람들은 일시에 예금을 찾기 위해 은행에 몰려들었다. 은행들은 예금을 지급하기 위해 대출을 회수했지만, 사람들이 예금을 찾기 위해 몰려드는 속도가 더 빨랐다. 은행들은 문을 닫을 수밖에 없었으며, 빌린 돈으로 사업을 하고 공장을 돌리던 사업가들 역시 함께 망할 수밖에 없었다.

당시 주요국들은 금본위제도를 사용하고 있었는데, 이 제도는 물가안

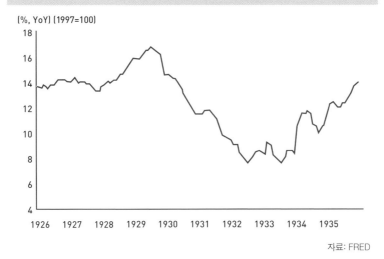

대공황 당시 미국 산업생산 전년동월비

(%, YoY) (1997=100)

자료: FRED

정에 큰 공헌을 했다. 하지만 화폐의 근간이 되는 금의 공급량은 한정되어 있는데, 경제가 팽창하면서 금에 대한 수요는 계속 커져 기반이 불안했다. 그러다가 1929년부터 경제가 불황에 빠지자 물가는 하락했고, 상대적으로 금의 가치는 계속 상승했다. 이렇게 불안이 계속되자 사람들은 모두 화폐를 금으로 교환하려고 했고, 중앙은행은 사람들에게 지급해줄 금이 부족해질 수밖에 없었다. 결국 영국은 1931년에 금본위제를 포기했다.

미국도 금본위제를 포기할 수밖에 없을 것이라는 소문이 확산되었고, 미국 내 경제는 더욱 어려워졌다. 계속 이어지는 금의 인출 요구로 화폐는 계속 줄어들었고, 신용은 계속 축소되었다. 자연스럽게 경제활동도

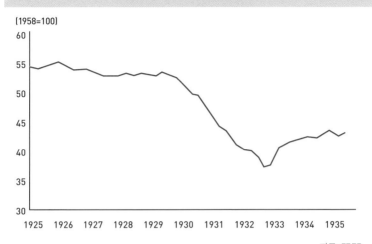

대공황 당시 미국 소비자물가지수

(1958=100)

자료: FRED

대공황 당시 미국 금리

(%)

— 콜금리   — 할인율

자료: FRED

더욱 위축될 수밖에 없었다. 결국 미국도 1933년 금본위제를 포기했다. 이후 미국경제는 디플레이션을 서서히 벗어나면서 조금씩이지만 살아나기 시작했다.

이 일련의 사건 속에서 중앙은행은 무엇을 했을까? 대공황은 정책적인 실패요인이 분명 있다. 은행이 파산하기 시작하자 금융시스템이 작동하지 못했고, 급격한 예금 인출과 그로 인한 대출 회수 압박으로 경제활동을 할 수조차 없었다. 중앙은행의 개입이 필요했지만 당시 '작은 정부론'에 심취해 있던 정책당국자들은 쉽게 나서지 못했다. 중앙은행이 한 일이라곤 소극적인 기준금리 인하가 전부였다.

하지만 가장 큰 문제는 돈이 자꾸 사라진다는 것이었다. 금융기관들이 위기에 빠지면 기존 대출은 급격히 회수되는데, 이는 경제에 막대한 타격을 불러온다. 본원통화와 통화유통 속도가 곱해져 전체 유동성 규모가 산출되는 것인데, 신용경색으로 인해 통화유통 속도가 급격하게 낮아지면 중앙은행은 전체 경제를 방어하기 위해 본원통화의 양을 늘릴 수 있다. 만약 그러지 않을 경우 유동성이 감소해 물건가격이 하락하고, 물건가격이 하락하면 기업들의 적자, 그리고 그로 인한 부도로 이어진다. 이는 다시 생산량 감소로 연결된다. 결국 경기침체의 악순환에 빠져 디플레이션 국면이 장기간 이어지게 되는 것이다. 중앙은행은 이것을 막기 위해 전체 유동성의 규모를 적정 수준으로 유지해야 하며, 급격한 신용경색이 발생했을 경우에는 막대한 본원통화 공급을 통해 이에 대응하는 것이다.

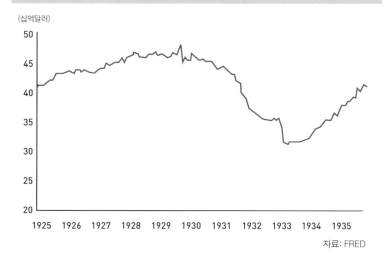

대공황 당시 미국 통화량, M2

(십억달러)

자료: FRED

중앙은행이 경제를 살릴 수 있다고 믿는 이유

중앙은행은 매우 강력한 도구가 있다. 자국경제가 침체에 빠지면 일단 기준금리를 인하함으로써 신용경색이 발생하는 것을 막기 위해 노력한다. 경제활동 참가자들의 이자부담이 금리 상승과 신용경색으로 커지는 것을 막아주고자 근간이 되는 금리인 기준금리를 낮추는 것이다. 그래도 경제가 쉽게 살아나지 못할 경우에는 다음과 같은 특단의 조치들을 검토할 수 있다.

첫 번째는 0%의 기준금리와 저금리 기조를 장기간 유지하겠다는 구두 약속이다. 금리가 0% 이하로 낮아지기는 현실적으로 쉽지 않다. 그러므로 기준금리를 0%까지 내려 시중은행들이 대출이 필요할 때는 중앙은행에서 거의 비용 없이 돈을 끌어다 쓸 수 있게 만들어, 다시 은행들이 경제활동 참여자들에게 대출에 나서는 것을 장려할 수 있다.

이때 경제활동 참여자들은 '지금은 이자가 저렴해서 투자하기에 좋지만, 나중에 경제가 어느 정도 회복되면 금리는 다시 오르고 이자부담이 늘어날 텐데 괜찮을까?'라는 걱정을 할 수 있다. 가뜩이나 경제도 어려운데 이런저런 걱정이 겹치다 보면 신규투자에 나서기에는 매우 부담스럽다. 그래서 이런 사태가 나타나는 것을 방지하기 위해 중앙은행은 기준금리는 낮게 유지하는 동시에 앞으로도 '장기간' 기준금리를 현 수준으로 유지하겠다고 밝혀, 경제활동 참가자들의 불안 심리를 누그러뜨릴 필요가 있다. 물론 이는 시장과의 약속이므로 꼭 지켜야 한다. 또한 약속한 기간에 물가 불안 요인이 등장하더라도 중앙은행은 그것을 용인할 테니 일단은 투자에 나서달라는 읍소이기도 하다. 실제로 미국은 2011년 8월 연방공개시장위원회FOMC; Federal Open Market Committee에서 향후 2년간 기준금리를 현 수준인 0.00~0.25%로 유지하겠다고 밝혔다. 이는 쉽게 살아나지 못한 경제를 위해 내놓은 극약처방이었다.

두 번째는 양적완화 정책이다. 이는 중앙은행이 직접 화폐를 발행한 뒤 이 화폐로 시장에서 직접 자산(주로 국채나 기타 회사채와 같은 채권)을 매입하는 것이다. 평소라면 이것은 바로 인플레이션과 연결된다. 하지만 신용경색으로 인해 유동성이 축소되는 가운데 시행되는 양적완화는 디플레이션을 둔화시키고, 장기 채권금리의 하락을 불러온다. 이로 인해 사업가들에게는 대출을 유도하고, 투자자들을 채권시장에서 주식시장으로 이동시켜 경제를 다시 돌아가게 만드는 방법이다. 실제로는 2000년대 초 일본과 2009~2014년 미국에서 볼 수 있었는데, 두 나라 모두 당시 디플레이션 위협이 심각했고 경기는 침체되었다는 공통점이 있다.

하지만 화폐 발행을 통해 채권을 매입하는 양적완화 정책 시행에도 불구하고 양 국가 모두 경제가 쉽게 살아나지 않았다. 일본과 미국의 차이점은 있었다. 일본에서는 추가적으로 적극적인 정책을 사용하는 데 부담을 느낀 중앙은행 당국자들과 중앙은행을 비판하려는 정치인들 사이에서 양적완화 정책은 이러지도 저러지도 못한 채로 제한적인 효과에 그치는 모습을 보였다. 그러나 미국은 양적완화를 세 차례에 걸쳐 도입했고, 기간은 길었으며, 규모는 3조 7천억 달러에 달했다. 그리고 중앙은행은 시장을 안정시키기 위해 끊임없이 정책에 대해 언급하고 약속하는 과정을 반복했다. 그런 미국의 양적완화 정책은 일단 성공적이었다는 평가를 받고 있다.

세 번째는 이런 과정을 통해 자국통화의 평가절하를 유도하는 것이다. 이렇게 계속적으로 통화완화 정책과 유동성 공급 정책을 사용하게 되면 자국통화는 약세로 돌아서게 된다. 경제도 어려운데 자꾸 돈을 찍어내는 나라의 통화가 강해지기는 어렵다. 그렇게 될 경우 수입물가가 상승하면서 디플레이션도 어느 정도 방어가 되고, 결정적으로는 수출이 늘어나게 된다. 자국상품의 가격경쟁력이 생기는 것이다.

반대로 수입물가 상승은 자국민들이 상대적으로 수입품을 덜 사게 하면서 자연스럽게 무역수지가 흑자로 돌아서고, 수출기업들의 이익이 확대될 수 있다. 그럼 통화가치의 하락이 멈추고, 오히려 무역수지 흑자로 해외에서 자본 유입까지 나타나 통화도 다시 강세로 돌아서며 경제가 회복하는 모습을 보인다. 그 예는 멀리 찾아갈 것도 없다. IMF 직후 1998년부터의 한국, 그리고 리먼브라더스 파산 직후 2009년부터의 한국이 환율이 치솟고 원화가치가 급락한 이후 얼마나 빠르게 경제를 회복했는지를 떠올리면 될 것이다. 환율 변동으로 인한 수출경쟁력 회복은 바로 수출물량의 증가로 이어졌다.

다만 이런 방법을 쓰기 위해서는 자국경제 구조가 어느 정도는 수출 위주로 구성되어 있어야 한다. 또한 세계경제가 전반적으로 괜찮은데 자국경제 홀로 침체여야 한다는 가정이 필요하다. 만약 세계경제가 다 같이 좋지 않은데 자국통화의 약세를 유도하려고 한다면, 이는 국가이기주의로 발전한다. 전 세계가 자국통화 약세를 유도하기 위해 경쟁적인 유동성 공급과 통화정책 완화를 꾀하게 될 것이다.

━━━━━━ 중앙은행의 역할이 중요하다는 것을 증명하는 대표적인 사례는 대공황 시기였다. 중앙은행의 소극적인 대처로 시장은 급격한 신용경색 현상을 감당하지 못했고, 그에 대한 대가로 전 세계적인 불황이 10년 가까이 이어졌다. 분명한 것은 중앙은행이 침체에 빠진 경제를 살릴 수 있는가에 대해서는 확신할 수 없다 해도, 잘못된 판단을 할 경우 경기침체를 가속화시킬 수 있다는 것이다.

우리는 2008년 이후 미국과 유럽의 위기 대응방식에서 차이점 몇 개를 알 수 있다. 미국은 위기의 진원지이기도 했지만, 그들의 정책은 그만큼 과감하고 빨랐다. 그러나 유럽은 양적완화도 미국보다 늦게 시작했고, 무언가를 하려고 할 때마다 내부적으로 합의를 하는 데 시간이 너무 오래 걸렸다. 결정권자가 많은 탓이다. 그리고 유럽의 문제는 2008년 이후 10년이 지난 시점에서도 해결되었다고 보기 어려운 부분이 많다. 이에 대해서는 추후 다시 또 언급하기로 한다.

경제성장률에서 '경제'란 무엇일까?

경제성장률은 일정 기간의 국민총생산 또는 국민소득의 실질적인 증가율이다. 일반적으로 국가의 GDP성장률을 의미한다. 그런데 GDP가 뭘 의미하는 걸까?

경제가 안 좋다고 매번 말들을 한다. 생각해보니 경제가 좋다는 언론 보도는 들은 적이 없었던 것 같다. 그런데 여기에서 말하는 경제는 정확히 무엇일까?

일반적으로 경제가 좋고 나쁨을 언급할 때의 척도는 경제성장률이다. 경제성장률이 몇 퍼센트에 그쳤고, 이 숫자는 대부분 좋지 않은 숫자라고 한다. 도대체 경제는 무엇이고, 경제성장률은 무엇이란 말인가. 경제는 과연 무슨 기준에 의해 좋고 안 좋음을 논하고 있는 것일까? 이제부터 그 '경제'에 대해 알아보자.

경제와 경제성장률에서 '경제'란 무엇일까?

경제라는 것은 모호하다. 표준국어대사전에 따르면 경제란 '인간의 생활에 필요한 재화나 용역을 생산·분배·소비하는 모든 활동, 또는 그것을 통하여 이루어지는 사회적 관계'라고 정의되어 있다. 그렇다면 경제가 좋다는 것은 재화나 용역을 생산, 소비하는 활동이 많아지고 그로 인해 많은 것들이 생산되고, 소비되는 상황을 의미한다고 볼 수 있을 것이다. 그래서 이것을 수치로 측정하기 위해 일반적으로 GDP^{Gross Domestic Product}, 국내총생산이라는 단어를 사용한다. 우리가 언론에서 접하는 경제성장률이라 함은 바로 이 GDP성장률을 의미하기도 한다.

그래서 경제성장률은 국내총생산이 얼마나 성장했는지를 의미한다. GDP는 2가지 측면에서 측정해볼 수 있다. 첫 번째는 이 나라에서 생산된 총량을 더해보는 것이다. 두 번째 방법은 이 나라에서 지출된 총량을 더해보는 것이다. 예를 들어 사과만 1년에 100개를 생산하는 나라가 있다면 이 나라의 GDP는 사과 100개다. 이것을 생산 총량 개념에서 접근하면 생산자에게 생산량을 모두 체크해서 전부 합산하면 된다. 반대로 지출 측면에서 접근하면 소비자가 총 소비한 양과 어딘가에 저장되어 있는 양 등을 모두 합쳐서 계산해도 된다. 결국 매년 생산된 총량과 지출된 총량은 같을 수밖에 없다.

지출 측면에서 GDP의 구성요소를 간단하게 생각해보면 다음과 같다. 일단 생산된 재화나 용역을 소비한 내역이 있을 것이다. 어떤 경제주체들은 생산된 재화나 용역을 소비하지 않고, 더 많은 재화나 용역을 생산해내기 위해 투자하기도 한다. 그리고 생산된 이후 소비되지 않고 어딘가에 보관되어 있는 재고도 존재한다. 마지막으로 어떤 재화나 용역은 수출하고, 부족한 것은 수입하기도 한다. 그러나 GDP는 국내총생산을 의미하기 때문에 수출한 총량에서 수입한 총량은 제외해 순수출량을 GDP로 계산한다(만약 수입량이 수출량보다 많으면 GDP에는 마이너스 요인으로 작용한다). 그래서 지출 측면에서 GDP를 간단하게 계산하면 다음과 같다.

GDP = 소비 + 투자 + 재고증감 + 순수출(수출-수입)

어떻게 하면 경제가, 즉 GDP가 증가할 수 있는지 조금 더 자세히 알기 위해 GDP 구성항목도 조금 더 세부적으로 들어가보자. 소비의 주체는 크게 2가지로 나눌 수 있다. 민간과 정부다. 민간은 자신들의 소득을 바탕으로 소비에 나선다. 정부는 국민에게 거둬들인 세금, 그리고 부족할 경우 발행한 국채를 바탕으로 소비에 나선다.

투자는 크게 3가지로 나누고 있다. 하나는 주택, 오피스빌딩, 상가와 같은 건물건설, 그리고 철도, 도로와 같은 토목건설을 합한 건설투자다. 두 번째는 기업의 생산능력 확충을 위해 공장 내 기계, 선박 혹은 항공기와 같은 운송 등에 투자하는 설비투자다. 마지막은 유형화될 수는 없지만 현대사회에 들어서면서 점점 더 비중이 커지고 있는 지식재산생산물R&D투자다. 지식재산생산물투자는 이전까지는 경제에 아무런 영향을 미치지 못하는 비용으로 인식되었으나 이제는 기업들도 일정 기준에 따라 R&D투자비용을 무형자산으로 인식할 수 있어 2014년부터 GDP의 한 요소로 인정받게 되었다. 이것들을 토대로 GDP를 다시 구성하면 다음과 같다.

GDP = 민간소비 + 정부소비 + 건설투자 + 설비투자 +

지식재산생산물투자 + 재고증감 + 순수출(수출-수입)

그렇다면 GDP를 증가시키기 위해서, 경제성장률을 높이기 위해서는 어떤 일들이 벌어져야 할까?

GDP 증가요인은 곧 경제성장 요인

GDP가 늘어나기 위해서, 경제가 좋아지기 위해서는 생산이 늘어나야 한다. 소비가 늘어나야 한다. 그러나 한 나라의 투입 자본은 갑자기 변할 수가 없다. 경제가 좋아지기 위해서는 다음과 같은 일들이 발생하면 된다.

갑자기 우리나라에서 유전이 발견되었다. 유전에서 기름을 퍼내는 비용은 판매가격을 고려했을 때 큰 문제가 되지 않는다고 가정한다. 그렇다면 기름을 팔아 수출량이 증가해서 GDP가 늘어날 수도 있고, 아니면 기름을 가지고 공장을 돌려서 철강생산량을 늘리거나, 기름이 원료인 제품들을 만들어서 소비하거나 수출해서 GDP가 늘어날 수도 있다.

갑자기 우리나라에서 제주도만 한 섬이 우리나라 영해에 나타났다 (가정일 뿐이다). 이 섬의 기후가 완벽해 적은 인력을 투입해도 많은 농산물이 생산될 수 있다. GDP 증가요인이다. 혹은 많은 외국 관광객이 유입되고 이들이 많은 소비를 하고 간다. GDP 증가요인이다.

이렇듯 하늘에서 자원이 뚝 떨어지면 GDP 증가요인이 된다. 그러나 그럴 가능성은 사실상 없거나 매우 낮다. 그럼 혁신적인 기술을 개발하면 된다. 똑같은 자원을 가지고 2배의 생산물을 만들어내면 된다. 인류가 바퀴를 발명했을 때, 증기기관을 만들었을 때, 전기를 만들고, 인터넷을 만들고, 휴대전화를 만들었을 때 인류는 이런 것들을 통해 한정된 자원을 가지고 이전과 다른 규모의 생산물을 얻어낼 수 있었다. 천연자원이 없는 우리나라는 그래서 교육을 늘 강조해왔다. 기술혁신을 통해 경제를 발전시킬 수밖에 없었기 때문이다.

그러나 국가가 가장 쉽게 GDP를 증가시킬 수 있는 방법, 그렇지만 가장 어려운 방법이 바로 인구다. 사람은 태어나면 인생을 살아가는 동안 자신의 생존을 위해 그 나라의 GDP를 증가시키는 행동을 한다. 인구를 통한 GDP 증가에 대해서는 조금 더 자세히 살펴볼 필요가 있다.

GDP에서 가장 중요한 것은 생산가능인구다

한 사람의 인생을 다음과 같이 가정해보자. 태어나서 30세까지는 부모의 도움으로 생활하고, 30세에 결혼과 동시에 아이를 낳고, 60세까지

일한 뒤 80세에 사망한다. 그렇다면 사람은 일단 30년 동안 GDP에 전혀 도움을 주지 못한다. 다만 이런 것은 있다. 만약 부모가 되었을 때 자식이 없는 경우보다 있는 경우 자식과 본인의 삶을 책임지기 위해 더 열심히 일할 수는 있다. 그렇게 더 열심히 일한다면 그만큼 GDP는 증가하게 된다. 그러나 일단 그런 요인은 접어두고, 사람이 태어나 30세부터 60세까지 30년간 일하면서 생산한 재화나 용역만큼 국가의 GDP는 증가한다.

사람이 단순히 태어나는 것만으로 GDP 증가요인이 되는 것은 아니다. 일을 시작해서 일로 인해 재화나 용역이 생산되고, 소비가 이루어져야 GDP 증가요인이 된다. 그렇기 때문에 우리는 단순 인구가 아닌 생산가능인구의 변화를 두고 GDP를 가늠해볼 수 있다.

고령화가 문제가 되는 이유는 단순하다. 나라가 늙어간다는 것이나 노인의 비중이 늘어난다는 것보다도 출산율이 낮아져서 인구가 꾸준히 증가하는 것이 아닌 감소하는 모양새로 변한다는 것, 생산가능인구가 줄어든다는 것, 그리고 그 상태가 영원히 지속될 경우 언젠간 그 나라는 인구가 0에 도달한다는 것 자체가 문제다. 우연한 자원의 증가나 기술혁신이 없을 경우 오로지 생산가능인구의 증가만이 경제성장 요인이 된다. 그러니 생산가능인구가 감소하게 되면 경제성장률은 플러스가 아니라 마이너스가 당연하게 된다.

우리나라의 2017년 출산율은 가임여성 1인당 1.05명을 기록했다. 더 이상 설명할 것도 없이 이 상태가 지속되면 언젠가 우리나라의 인구는 0에 수렴하게 된다. 한 나라가 현재의 인구수를 유지하기 위한 대체출산율은 1인당 2.1명 정도다. 2명이 결혼을 해 2명을 낳으면 인구수는 유지

출생아 수(만명)

합계출산율(명)

( ) : OECD 35개 회원국 평균

* 합계출산율: 여자 1명이 평생 낳을 것으로 예상되는 평균 출생아 수

자료: 통계청, 대통령 직속 저출산·고령사회위원회

되지만 갑작스러운 사고 등을 통한 사망을 고려해 약 2.1명 정도의 출산율을 유지해야 국가의 인구가 현 상태를 꾸준히 유지할 수 있다. 우리나라는 현재 그 수준이 절반에 그치고 있다.

이미 우리나라의 합계출산율은 1980년대에 이미 2.1명 이하로 떨어졌다. 1990년대 이후로는 줄곧 1.5명 이하 수준을 유지해왔다. 우리나라의 고령화문제는 이미 피할 수도 없는 문제다. 15~64세 사이의 생산가능인구도 2019년에 정점을 기록할 것으로 보인다. 2020년 이후 우리나라의 경제성장률, GDP성장률은 당연히 낮아질 수밖에 없다.

2%의 성장률을 기록했다고 경기침체라고 호들갑을 떨 이유도 없다. 그것이 오히려 당연하다. 아니, 오히려 견조한 경제성장을 나타내고 있다고 봐야 한다. GDP를 만들어낼 수 있는 사람 자체가 줄어들고 있는

시기에 2%의 성장은 기술혁신, 자원의 공급, 대외여건에 의한 수출의 호조 등을 통해서만 만들어낼 수 있다. 경제성장이라는 것을 당연한 결과물로 생각하고 그 수준 역시 매년 3% 혹은 그 이상을 생각하는 것은 이제 바꾸어야 한다.

장기적으로 피할 수 없는 저금리 시대

인구 구조를 단기간에 변화시킬 수는 없다. 생산가능인구도 이미 감소 추세로 돌아섰다. 이제 경제활동을 참여하는 사람의 수는 점차 적어질 가능성이 매우 높다. 그렇다면 사람들 중 대출을 필요로 하는 사람 역시 감소하게 된다. 그리고 고령화가 진행되면서 돈을 빌리려는 사람보다 돈을 굴리려는 사람이 더 많아진다. 자신의 노후를 대비하는 사람들의 비중이 늘어나기 때문에 자연스러운 현상이다.

그들 중 유일하게 대출을 늘리려는 주체가 하나 있다. 바로 국가다. 국가는 고령화에 따른 비용, 의료나 복지, 그리고 낮아진 출산율을 높이기 위한 노력 등에 소요되는 비용이 늘어난다. 그러나 생산가능인구의 감소로 인해 거둬들이는 세금의 규모는 점차 줄어든다. 세입보다 세출이 늘어나게 되면서 국가는 부족한 자금을 국채발행을 통해 충당하게 된다.

민간에서의 대출수요 감소와 정부의 대출수요 증가가 만나게 되지만, 그럼에도 불구하고 금리는 높아지기 어렵다. 전체 경제에서 민간이 차지하는 부분이 정부가 차지하는 부분보다 훨씬 크다. 정부의 대출금액이 정부가 갚지 못할 수준까지 급격히 커지는 것이 아니라면, 급작스러운 포퓰리즘 정책의 등장으로 국가의 부채 규모가 급증하는 경우가 아니라면, 전체 경제에서 민간보다 적은 비중을 차지하는 정부의 대출수요 증가로는 민간에서의 대출수요 감소를 이기기 어렵다. 그래서 저금리 기조는 이어지게 된다. 역시 가장 쉽게 살펴볼 수 있는 예는 이웃나라 일본이다.

저금리 시대가 장기화될 것으로 예상되는 나라에서의 기본적인 투자 방향은 국내가 아닌 해외다. 분산효과 차원에서도 더욱 그러하다. 해외 투자에 관심을 높여야 한다.

──────── 인구 문제를 해결하는 것은 매우 장기적인 일이며, 정치적·문화적으로도 고려해야 할 것이 많다. 낮은 출산율로 인한 문제를 해결하기 위해 해외로부터의 인구 유입을 받아들이는 문제 등이 존재하기 때문이다. 그렇다면 우리나라가 경제적인 측면에서 고려해야 할 부분은 생산가능인구의 확장이다.

모든 학생들이 대학을 진학해 전 세계에서 대학진학률이 가장 높은 수준에 속하는 나라, 그리고 모든 남자가 군대를 다녀와야 하는 나라, 그래서 이 나라 국민의 생산활동은 30세가 가까워져야 시작된다. 또한 60세까지 일하는 것도 쉬운 목표는 아니다. 총인구 자체를 변화시키기 위해서는 출산율부터 끌어올려야 한다. 그러나 생산가능인구는 단기적인 접근이 가능하다. 대학을 굳이 가지 않아도 일할 수 있는 사회적 분위기와 여건 조성, 군대 문제에 대한 새로운 접근, 여성의 사회활동 참여 확대를 통해 고령화 문제와 출산율 문제를 해결하기 위한 시간을 벌 수 있다. 물론 이 역시 쉬운 문제는 아니다.

일본의 금리는
왜 이렇게 낮을까?

10년짜리 국채금리가 1%에 불과할 정도로 일본의 채권금리는 매우 낮다. 금융시장이 개방되었음에도 외국인이 차지하고 있는 비중은 5%에 불과하다.

일본은 최근 10년간 항상 1% 이하의 기준금리를 유지했다. 보통 금리가 낮으면 대출수요가 늘어나고, 대출이 늘어나면 물가가 자극을 받는다. 그렇기 때문에 적당한 시점이 되면 기준금리를 인상해 인플레이션이 나타날 가능성을 차단해야 한다. 그런데도 일본은 그런 모습이 나타나지 않는다. 오히려 0%대의 기준금리가 10년 넘게 지속되고 있음에도 불구하고 물가는 계속 하락하고 있다.

일본의 금리는 왜 이렇게 낮을까? 대출이자가 부담되는 사람이라면 일본에 가서 살고 싶은 사람들도 꽤 있을 것이다. 그래서 실제로 우리나라의 중소기업들이 엔화 대출을 많이 이용했고, 서브프라임 모기지 사태가 발생한 2008년 이후에는 안전자산으로 불리는 엔화의 초강세로 큰 손해를 봤다. 하지만 일본의 금리가 이렇게 낮게 계속 유지되는 데는 이유가 있다.

일본의 버블 붕괴

1985년 5개의 초강대국(미국·영국·독일·프랑스·일본)의 재무장관들은 미국의 플라자 호텔에 모여서 이상한 내용을 합의한다. 당시에 미국은 대규모 감세와 재정지출로 재정적자가 크게 확대되고 있었으며, 달러화의 강세로 무역수지도 큰 폭의 적자를 이어나가고 있었을 때다. 달러화가 약세를 보였으면 무역수지 적자는 개선되었겠지만, 오히려 강세를 이어갔다. 미국은 대규모 재정적자를 메우기 위해 고금리 정책을 펼쳤으며, 고금리를 노린 해외자본이 지속해서 유입되었기 때문에 달러의 가치는 계속 고공행진을 이어갔던 것이다. 미국은 지금도 쌍둥이 적자(재정적자와 무역수지 적자)에 시달리고 있지만, 이때가 바로 그 시작점이라고 보면 될 것이다.

미국정부는 달러화의 강세가 이 모든 문제의 근원이라고 봤다. 그래서 달러화의 강세를 더 이상 용인할 수 없고, 이것이 지속되면 미국경제뿐만 아니라 세계경제가 타격을 받게 될 것이라고 다른 나라들의 재무장관들을 설득했다. 그도 그럴 것이 미국의 소비시장은 세계의 절반을 차지하고 있었다. 이에 대해 영국과 독일, 프랑스, 일본은 미국의 주장에 대해 동의하면서 말도 안 되는 사항을 합의하게 된다. 달러화를 약세로 만들기 위해 노력하고, 일본 엔화와 독일 마르크화의 가치를 평가절상시키겠다는 것에 대해 합의한 것이다(이 당시 독일은 자국통화인 마르크화를 사용했다. 유로화는 1999년에서야 도입되었다). 세계역사상 자유경제 체재 아래에서 통화가치를 인위적으로 조절해 부작용이 발생하지 않은 적은 한 번도 없었는데도 말이다.

어쨌든 달러화는 플라자합의 이후 즉각적으로 가치가 하락했고, 엔화와 마르크화의 가치는 급등했다. 세계를 움직이는 5개 초강대국의 합의사항이니 이에 도전할 수 있는 다른 자본은 없었다. 게임이 되지 않는 곳에 군이 덤벼들 이유가 없었기 때문이다. 이후부터 일본에서는 버블이 생기기 시작했다.

플라자합의로 인해 엔화가 급등하고 달러 가치가 하락하자, 미국경제는 정말 살아나는 모습을 보였다. 침체에 빠져 있던 미국 제조업이 낮아진 달러 가치를 바탕으로 수출이 회복되기 시작한 것이다. 반면에 일본에서는 정확히 반대되는 모습이 나타났다. 당시 승승장구하던 일본 제조업은 가격경쟁력을 상실하기 시작했다. 일본정부는 당황했지만 플라자합의의 사항을 무시할 순 없었다. 1985년 플라자합의 이후 엔-달러 환율은 2년 만에 240엔대에서 120엔대로 추락했다. 2년 만에 엔화 가치가 달러화 대비 2배가 된 것이다. 미국을 살리기 위한 플라자합의였고, 실제로도 살아나기 시작했다. 하지만 달러 가치는 낮게, 엔화 가치는 높게 하는 것을 스스로 합의했기 때문에 엔고현상을 막을 수는 없었다. 그래서 일본정부는 약화되고 있는 제조업 경쟁력을 강화하기 위해 기준금리를 낮추기 시작한다.

여기서 만약 당신이 일본에 있는 한 기업의 사장이라고 가정해보자. 당신은 플라자합의 이전까지만 해도 낮은 엔화 가치와 높은 품질의 제품을 가지고 미국 시장을 공략해왔다. 또한 그동안 막대한 돈을 이미 벌어놓은 상태다. 하지만 플라자합의 이후 엔화 가치는 올라가기 시작했고, 수출은 잘 안 되기 시작했다. 이때 당신은 무엇을 하는 것이 가장 합리적일까?

눈치가 빠른 일본의 사장들은 재빠르게 해외 부동산을 매입하기 시작했다. 엔화 가치가 2년 만에 2배가 되었으니, 미국의 부동산가격은 2년 만에 일본인들의 눈에는 반값이 된 것이나 마찬가지였다. 게다가 일본정부는 자국 내 제조업들의 경쟁력 악화를 막아보겠다고 기준금리까지 인하하기 시작했다. 일본 기업들은 은행에서 저금리로 돈을 빌려다가 해외 부동산을 사들였다. 해외뿐만이 아니었다. 일본 자국 내의 부동산도 마구잡이로 사들였다. 그들은 아쉬울 것도, 두려울 것도 없었다. 일본의 엔화는 강력한 통화로 변신하고 있었고, 그동안 벌어들인 돈도 많았기 때문이다.

그렇게 자산가격이 상승하기 시작했고, 버블은 커져만 갔다. 일본정부는 유동성을 흡수할 생각을 하지 않고, 오히려 엔화 강세에 의한 제조업 경쟁력 하락에만 주목해 재정지출까지 늘렸다. 정부는 막대한 양의 국채를 발행해 재정지출에 나섰고, 그 결과 일본은 현재 세계에서 가장 많은 양의 국채를 발행한 나라가 되었다. 미국보다도 더 많이 발행한 것이다. 저금리와 방대한 재정지출, 이 2가지는 서로 상승효과를 내면서 자

산가격 버블을 더욱 부추겼다.

1985년 플라자합의 이후 2년 뒤인 1987년 엔화는 달러화에 비해 가치가 2배에 달했다. 저금리와 재정지출을 바탕으로 부동산이나 주식 할 것이 없이 투자광풍이 불었으며, 은행들은 마구잡이식으로 대출을 늘려 갔다. 1990년에 부동산가격 폭등과 주식시장 가격 폭등을 보던 일본정부는 그제서야 위기감을 느끼고 은행들에게 대출을 억제하도록 지시했다. 그러자 급격하게 대출을 늘려가던 은행들은 갑자기 태도를 바꿔 대출을 회수하기 시작했다.

대출로 부동산과 주식에 투자하던 일본 사람들은 대출금을 갚기 위해 부동산과 주식을 매도하기 시작했다. 불과 1년 만에 그동안 쌓아올린 부동산가격은 모두 폭락해버렸고, 주식시장도 붕괴되었다. 은행들도 대출금을 회수하는 과정에서 피해본 투자자들의 손실을 일부 감수할 수밖에 없었고, 일본 내 많은 은행들이 문을 닫았다. 버블은 그렇게 2~3년 만에 만들어졌고, 1년 만에 터져버렸다. 그 후유증은 20년이 지난 아직까지 남아 있다.

일본의 버블 붕괴, 그 이후

버블 붕괴 이후 일본은 완전히 변했다. 사람들은 투자를 두려워하게 되었다. 대출을 통한 투자가 얼마나 위험한지 가슴 깊이 느꼈고, 이후부터는 번 돈을 착실히 모으기 시작했다. 저축률은 나날이 높아졌고, 은행에는 늘 예금이 물밀 듯이 밀려왔다. 일본 사람들은 이후 부지런하다는 이미지를 획득했지만 경제에는 큰 도움이 되지 않았다.

일본은 여전히 높은 기술력을 가진 강대국이다. 하지만 경제성장은 크게 둔화되었다. 경제가 발전하기 위해서는 규모가 꾸준히 커져야 하고, 경제 규모가 커지기 위해서는 일정 수준으로 대출이 증가해야 한다. 대출이 증가하지 못하면 시중 전체 유동성은 감소하게 되고, 이는 가격의 하락 혹은 생산량의 감소로 이어질 수밖에 없다. 그렇지 않으면 중앙은행은 전체 유동성 감소를 막기 위해 시중에 유동성을 지속해서 공급해줘야 하며, 통화완화 정책도 이어가야 한다. 일본은 그래서 0%대의 기준금리를 지금까지 이어오고 있는 것이다.

일본의 고령화도 이를 거들었다. 일본은 65세 이상의 노인인구 비율이 2019년 기준으로 28.4%에 달해 전 세계에서 가장 높은 수준에 속하는 초고령화 국가다. 돈을 벌지 못하는 사람이 많아지다 보니 노후에 대한 대책을 세우기 위해 저축률은 자꾸 올라갈 수밖에 없다. 나이가 많은 사람이 변동성을 감수하고 위험한 투자에 나설 이유도 없다. 사회가 늙어갈수록 투자 행태는 점차 더 보수적으로 변할 수밖에 없고, 대출수요는 감소하고, 금리는 내려갈 수밖에 없다.

일본 사람들은 모두 알고 있다. 현재 자신들의 사회가 이렇다는 것을, 그리고 앞으로도 변할 수 없으리라는 것을 말이다. 모두에게 물어봐도 일본에서 인플레이션이 나타나는 것이 어렵다는 것을 모두 인정하고 있다는 것이다. 일본은 기대 인플레이션이 극도로 안정되어 있는 나라 중 하나다. 그러므로 물건을 생산하는 사람도 내년에 어떻게 해야 물건가격을 올려 받을 수 있을까를 고민하기보다는 어떻게 해야 가격을 내리지 않을 수 있을까를 고민할 것이다. 인플레이션에 대해 기대하지 않는다면, 물건가격은 자연스럽게 사람들의 기대를 반영해 오히려 내려가고, 사람들은 이것을 자연스럽게 받아들이게 된다.

────────── 고령화 사회를 만드는 것은 출산율과 의료 수준이다. 의료 수준은 나날이 높아져 사람들의 평균 수명을 증가시키고 있지만, 아이를 키우는 데 필요한 비용은 나날이 늘어만 간다. 여기에 개인주의적 가치관의 확산으로 출산율도 떨어지고 있다. 2018년 기준 우리나라

의 출산율은 1명에도 못 미친다.

일본은 이미 초고령화 사회에 진입해 있지만, 한국은 초고령화 사회로의 진입이 초고속으로 이루어지고 있다는 데 문제가 있다. 우리가 출산율에 대해 뚜렷한 대책을 내놓지 못할 경우 '일본과 우리는 다르다!'라고 주장할 수 있는 근거가 단 한 개도 없다는 사실에 대해 명심해야 한다.

국고채 30년물 금리가
10년물보다 낮은 유일한 나라

30년 국채금리가 10년 국채금리보다 낮은 거의 유일한 나라가 우리나라다. 언뜻 생각하면 이해가 가지 않는다. 왜 우리나라만 30년 금리가 10년 금리보다 낮은 걸까?

저축은 쉽지 않다. 강제성이 어느 정도 부여되어야 한다. 그래서 어떤 사람들은 대출을 받는 것이 하나의 좋은 저축방법이라고 말하기도 한다. 정기적금은 입금하다가 말아도 별 피해가 없다. 그래서 적금을 끝까지 불입하지 못하는 경우가 종종 발생한다. 그런데 우리나라 사람들이 흔히 가입하고 있는 저축이 하나 있다. 바로 연금저축이다. 이 상품은 상당히 특이하다. 과거에는 소득공제, 현재는 세액공제를 받는다는 이유로 거의 모든 신입사원들이 마치 의무인 것처럼 가입한다. 또 대부분 연금저축보험으로 가입을 한다. 살면서 목돈이 필요한 시기는 결혼, 주택 구입, 출산, 자녀 교육 등 줄줄이 다가오는데 연금저축보험의 수령시기는 만 55세 이후부터다. 그런데도 세액공제 혜택 때문에 대부분의 직장인이 가입해 저축하고 있다. 과연 우리는 그 혜택을 제대로 누리고 있는 것일까? 당신의 보험과 연금을 위해 생각해야 할 문제다.

연금저축보험의 세액공제가 정말 매력적일까?

"쥐꼬리만 한 월급." 자신들의 월급을 쥐꼬리에 비교하는 경우가 있다. 요즘에는 "월급이 로그인했습니다. 로그아웃했습니다"라는 말로 월급이 순식간에 삭제되는 모습을 표현하기도 한다. 그런데 흥미로운 사실이 있다. 매년 보험사의 자산은 10% 이상 커지고 있다. 2000년대에는 매년 15%씩 증가했다. 사람들은 저축할 돈이 없다면서 보험사에 정말 많은 돈을 매년 꾸준히 늘려가면서 저축하고 있었다. 지금도 그러고 있다.

이 현상의 가장 중심에는 연금저축보험이 있다. 마치 신입사원은 필수적으로 가입해야 하는 것만 같은 그 상품이다. 일단 연간 400만 원의 한도까지 연금저축을 불입하면 당장 세액공제를 통해 다음 연도 초에 66만 원까지 돌려받을 수 있다. 이미 낸 돈은 내 저축보험 계좌에 남아 있고, 국가에서 세금환급으로 돈을 돌려주니 이건 상당히 돈을 번 느낌이다. 맞다. 너무나도 유혹적인 조건이다(누군가는 궁금할 것 같아 미리 말을 하자면 이 글을 쓰고 있는 필자 역시 가입했다. 후회하지만 이제는 어쩔 수 없다. 보험 해약은 너무나 큰 피해를 감수해야 한다).

보험에는 사업비가 있다. 당신이 내는 보험료 중 일부는 보험사에게 비용으로 지출된다. 보험사는 그 돈으로 보험설계사들의 보너스도 지급하고, 보험사 직원들의 월급도 주고, 보험사 주주들에게 배당도 준다. 은행은 기본적으로 예금과 대출 간의 금리 차에서 발생하는 이익으로 운영을 하고, 보험은 보험료에서 떼어낸 사업비, 그리고 고객들에게 지급해야 할 보험료와 보험사가 운용하고 있는 자산에서 발생하는 수익금의 차이를 통해 운영한다. 예를 들어 당신이 1년에 보험료를 100만 원가량 납입하면 95만 원만 실제 내 보험계좌에 투자되고, 5만 원은 보험사가 가져간다는 뜻이다(물론 이 비율은 본인의 가입상품, 가입기간 등에 따라 상당히 달라진다).

또 연금저축보험은 나중에 연금을 수령하게 될 때 연금소득세가 발생한다. 은행 예금과 같은 상품에서도 이자소득세가 발생하지만, 이것은 원금이 아닌 나의 수익인 이자 에서 일부를 세금으로 내는 것이다. 그런데 연금소득세는 내가 받는 돈 전체에서 일부(약 3~5% 정도)를 세금으로 내야 한다.

여기서 잘 생각해보자. 당신이 납입한 연금저축액 중 일부를 세액공제를 통해 돌려받지만, 일부는 보험회사의 사업비로 나가게 되고, 나중에 수령할 연금액 중 일부는 세금으로 다시 나가버린다. 그리고 현재의 금리는 과거에 비해 매우 낮고, 앞으로도 크게 오를 일이 구조적으로 생길 것 같아 보이지 않는다.

과연 연금저축을 꼭 가입해야 할까? 가입한다 해도 그것이 꼭 보험이어야 할까?

보험사에 돈이 몰리면 초장기물 금리가 하락한다

그래도 여전히 연금저축보험은 매력적이다. 왠지 불안한 노후를 미리 준비하는 것 같은 뿌듯함도 있고, 내가 납입한 보험료 중 10%가 넘는 금액을 다음 연도에 바로 지급해준다. 그럼 이제 다른 부분을 생각해보자.

만약 연금저축에 소득공제(현재는 세액공제지만 과거에는 소득공제였고, 이는 고소득자일수록 세금환급 효과를 더 크게 만들어준다)가 없었다면 어떤 일이 생겼을까? 연금저축에 소득공제라는 혜택이 부여된 것은 국가가 국민들의 저축, 특히 노후를 위한 저축을 장려하기 위함이다. 그런데 이 정책 자체가 노후소득 일부를 감소시키고 있다.

앞서 언급했듯이 보험사의 자산은 매년 10% 넘게 성장 중이다. 우리가 납입한 보험료로 보험사는 자산을 운용해야 한다. 당연히 대부분은 안전한 자산인 채권에 투자될 것이다. 일부는 고객들에게 대출을 해주면서 운용을 하고, 부동산과 같은 대체투자 자산에도 투자하고, 해외채권에도 투자하고, 아주 일부는 주식으로도 운용하고 있다. 무엇보다 안정성이 중요하기 때문에 가장 중심이 되는 자산은 국내 채권이다. 특히 안정성이 높은 국채, 통안채, 은행채, 공사채 위주로 운용되고 있다.

문제는 보험사가 투자하고 있는 채권들의 만기다. 그래도 국채는 가장 만기가 긴 채권의 경우 50년 만기 채권도 존재하지만(실제로 50년 만기 채권은 시장에 꾸준히 공급되는 상품은 아니어서 사실상 가장 만기가 긴 채권은 현재 30년 만기 국채로 생각해도 무방하다), 공사채의 경우에는 길면 10년 정도(가끔 20년 만기 공사채도 존재한다), 은행채는 5년 이하가 일반적이다. 보험사가 만기가 긴 채권에 투자하고 싶어도 할 수가 없는 상황이다.

반면 보험사가 가지고 있는 부채의 만기는 매우 길다. 보험사는 언젠간 고객들이 납입한 보험료를 보험금으로 지급해야 한다. 이것은 보험사의 부채다. 보험사가 고객들에게 돈을 빌린 셈이 되는 것이다. 보험사는 고객들에게 빌린 돈(보험료)을 잘 운용해 고객들에게 그 돈을 갚아야 한다. 연금저축보험에 가입한 고객들은 만 55세 이후 수령할 것이기 때문에, 보험사는 고객들에게 만기 20~30년짜리 대출을 받은 것이나 마찬가지다. 보험사가 보유한 자산의 평균 만기가 부채의 평균 만기에 비해 짧은 현상이 생기는 것이다.

예를 들어 내가 10년짜리 대출을 5% 대출금리로 받았다고 가정해보자. 그런데 내가 지금 투자할 수 있는 상품은 1년 만기의 채권뿐이며 그 채권의 금리는 지금 7%다. 당연히 지금은 기분 좋게 투자할 수 있다. 7%에 투자해 5%의 이자를 내고 나면 2%의 이익이 남기 때문이다. 그런데 1년 뒤에 내가 투자할 수 있는 채권의 금리가 3%로 낮아졌다. 그럼 난 5%의 이자를 낼 수가 없다. 만약 이 상황이 지속된다면 낭패다. 대출금리를 감당할 수가 없다. 이래서 부채와 자산의 만기는 가능하면 일치시켜서 운용하는 게 위험을 줄이는 방법이다.

이런 이유로 감독당국은 보험사들에게도 자산과 부채의 만기를 최대한 일치시키도록 제도의 방향을 정비하고 있다. 보험사들은 투자하고 있는 자산들의 만기를 장기화하고 있다. 만기가 도래한 채권은 더욱더 긴 장기채권에 투자하고 있는 것이다. 그 와중에 사람들은 계속 연금저축

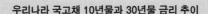

(%)

4.5
4
3.5
3
2.5
2
1.5
1

2013　　2014　　2015　　2016　　2017　　2018　　2019

— 국고채 10년 금리　　　— 국고채 30년 금리

자료: 한국은행

보험에 가입하고, 퇴직연금에 가입하고, 저축성 보험에 가입하면서 보험사에는 보험료가 계속 유입되고 있다. 보험사 입장에서는 지속해서 만기가 긴 채권에 투자해야 하는 수요가 생기는 것이다.

　그러나 30년 이상의 초장기 채권은 국가만 공급하고 있으며, 보험사가 원하는 공급량에는 미치지 못했다. 초장기 채권의 금리는 사겠다는 사람이 많아지면서 계속 내려가기 시작했고(채권을 발행하는 사람 입장에서 채권을 사겠다는 사람이 많아지면 당연히 채권금리를 낮춰서 발행해 이자비용을 줄이려고 시도할 것이다), 결국 30년물 국채금리가 10년물 국채금리보다 낮아진 현상이 생기기 시작한 것이다. 국고채 30년물이 발행되기 시작한 것이 2012년부터였는데 국고채 10년물과 30년물의 금리 역전 현상은 2017년부터 나타나 2019년 현재까지도 이어지고 있다.

낮아진 금리는 고객의 수익률 하락으로 이어진다

그래서 우리나라는 전 세계 채권시장에서 거의 유일하게 10년물과 30년물 금리가 역전이 된 모습을 보인다. 이것이 의미하는 것은 곧 우리들의 수익률 하락이다. 내가 가입한 연금저축은 초장기 채권을 열심히 사들이고 있을 것이며, 내가 미래에 받을 보험금과 연금은 보험사와 연기금이 투자하고 있는 장기채권의 금리 하락으로 인해 어쩔 수 없이 조금씩 줄어들고 있다.

만약 연금저축에 소득공제 혜택이 없었으면 어땠을까? 사람들은 이토록 열심히 이 상품에 가입하지 않았을 것이고, 보험사들은 지금처럼 자산이 넘치도록 많지 않았을 것이며, 이로 인해 초장기물 금리가 하락하고 금리가 역전되는 현상이 나타나지 않았을 것이다. 대신 소득공제 혜택은 받지 못하겠지만 말이다.

자, 이러면 소득공제 혜택을 통해 누가 이익을 봤고 누가 손해를 봤을까? 일단 첫 번째로 국가는 손해를 봤다. 소득공제 혜택을 부여함으로써 국가는 국민들에게 걷을 세금 일부를 환급해줬다. 국가는 이 손해를 감수하면서도 국민들이 노후 생활에 관심을 기울이길 원했다. 국민들은 세금환급을 통해 국가에게 이익을 얻어냈지만, 결과적으로는 본인들의 투자상품의 수익률 저하를 야기해버렸다. 가장 이익을 본 곳은 보험사다. 소득공제 혜택으로 인해 사람들은 연금저축보험에 가입했고, 이는 보험사의 수익을 늘려줬다.

우리나라의 저축률은 상대적으로 다른 나라에 비해 높다. 국민연금이 강제 가입 사항이기 때문이다. 거기에 대다수의 직장인이 연금저축을 소득공제 혜택 때문에 가입하고 있다. 이게 좀 묘하다. 당장 내 계좌에 모이는 돈은 없다. 국민연금도 그렇고 연금저축도 그렇고 지금 분명 저축을 하고 있지만, 이 돈들은 나의 노후에 돌아온다. 내가 돈이 필요한 시기는 지금인데 말이다.

    ━━━━━━━   노후는 중요하다. 당신이 이미 연금저축에 가입했다면, 당신은 국민연금과 함께 자산 상당액을 안전자산 위주로 투자하고 있는 셈이 된다. 아직 자신의 나이가 많지 않다고 생각한다면 나머지 자산은 조금은 더 공격적인 주식과 같은 상품에 투자하길 바란다.

연금저축에 가입하지 않았다면, 인생에 있어서 돈이 필요한 시기를 다시 한 번 곰곰이 고민해보자. 이미 우리나라의 초장기물 채권금리는 매우 낮은 수준이고, 내가 저축성 상품·채권형 상품에 가입한다면 예상할 수 있는 수익률은 높지 않다. 노후는 중요하지만, 지금 당장 내가 살아야 할 집을 사는 것, 결혼을 하는 것, 아이를 낳고 기르는 것 등이 노후에 비해 중요성이 떨어지지는 않는다. 그리고 노후를 꼭 연금저축으로 준비할 필요도 없다. 더불어 이 나라도 현재의 세액공제 혜택을 과연 계속 이어나갈 것인지에 대한 고민도 필요하다고 생각한다.

물가는 매일같이 오르는 것 같다. 세상 모든 것의 가격이 다 오르는데 내 월급만 오르지 않고 있다. 도대체 정부는 무엇을 하고 있기에 물가가 이렇게 오르는지 모르겠다. 하지만 물가는 정부가 아니라 금리가 관리한다. 물론 정부가 권한을 위임한 중앙은행이 금리에 막대한 영향력을 미치고 있지만, 어찌 되었든 물가는 금리가 관리하는 것이다. 이번에는 물가와 금리와의 관계를 알아보자.

PART 3

물가와 금리,
관계의 역동성에 주목하라

예수님께서 살아계셨으면
정말 부자가 되었을까?

우리가 복리의 효과를 언급할 때 예수님이 1달러를 은행에 예금했다고 가정하고, 살아계신다면 예금이 어마어마할 거라고 생각한다. 하지만 과연 그럴까?

예수님이 살아계셨을 때 1달러를 예금했다면 지금 그 금액은 엄청난 금액이 되었을 것이다. 예금기간은 2천 년, 이자율은 5%로 가정해보자. 매년 쌓이는 이자는 자동으로 다시 예금으로 재투자된다고 하면, 현재 원리금은 1.05를 2천 번 곱한 1.05^{2000}, 즉 2,391,102,204,613,620,000,000,000,000,000,000,000,000달러가 된다. 읽을 수도 없는 숫자다. 사람들은 이것을 '복리의 힘'이라든지, 오래 살면 자동으로 부자가 된다든지, 장기투자의 힘이라든지, 이런 의견들에 대한 근거로 사용하기도 한다. 근데 필자의 생각은 '글쎄요'이다. 우리는 여기서 중요한 2가지를 놓치고 있다. 바로 '물가'와 '신용'이다.

고려하지 못한 첫 번째 요인, 물가

    고려하지 못한 2가지 요인 중 첫 번째는 물가다. 지금부터 50년 전인 1960년에 짜장면 한 그릇은 15원이었다. 그나마 이 가격도 그 당시에는 굉장히 비싼 편이었다. 요새 짜장면 한 그릇의 가격은 6천~7천 원 정도다. 필자가 1960년에 산다고 가정하자. 배가 매우 고팠지만 짜장면을 먹고 싶은 굴뚝 같은 욕망을 참고 15원을 은행에 넣어두었다고 치자. 50년 동안의 이자율을 연 5%로 가정한다면, 50년이 지나면 지금 수익률은 자그마치 1146%, 172원(?!!!)이 되었을 것이다. 그런데 당신은 이 172원을 가지고 무엇을 할 수 있겠는가? '그때 15원짜리 짜장면을 먹었어야 했는데…'라는 생각이 들 것이다.

    이자율이 5%지만 물가상승률이 5%라면, 내가 은행에 예금해둔 1만 원이 1년 뒤에 1만 500원이 되었다고 해도 실질적으로 나는 돈을 번 것이 아니다. 1년 전 1만 원이었던 어떤 물건의 가격도 역시 1만 500원이 되었을 테니 말이다. 내가 진짜로 돈을 벌기 위해서는 은행의 이자율, 나의 투자수익률이 최소한 물가상승률은 넘어야 한다는 것을 쉽게 알 수 있다. 물가 상승을 감안한 실질real이자율은 원래의 이자율인 명목nominal이자율에서 물가상승률을 뺀 수치다.

실질이자율 = 명목이자율 - 물가상승률

    자, 예수님의 투자수익률을 다시 생각해보자. 명목이자율은 5%지만,

2천 년 동안의 매년 물가상승률은 4%라고 가정하자. 그렇다면 예수님이 당시 투자한 1달러의 가치는 현재가치로 따지면 어마어마한 돈이 된다. 물가상승률을 4%로 가정한다면 현재가치로는 11,659,464,315,023,100,000,000,000,000,000,000달러다(잘 이해가 안 간다면 지금 6천 원 하는 짜장면가격이 1960년에는 15원이었다는 사실을 다시 한 번 상기해보자).

예수님이 투자한 1달러는 지금의 1달러가 아니다. 정확한 수익률을 따지기 위해서는 우리는 실질이자율을 생각해야 한다. 앞서 가정했듯 명목이자율 5%와 물가상승률 4%를 가정하면 실질이자율은 1%다. 예수님이 1달러(이제 여기서 말한 1달러는 현재의 1달러와 동일한 가치를 지니고 있다. 왜냐하면 우리는 실질이자율을 사용할 것이기 때문이다)를 은행에 맡겨두고 2천 년이 지난 현재 통장잔액은 4억 달러 정도다. 만약 실질이자율을 2%로 계속 유지할 수만 있다면 15경 달러에 이르게 된다. 저 위에 있는 말도 안 되는 엄청난 숫자들보다는 훨씬 줄어들긴 했지만, 그래도 예수님은 부자다. 2천 년을 투자했는데 이 정도는 벌었어야 하지 않을까? 오래 살면 부자가 될 수 있을 것 같은 생각까지 든다. 하지만 여기에 우리가 고려하지 못한 것이 또 있다.

고려하지 못한 두 번째 요인, 신용위험

고려하지 못한 두 번째 요인은 신용위험이다. 실질이자율을 1%로 가정해도 2천 년을 투자하면 부자가 될 수 있다. 여기에 실질이자율이 2%

로 올라가면 상상도 못할 부자가 될 수도 있다. 하지만 우리가 간과하고 있는 것이 있다. 만약 예수님께서 돈을 맡긴 은행이 부도가 난다면?

현재 우리나라에는 예금보험공사가 있으며, 예금자보호법을 통해 내가 맡긴 돈의 원금과 이자 일부와 원리금을 5천만 원까지 보장해준다. 미국에도 우리나라의 예금보험공사 같은 연방예금보험공사_{FDIC; Federal Deposit Insurance Corporation}가 있으며, 세계 대부분의 국가에 이런 제도가 존재한다. 우리나라의 예금보험공사가 생긴 시기는 1996년, 미국의 FDIC는 1933년에 생겼다. 2천 년이라는 기나긴 투자기간을 감안하면 저런 예금자보호를 받을 수 있던 기간은 2000년 중 겨우 67년에 불과하다.

만약 2천 년 동안 한 은행에만 돈을 맡겼다면, 그 은행은 2000년 동안 망하지 않은 기업이어야 한다. 영국의 언론지인 〈이코노미스트〉에 따르면 세계에서 현존하는 가장 오래된 기업은 일본의 건설기업인 곤고구미_{金剛組, Kongo Gumi Co.,Ltd.}라는 회사로 578년에 설립되었다고 한다. 결론적으로는 이렇다. 2천 년 동안 살아남은 기업은 단 한 개도 없다. 그러므로 2천 년 동안 맡겨둔 은행 예금이 고스란히 이자와 함께 돌아올 것으로 기대하기는 매우 어려운 일이다.

혹자는 이렇게 말할 수 있다. "그렇다면 위험한 은행에 맡기지 말고 안전한 국채를 사면 되지 않을까?" 하지만 2천 년이라는 시간은 매우 긴 시간이다. 2천 년 동안 살아남은 기업도 없지만, 2천 년 동안 유지되고 있는 나라도 없다. 또한 그 나라가 채권을 발행했다고 해서 매번 꼬박꼬박 이자를 지급하고, 원금을 상환하지도 않는다. 미국이나 독일이 지금에야 선진국이지 2천 년 전에, 아니 단순히 200년 전에도 선진국이었을까? 세상 어느 나라도 성장 과정이 존재하고, 빌린 돈을 제때 갚지 못한 경험이 수도 없이 있다. 대영제국이라 불리던 영국만 해도 1800년대에만 4번이나 채무불이행 혹은 채무재조정을 실시했다.

━━━━━━ 2천 년을 살면서 매년 물가상승률 이상의 수익률을 올리는 일도 쉽지 않다. 어찌어찌해서 매년 물가상승률 이상의 수익률을 내는 데 성공했다고 해도, 살다 보면 투자금의 일부 혹은 전부를 날리게 되는 일이 한 번쯤은 일어날 수 있다. 사기를 당할 수도 있고, 정말 건실하다고 믿고 있던 금융회사도 망할 수 있다.

내 돈을 안정적으로 계속해서 불려나가는 것, 그것도 실질가치 기준으로 확장시켜나가는 것, 그 일이 그렇게 쉬운 일만은 아니다. 예수님께서 지금까지 살아계셨으면 부자가 되셨을까? 쉽게 답을 내릴 수 있는 문제가 아니다.

돈은 은행이 만든다, 신용창조

한국은행만이 화폐를 발행할 수 있지만, 시중은행들도 돈을 만들 수 있다. 은행의 대출과 예금에 의해서 돈이 늘어나는 '은행의 신용창조'가 그것이다.

    돈이 늘어난다는 것은 경제에서 굉장히 중요한 의미가 있다. 우리가 소비할 수 있는 총상품의 양은 똑같은데 그것을 살 수 있는 돈만 늘어나게 되면, 필연적으로 물건의 가격이 상승한다. 그래서 한국은행은 이런 현상들을 제어하기 위해 기준금리를 조절할 수 있는 권리와 화폐 발행을 독점하고 있다.

    하지만 그것과 상관없이 경제활동이 활발해지면 돈의 총량은 늘어난다. 반대로 경제가 망가지면 돈의 총량은 크게 감소한다. 중앙은행 밑에 이익을 위해 활동하고 있는 시중은행들이 있기 때문이다. 대출과 예금의 반복·순환 현상을 통해서 돈은 늘어나고 줄어들게 된다.

대출에서 예금으로, 예금에서 대출로

우리나라에서 화폐 발행에 대한 결정은 오직 한국은행만이 할 수 있다. 한국은행이 화폐 발행을 결정하면 조폐공사가 화폐의 실질적인 제조를 담당한다. 우리가 흔히 말하는 '돈'은 이렇게 발행된 화폐, 눈으로 볼 수 있고 만질 수 있는 화폐를 의미한다. 하지만 실제로 세상에는 우리가 눈으로 볼 수 있는 돈보다 훨씬 더 많은 '눈에 보이지 않는' 돈들이 돌아다니고 있다.

우리나라에 A라는 은행 단 한 곳만 존재한다고 가정해보자. A은행은 현재 1억 원의 현금을 보유하고 있다. 집을 사기 위해 돈이 필요한 Y씨는 A은행에 가서 1억 원을 대출받았다. Y씨는 1억 원을 집주인 B씨에게 주고 드디어 내집을 마련했다. 원래 집주인이었던 B씨는 1억 원을 매매대금으로 받아 이 돈을 A은행에 예금했다. 그럼 A은행에는 어떤 변화가 생겼을까?

애당초 A은행의 자산은 현금 1억 원, 자본금도 1억 원이었다. 하지만 Y씨가 A은행에서 대출을 받자 A은행의 자산은 현금 1억 원에서 대출금(Y씨에게 빌려준) 1억 원으로 변했다. 자본금은 1억 원으로 동일하다. 또한 집주인 B씨가 A은행에 1억 원을 예금하게 되면 A은행의 자산은 2억 원으로 늘어난다. 대출금 1억 원과 현금 1억 원이 생긴 것이다. 자본금은 1억 원으로 동일하며, 예금(집주인 B씨가 맡긴) 1억 원이 새롭게 생겼다.

여기서 새롭게 한 명이 등장한다. 부동산시장이 살아나고 있다고 판단한 C씨도 집을 한 채 사고 싶은데 돈이 없다. 그래서 A은행에 가서 1억 원을 대출받았고(A은행은 B씨가 맡긴 예금 1억 원이 있기 때문에 돈을 빌려줄 수 있다), 또 다른 집주인 D씨에게 1억 원을 주고 집을 한 채 구입했다. D씨는 이때 받은 1억 원을 A은행에 예금으로 예치했다.

이제 A은행은 총자산이 3억 원이 되었다. 현금 1억 원으로 출발한 은행이었지만 이제는 Y씨와 C씨에게 빌려준 대출자산이 2억 원, 보유한 현금(최종적으로 D씨가 예금한) 1억 원을 합쳐 총자산은 3억으로 3배 증가했다. 이 과정에서는 화폐를 더 발행할 필요가 없다. 중앙은행은 통화를 발행하지도 흡수하지도 않았지만, 시중에는 돈이 3배로 불어났다. 또한 부동산가격이 2억 원이나 상승했다. 이것을 반복하면 어떻게 될까? 처음 은행에 있는 돈이 1억 원일지라도 은행은 시중에 돌아다니는 돈의 총량을 100억 원 혹은 1조 원도 만들어낼 수 있다. 서로의 신용을 믿고 빌려주고, 그 빌린 돈을 소비하고, 누군가 최종적으로 그 돈을 다시 예금으로 맡기기만 하면 말이다.

은행의 신용창조를 제한하는 지급준비율

은행은 무한히 신용을 창조할 수 있지만, 그렇게 될 경우 굉장히 위험한 상황에 처할 수 있다. 앞서 언급한 예를 다시 한 번 생각해보자. 은행은 1억 원을 보유하고 있지만 신용창조 과정을 통해 대출 10억 원과 예금 10억 원을 보유하게 되었다. 마침 부동산시장이 호황이라 대출에 대한 수요도 많고, 부동산으로 돈을 번 몇몇 부자들이 남는 돈을 은행에 예치하는 경우도 흔한 일이라고 가정하자.

하지만 어느 날부터 부동산시장이 악화되기 시작했다. 부동산가격은 하락하기 시작했고, 대출을 받아서 집을 산 사람들은 집의 가치가 하락하는 것을 속수무책으로 바라볼 수밖에 없었다. 돈을 대출해준 은행도 불안해지기 시작했다. 대출자가 돈을 못 갚을지도 모른다는 생각이 들어 대출금 상환을 요구했다. 부자들도 여유롭지가 않아 맡겨놓은 예금을 회수하기 시작했다. 대출자들은 집이 팔려야 대출을 갚을 수 있는데, 집값이 지나치게 하락했고 팔리지도 않았다. 예금자들이 예금을 찾으려고 해도 은행에는 돈이 없다. 은행이 대출을 회수하는 속도보다 예금자들이 예금 상환을 요구하는 속도가 훨씬 빨랐다.

은행은 항상 급변하는 경제 상황에 대비해 예금의 일부를 준비하고 있어야 한다. 그래서 은행에 지급준비 의무를 부여하고 지급준비율을 법으로 정해두었다. 지급준비율이 10%라고 하면 예금 중 10%는 은행이 항상 현금으로 보유해 고객들이 갑작스럽게 예금을 상환해달라고 하면 이에 응할 수 있어야 하는 것이다. 바로 이것 때문에 시중은행의 무한한 신용창조는 제한된다.

은행이 보유한 최초의 자금은 그 은행의 자본금이다. 한 은행이 창조할 수 있는 최대 신용 규모는 다음과 같다.

은행 자본금 ÷ 지급준비율 = 은행의 최대 신용창조 가능 금액

은행 자본금이 100억 원이고 지급준비율이 5%라고 가정하면, 은행이 가능한 최대 신용창조는 2천억 원까지다. 만약 지급준비율이 10%로 오르게 되면 은행의 최대 신용창조는 1천억 원으로 줄어든다. 그래서 국가경제를 제어하는 여러 가지 도구 중에서 중앙은행은 기준금리를 가장 강력하고 주된 도구로 사용하지만, 지급준비율로도 비슷한 효과를 낼 수 있다.

중국은 기준금리보다 지급준비율로 조절한다

지급준비율로 국가경제를 제어하는 대표적인 나라가 중국이다. 중국은 국가가 여러 부분을 직접 통제한다. 여전히 높은 경제성장을 이어나가고 있고, 당분간 그런 높은 성장세를 이어가야 할 필요가 있다고 국가가 전략적으로 판단하고 있다. 그것을 유지하기 위해 시중금리가 높아지면서 대출자들의 이자비용 부담이 커져 경제활동에 방해가 되는 것을 원하지 않는다. 그래서 물가가 오르는 상황이 와도 기준금리를 인상하는 것에 대해서는 상당히 소극적이다.

하지만 국가경제가 활발하게 움직이면 사람들은 투자를 하고 싶어 하고, 자신의 삶의 질을 개선하고자 하는 욕구가 늘어나 부동산에 대한 투자도 자연스럽게 늘어난다. 그러다 보니 대출을 받아 부동산을 투자하고자 하는 수요가 생긴다. 일반적으로 이럴 경우 중앙은행은 기준금리를 인상해 대출에 대한 수요를 조절하고자 한다. 하지만 중국은 직접 대출을 제한한다. 각 시중은행들에게 대출총액을 제한하는데, 지급준비율을 높이면 은행이 가능한 신용창조 규모 자체가 자동으로 감소하기 때문에 대출을 더 늘릴 수 없게 된다. 대신에 금리는 조절하지 않아서 경제활동 참여자들은 낮은 금리를 바탕으로 경제활동을 계속할 수 있다.

이런 경우에도 당연히 문제는 발생한다. 부동산투자를 억제하고자 실시한 지급준비율 인상 때문에 정상적인 경제활동을 하고 싶어 하는 선량한 투자자 역시 함께 대출을 받지 못하는 상황이 벌어지는 것이다. 정당한 경제활동의 기회를 빼앗는 것이나 마찬가지고, 국가경제 측면에서도 부정적인 영향을 미친다. 만약 기준금리 인상으로 대출수요를 조절하려고 한다면 누군가는 높아진 금리로 투자를 포기하기 때문에 대출수요가 감소하지만, 정말로 자신의 경제활동에 강한 자신감이 있는 투자자는 금리에 상관없이 대출을 받아 경제활동에 나설 것이다. 하지만 중국처럼 지급준비율을 높일 경우에는 대출수요자가 누구든 상관없이 대출기회 자체를 박탈당하게 된다. 공평하지 못한 일이지만 중국에서는 가능하다.

중국 입장에서는 '관치금융' 덕분에 오히려 효율적인 성장이 가능할 수도 있다. 대출 규모 자체를 지급준비율 등의 수단으로 제한해버린 뒤 국가가 전략적으로 성장시켜야 하는 부문이나 기업들에게 직간접적으로 대출을 해주는 것이다. 국가가 원하는 방향으로 성장을 유도할 수 있다. 다만 음지에서는 비리가 생길 수 있다. 공무원들이 청렴하지 않다면 대출 청탁과 같은 사건이 매일같이 발생하게 되는 것이다. 실제로도 이런 문제가 있기 때문에 중국의 법은 매우 엄격하다. 웬만한 비리에는 대부분 사형이라는 최고 형벌이 부과된다. 그럼에도 불구하고 중국에서는 여전히 많은 비리 관련 범죄가 일어나고 있다. 정부가 가진 힘이 너무 크면 이런 부작용들은 항상 따라올 수밖에 없다.

———————— 은행은 신중해야 한다. 가장 대표적인 규제 산업이 될 수밖에 없는 이유도 여기에 있다. 공장에서 생산하는 상품이 갑자기 늘어날 수는 없다. 국가의 영토가 갑자기 넓어질 수도 없고, 아파트가 하루 만에 지어지는 경우도 없다. 세상 모든 자원은 한정적이기 때문이다. 수요는 어느 한순간에 몰려들 때도 있고, 어느 한순간에 사라져버릴 때도 있다. 수요는 결국 돈의 총량에 달려 있다. 돈이 있어야 무언가를 살 수 있는 것이다.

돈은 중앙은행이 발행하고, 시중은행이 확장시킨다. 은행은 버블을 만들 수 있고, 신용경색도 만들 수 있다. 갚을 능력이 없는 사람들이 쉽게 대출받을 수 있다는 것은 버블이 형성되었다는 증거다.

우리나라 중앙은행인 한국은행이 하는 일은?

우리나라 중앙은행인 한국은행은 여러 가지 역할을 하고 있다. 그중 한국은행이 추구하는 가장 중요한 목표는 물가안정이다.

한국은행 홈페이지를 접속해서 설립목적을 클릭하면 나오는 헤드라인은 다음과 같다. "한국은행은 물가안정목표를 정하여 국민에게 공표하고 이를 달성하기 위하여 최선을 다하고 있습니다." 이것이야말로 한국은행이 존재하는 목적이다. 한국은행법 1장 1조는 다음과 같다. "이법은 한국은행을 설립하고 효율적인 통화신용정책의 수립과 집행을 통해 물가안정을 도모함으로써 국민경제의 건전한 발전에 이바지함을 목적으로 한다."

한국은행은 물가안정을 위해 존재하는 집단이다. 무조건적인 물가안정이 아니라 국민경제의 건전한 발전에 이바지할 수 있는 물가안정을 추구한다. 또한 물가를 안정시키기 위해 국가에서 부여받은 절대적인 권리를 행사한다. 한국은행의 역할 중에서 가장 중요한 2가지만 꼽으면 첫 번째는 화폐 발행이고, 두 번째는 기준금리의 결정이다.

물가안정, 한국은행이 추구하는 최고의 가치

사람들은 모두 자신의 업적을 자랑하고 싶어 한다. 한 나라의 지도자라면 보여줘야 하는 것들은 뻔하다. 모든 국민들이 잘 먹고 잘사는 것, 그것을 보여줘야 한다. 객관적인 지표로 따지면 대표적인 숫자들로 경제성장률, 1인당 GDP, 실업률, 주가지수와 같은 것들을 예로 삼을 수 있을 것이다. 실업률을 제외한다면 모두 높으면 높을수록 좋다.

우리나라는 나라의 국방·정치·외교의 총책임자를 대통령이라고 부르고 있으며, 현 정부의 최대 수장이라고 할 수 있다. 공무원들은 대통령의 지시에 따라 움직이고 있는 것이다. 대통령도 당연히 이 나라의 국민 중 한 사람이고, 우리나라 국민들이 잘살고, 자신의 업적을 남들이 칭송해주길 바랄 것이다. 그래서 대부분의 대통령들은 경제성장률이 높기를 원한다. 하지만 이 과정에서 문제가 생길 수 있다.

한 사람이 나라를 통째로 바꾸는 것은 쉽지 않다. 이 나라에는 정해진 숫자의 사람들이 살고 있으며, 그 사람들의 능력 또한 정해져 있고, 자원 또한 제한되어 있다. 따라서 이 모든 것들이 모여서 창출해낼 수 있는 최대 가치는 정해져 있다. 애당초 달성할 수 있는 경제성장률의 수준은 한계가 있는 것이다. 우리는 잠재적으로 성장 가능한 수준, 그 정도의 성장률을 잠재성장률이라고 부른다.

문제는 사람들은 이 나라가 늘 꾸준히 성장할 거라고 기대하고 있다는 것이다. 하지만 경제는 사이클이 있고 대외상황에 영향을 받기 때문에 늘 꾸준히 성장하지는 않는다. 갑작스럽게 대외상황이 악화되어 나라의 경제가 위기에 빠져도 사람들은 정치인이나 공무원들을 비판한다. 누군가 비판할 대상이 필요한 것이다. 그럴 때 정치인들과 공무원, 대통령은 유혹을 느낀다. 운동선수가 더 좋은 성적을 내기 위해서 금지된 약물을 사용하듯이, 하지 말아야 할 수단을 무리하게 동원하려고 한다. 가장 대표적인 방법이 돈을 푸는 것이다. 금리를 낮춰 대출을 늘리고, 투자를 이끌어내는 것이다. 하지만 이 과정에서 투자는 투기로 변질되고, 물가가 오르면서 오히려 서민들이 고통받는다. 금지된 약물은 반드시 부작용을 동반한다. 누군가는 이것을 막아줘야 한다.

그래서 한국은행이 존재한다. 한국은행은 여러 가지 역할을 하고 있지만, 한국은행 홈페이지에 나와 있듯이 그들이 추구하는 가장 중요한 제1번 목표는 '물가안정'이다. 앞으로 언급하는 것은 그것을 달성하기 위해 한국은행이 하는 구체적인 행동들이다. 현재 우리나라의 물가안정 목표는 소비자물가상승률을 중기적 시계에서 연간 2.0%로 유지하는 것이다(이전까지는 연간 3%였으나 잠재성장률의 하락 등을 반영해 2016년부터 2%로 변경되었다). 한국은행은 물가상승률이 중기적 시계(3~5년)에서 목표의 중심선인 2.0%를 크게 벗어나지 않도록 노력함으로써 인플레이션 기대심리의 안정을 도모한다고 스스로 말하고 있다.

금융통화위원회, 기준금리를 결정한다

나라의 경제를 무리하게 끌어올리기 위한 가장 쉬운 방법 중 하나가 금리를 낮추는 것이다. 물론 정말 경제가 어려울 때는 금리를 하락시켜 기업들이 어려운 상황 속에서도 기업활동을 영위할 수 있게 도와줘야 하고, 어려운 가계들에게는 대출이자 부담을 낮춰서 그들의 숨통을 열어줘야 한다. 그 시기가 어느 정도 진정되면 극약처방을 멈추고, 일반적인 처방으로 돌아가야 한다. 하지만 아무래도 대통령 혹은 경제수장의 위치에 있다 보면 현재의 경제성장을 조금 더 끌고 가고 싶은 마음이 들 수 있다.

그래서 우리나라의 금리는 한국은행이 결정한다. 이것은 대통령의 권한도 아니고, 기획재정부 장관의 권한도 아니다. 이 권한은 오롯이 한국은행에게만 있다. 한국은행은 매달 한 번씩 금융통화위원회를 개최한다. 이 위원회는 총 7명의 금융통화위원이 참석하는데 다수결을 통해 금리를 결정한다. 금융통화위원 7명은 한국은행 총재와 부총재가 일단 두 자리를 선점하고, 나머지 5명은 추천을 통해 임명된다.

이때 추천을 하는 기관장은 한국은행 총재와 금융위원회 위원장, 기획재정부 장관, 전국은행연합회장, 대한상공회의소장이다. 이들 기관장의 추천을 받은 사람을 금융통화위원으로 대통령이 임명한다. 추천을 하는 사람 중 금융위원회 위원장과 기획재정부 장관 등 정부 측 인사가 포함되어 있지만 물가안정을 대변하는 한국은행총재, 경제인을 대변하는 은행연합회장과 상공회의소장 등 각계 인사가 적절히 배치되어 이들을 통해 추천을 받은 금융통화위원들이 이 나라의 기준금리를 결정하고 있다.

공개시장조작, 돈을 사고판다

우리나라는 물가안정목표제를 도입하고, 기준금리 제도를 운영하고 있다. 금융통화위원회에서는 매달 기준금리를 결정하면 한국은행은 기준금리를 발표하고 그 기준금리가 시장에서 유지되도록 노력해야 한다. 그래서 한국은행은 공개시장조작이라는 것을 실시한다. 매주 목요일 시중은행들을 상대로 돈을 사오는 것이다. 어떻게 보면 은행들의 돈을 잠시 보관해주는 것이다. 매주 실시하는 것이기 때문에 보관해주는 기간은 일주일이다. 하지만 은행들 입장에서는 돈을 한국은행에 맡겨야 할 이유가 없다. 은행은 남는 돈이 있으면 대출을 해주고 이자를 받아야 한다. 그래야 예금을 맡긴 고객에게 이자를 줄 수 있고, 은행 직원들에게 월급을 주고, 주주들에게는 이익을 배분할 수 있다. 그럼에도 시중은행들은 한국은행에 돈을 맡긴다. 그 이유는 아주 당연한 소리지만, 한국은행도 시중은행들에게 이자를 지급하기 때문이다.

바로 이 이자율, 이것이 기준금리다. 일주일 동안 시중은행들은 돈을 한국은행에게 맡기고 이자를 받는다. 만약 기준금리가 4%이고 사람들은 대출을 굉장히 받고 싶어 하는 상황이라고 가정하자. 사람들은 대출금리가 8%라도 대출받기를 원한다. 그렇다면 시중은행들에게 한국은행에 돈을 맡기는 것보다는 대출을 늘리는 것이 더 이익이다.

이에 한국은행은 현재 경기가 과열되어 있다고 판단하고, 과도하게 대출이 늘어나는 것을 경계하고자 기준금리를 올린다. 기준금리를 8%까지 끌어올렸다고 가정해보자. 이제 시중은행들은 굳이 대출을 해줄 이유가 없다. 돈을 빌려주면 누군가는 돈을 갚지 못하기 때문에 은행은 일정 부분 손실을 감수해야 한다. 하지만 한국은행에 돈을 맡기면 그럴 걱정이 없다. 돈을 찍어낼 수 있는 권한이 있는 기관이 돈을 못 갚을 리는 없지 않은가? 시중은행들은 죄다 돈을 한국은행에 맡기려고 하고, 대출에 나서지 않는다. 자연스럽게 대출이 감소하며, 과열된 경기는 가라앉게 될 것이다. 이것이 한국은행이 회의를 통해 결정한 기준금리를 실제 적용시키는 방법이다. 반대의 경우도 마찬가지다. 한국은행이 어느 날 기준금리를 인하하면 시중은행은 대출에 나서는 것이 더 이익이다. 한국은행에 돈을 맡기는 은행들은 감소하고, 대출금은 늘어나기 시작한다. 이런 방법으로 어려움에 빠진 경제에 활력을 불어넣을 수 있다.

이렇게 한국은행은 시중은행들의 돈을 사들이는 역할을 하기도 하지만, 한국은행이 가지고 있는 돈을 파는 역할을 하기도 한다. 이는 돈을 사는 것처럼 정기적인 일은 아니지만, 정말 필요한 일이 발생하면 보유한 자금을 시중은행들에게 대출을 해줄 수도 있다. 하지만 예전 IMF 사태라든지, 리먼브라더스 파산 이후와 같은 극단적인 상황 외에는 한국은행이 우리나라 금융기관들에게 직접 돈을 공급하는 경우는 흔치 않다.

통화안정증권, 통안채의 발행

공개시장조작은 통화안정증권에 비하면 그 규모가 매우 작다. 시중은행들이 매주 한국은행에 맡기는 돈의 규모는 경제 상황에 따라 달라지지만 일반적으로 10조~40조 원 수준이다. 하지만 현재 우리나라의 통화안정증권(이하 통안채) 발행잔액은 170조 원이다.

우리나라는 대표적인 무역수지 흑자 국가다. 해외에서 돈을 벌어오지만, 그만큼 해외로 다시 나가서 쓰지는 않는다. 물론 가끔 무역수지 적자가 나는 경우도 있지만 대부분은 흑자를 유지하고 있다. 그런데 우리나라는 슈퍼나 백화점이나 거리에서 달러가 통용되지는 않는다. 그렇다면 여기서 궁금증이 생긴다. 해외에서 달러를 벌어왔는데 그만큼을 해외에서 쓰진 않았다면, 그 달러는 다 어디에 있는 것일까? 삼성전자가 해외에서 돈을 벌어오면 그걸 다 그냥 달러로 보유하고 있을까?

물론 그럴 이유는 없다. 기업들은 필요한 만큼의 달러를 기업 내부에 보유하고 있지만, 대부분은 원화로 환전할 것이다. 그렇다면 그 많은 달러, 몇십 년간 벌어들인 무역수지 흑자는 다 어디로 갔을까? 정답은 '외환보유고'다. 정책당국은 그렇게 우리나라에서 돌아다니는 달러를 사들이고, 적정한 수준의 외환보유고를 유지해 외환시장의 혼란을 방지한다.

그런데 이 과정에서 정책당국이 달러를 매수하면, 상대방에게 달러에 대한 대가로 원화를 지급했을 것이다. 그러면 시중에 유동성이 늘어나는 셈이다. 그렇게 계속 달러를 매수하면서 원화를 지급하면 시중의 유동성이 늘어나기 때문에 물가 상승을 자극할 수 있다. 그래서 한국은행은 달러를 사들이면서 늘어난 유동성을 다시 흡수하기 위해 통안채를 발행한다. 우리나라가 해외에서 돈을 잘 벌어오고, 외국인들이 우리나라에 투자를 많이 하면 할수록 외환보유고는 늘어나고, 통안채 잔액은 늘어난다.

한국은행은 현재 시장에 돈이 많이 풀려 있다는 생각이 들면 통안채를 발행한다. 반대로 돈이 부족하다는 생각이 들면 통안채를 상환한다. 공개시장조작이 은행들의 돈을 사들이고, 그 사들이는 규모를 결정하는 약간은 소극적인 방법이라면, 통안채 발행과 상환은 조금 더 적극적인 통화정책인 셈이다.

한국은행은 이렇게 가장 대표적인 3가지 방법으로 이 나라의 통화정책을 운영한다. 또한 이를 통해 물가안정이라는 목표를 이루고자 노력한다. 한국은행은 경제성장을 위해 국민과 기업인들을 최대한 지원하되, 그 과정에서 눈이 멀어 놓칠 수 있는 물가안정이라는 중대 목표를 이루기 위해 나라의 경제를 감시해야 하는 임무가 있다. 어떻게 보면 사람들에게 환호성을 받을 수 있는 자리는 분명 아니다. 경제가 좋을 때 "금리를 올려 물가를 안정시켜야 합니다!"라고 외쳐봐야 서민들의 이자부담만 늘리는 나쁜 기관이라는 지탄도 받을 수 있다. 그래도 할 일을 해야 한다. 누가 뭐래도 꿋꿋해야 한다. 그래서 중앙은행인 한국은행의 독립성은 꼭 필요한 것이다.

후진국일수록 중앙은행이 독립적이지 못하며, 정부와 정치인 마음대로 경제를 운영한다. 정부와 정치인들이 인기에 영합한 정책을 쏟아내다 보면 엄청난 물가 상승을 경험하고, 경제가 급격하게 후퇴하는 것을 경험하게 된다.

기준금리를 인상하면
정말 물가가 안정될까?

중앙은행은 경기 상황에 따라 기준금리를 인하하거나 인상한다. 우리나라의 중앙은행인 한국은행은 물가안정을 목표로 중기제로 운영되고 있다.

 조금 과장해서 말하면 우리나라 사람들은 모두 경제전문가이고 정치전문가이고 축구전문가다. 경제와 정치와 축구는 항상 비판의 도마 위에 오르고 있다. 또한 올바른 미래를 위한 수많은 방법들이 제시되고 있기도 하다(때로는 격해지기도 한다).

 경제위기는 아무도 예상하지 못하고 있을 때 찾아온다. 지난 2008년 리먼브라더스 파산 이후 전 세계는 심각한 경기침체를 경험했고, 각국 중앙은행들은 침체된 자국의 경기를 되살리기 위해 기준금리 인하를 단행했다. 그리고 10년이 지났다. 그동안 한국에서는 금리를 2010년부터 다시 올리기 시작했다가 2012년부터는 다시 내리기 시작했고, 2017년부터는 다시 올리기 시작했다. 이렇게 올렸다 내렸다 하는 기준금리가 정말 물가에 영향을 미치는 것일까? 기준금리는 물가를 조절할 힘을 가지고 있는가?

기준금리 인상에 대한 고민

경기가 침체에 빠지면 경제활동은 위축되고, 돈을 빌려준 사람은 빌린 사람에게 상환을 요구하고, 이로 인해 통화의 유통속도가 감소해 시중의 전체 통화량은 줄어들게 된다. 사람들은 경제적인 여유가 없어지고, 상품을 구매하고자 하는 사람이 줄어들어 총수요가 감소해 물가 역시 하락 압력을 받는다. 이를 회복시키기 위해 중앙은행은 시중에 유동성을 공급하고, 기준금리를 인하한다.

반대로 경기가 회복기에 들어서면 대출이 늘어나고, 물가가 상승 압력을 받는다. 이렇게 경기가 회복될 경우 중앙은행은 예전 위기 때 행한 조치를 거둬들여 경기가 과열되는 것을 방지하고, 물가 상승을 제어해야 한다. 하지만 지금의 경기가 회복 과정에 있는 것이냐 아니냐에 대한 논쟁은 항상 벌어진다. 그러한 논쟁 과정에서 통화정책을 결정하는 사람들 역시 의견이 갈라지게 되고, 경제는 정상으로 돌아왔지만 통화정책은 정상으로 돌아오지 못하는 경우가 빈번하게 발생한다.

기준금리를 인상하는 것에도 사람들의 반발이 만만찮다. 기준금리를 인상하면 일단 대출자들의 이자부담이 늘어나게 된다. 특히 우리나라는 소득 수준에 비해 집값이 높은 편이기 때문에 대부분의 주택보유자들이 대출이 있으며, 소득 중 이자가 차지하는 비중도 상당하다.

대출도 돈이 어느 정도 있는 사람들이나 받을 수 있는 것이다. 전체 가계대출 가운데 상위 30%의 고소득층이 차지하는 비중은 60%가 넘는다. 저소득층이 전체 대출에서 차지하는 비중이 작지만, 그만큼 소득이 적기 때문에 이자부담은 크다는 의견도 존재한다.

이것이 어제오늘의 일이 아니다. 문제는 이런 이유로 기준금리 인상이나 통화정책 정상화를 게을리할 경우 치러야 할 대가, 바로 물가가 상승한다는 것이다. 물가 상승은 빈부격차 확대로 이어지며, 결국 서민을 살리겠다며 저금리 기조를 장기간 유지할 경우에 물가 상승이라는 부메랑으로 돌아와 서민을 다시 죽이는 일이 생기게 된다.

물가 상승의 2가지 원인

기준금리 인상이 과연 물가안정에 도움이 되는 것이냐에 대한 의구심은 항상 있었다. 특히 유가 상승으로 국내 물가가 올라가는 상황이라면 더더욱 그 의구심은 커진다. 유가가 상승해 물가가 올라가는 상황에서 기준금리를 인상해 물가를 잡겠다고 나서는 것이 과연 옳은 일일까?

흔히 물가 상승의 원인을 논할 때 2가지로 구분을 짓는다. 나라에서 자체적으로 제어하지 못하는 변수, 즉 외생 변수에 의한 물가 상승은 공급 측면에 의한 물가 상승이라 한다. 반면에 나라에서 조절 가능한 변수,

즉 내생 변수에 의한 물가 상승은 수요 측면에 의한 상승이라고 말한다.

예를 들면 국제유가나 원자재가격, 환율(환율이 외생 변수인가 내생 변수인가에 대해서는 논란이 있을 수 있다), 농축수산물가격 변동을 가져올 수 있는 기상이변이나 전염병 등은 외생 변수라고 지칭할 수 있다. 반대로 임금상승이나 기준금리, 인구 변화, 대출 증가에 따른 유동성 증가와 같이 물가에 영향을 미치는 변수들은 내생 변수라고 하며, 이는 정책 수단으로 조절할 수 있다.

문제는 우리나라의 물가 상승이 대부분의 경우 외생 변수의 충격 때문에 발생한다는 것이다. 특히 국제유가의 움직임은 우리나라의 물가상승률의 움직임과 매우 유사하다. 물가를 말할 때 흔히 사용하는 것이 소비자물가지수^{CPI; Consumer Price Index}의 상승률인데, 이 소비자물가지수에서 석유류 제품이 차지하는 비중은 약 5%다. 국제유가가 변하면 이 석유류 제품의 가격이 가장 직접 영향을 받고 변하게 되는데, 이것이 우리나라의 물가 변화의 상당 부분을 설명하고 있다.

그도 그런 것이 공급 측면의 요인에 의한 물가 변화는 매우 크게 나타난다. 국제유가^{WTI}만 하더라도 2008년 중반 WTI 원유가격은 배럴당 150달러까지 상승했지만 2009년에는 배럴당 40달러까지 급락했으며, 다시 2011년에는 110달러까지 급등했다가, 2016년에는 다시 30달러 밑으로 갔던 적이 있다. 매년 가격 변화가 매우 심하게 나타났기 때문에 전체 소비자물가에서 5%를 차지하는 석유류 제품의 가격 역시 급등락을 반복할 수밖에 없고, 석유류 제품의 가격 변화로 인해 우리나라의 소비자물가상승률이 함께 급변하게 된다.

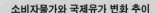

소비자물가와 국제유가 변화 추이

━ 소비자물가상승률(전년비)　　　━ 국제유가(WTI) 등락률(전년비, 우측)

자료: 한국은행

　2011년 초의 구제역 파동도 그렇다. 구제역으로 소와 돼지가 대규모로 살처분되었는데 그 규모는 당시 우리나라 전체 소의 5%, 전체 돼지의 30%에 달했다. 순식간에 사육하는 돼지의 30%가 사라져버린 것이다. 이후 돼지고기가격의 폭등은 필연적인 일이었으며, 돼지고기의 수입을 늘리는 등 여러 방법을 동원했지만, 큰 도움이 되지 못했다. 전체 물가에서 돼지고기가 차지하는 비중은 사실 0.5% 정도에 불과하다. 하지만 삼겹살과 돼지갈비, 탕수육과 족발 등과 같은 외식에서 차지하는 돼지고기의 비중은 상당하다. 돼지고기가 우리나라 물가에서 차지하는 비중이 사실상 2%에 육박한다. 구제역 파동 당시 삼겹살용 돼지고기가격이 50% 정도 급등하며 2011년 1분기 물가를 크게 자극했다.

　그에 반해 수요 측면에 의한 물가 상승은 느린 속도로 꾸준하게 나타난다. 또한 한 번 나타나기 시작하면 잘 멈추지 않는 특성이 있다. 예를 들면 전세가격은 주택 수요와 공급의 불일치, 장기간의 저금리, 정책 등 여러 가지 요인에 영향을 받는다. 하지만 한 번 상승하기 시작하면 여러 가지 대책이 등장해도 쉽게 멈추지 않고, 그 상승세가 유지된다.

기준금리를 올린다고 유가가 떨어집니까?

위기 이후 약한 경제회복이 나타나는 시기에 기준금리 인상을 반대하는 사람들은 다음과 같은 질문을 던진다. "기준금리를 올린다고 국제유가가 하락합니까? 기준금리 인상으로 물가를 잡을 수 있나요?" 사실 이런 질문에 대한 답변은 정답이 없고, 아직도 여러 경제학자가 논의하고 있는 문제지만, 나름의 견해를 표현하고자 한다.

먼저 앞서 언급했던 예 중에 하나인 구제역 살처분으로 인한 돼지고기가격의 급등, 그리고 그로 인해 나타난 물가 상승에 대해 살펴보자. 답을 먼저 말하면, 이런 식의 물가 상승은 기준금리 인상으로 대응할 필요가 없다. 기준금리를 올린다고 죽은 돼지가 살아날 수 있고, 돼지고기가격도 하락할 리 만무하기 때문이다. 이런 경우에는 빠르게 돼지고기의 수입량을 늘리는 한편, 돼지 사육업자에게 보조금을 지급해 돼지 사육을 적극 장려하는 재정정책으로 대응하는 것이 효율적이다. 기준금리 인상은 돼지고기가격에 아무런 긍정적인 영향을 미칠 수 없다.

그런데 국제유가 상승 때문에 물가가 상승할 경우에는 생각해볼 필요가 있다. 물론 기준금리를 인상한다고 국제유가가 하락할 리는 없다. 더 군다나 국제유가는 구제역 파동과는 성격이 다르다. 지금도 일부 수입 산 돼지고기를 사용하고 있지만, 여전히 소비자들은 돼지고기는 국산을 선호하고 있다. 만약 소비자들이 돼지고기의 수입 여부에 대해 별 거부 감이 없다면 구제역 파동에 영향을 받지 않았을 것이다. 빠르게 수입량 을 늘리면 해결될 문제이기 때문이다.

국제유가 상승으로 인한 물가 상승에 대한 대처법으로 기준금리 인상 을 생각해보기 전에 국제유가 상승의 근본적인 원인에 대해 생각해야 한 다. 전 세계의 원유 공급은 한정되어 있고, 원유수요는 상황에 따라 변한 다. 세계경제가 적당한 속도로 확장하고, 원유 공급 역시 이에 맞춰 적당 히 확대해준다면 유가가 급등할 가능성은 크지 않다. 게다가 2008년과 2010~2011년에 나타난 가파른 유가 급등의 원인은 중동 지역에서 나타 난 대규모 전쟁이 아니라 글로벌 유동성의 증가, 그리고 수요가 급속도 로 확대되었기 때문이라고 판단된다.

과거 미국은 부진한 국내경제를 이유로 자국의 기준금리를 될 수 있으 면 최저수준인 0%로 묶어두고 있었다. 또한 그것으로도 부족해 중앙은 행인 연방준비은행이 발권력을 동원해 국채와 모기지채권을 매입하는 양적완화 정책을 함께 사용하고 있다. 하지만 이렇게 유동성을 대규모로 공급하고 있지만, 미국경제는 쉽게 살아나지 못하고 있다.

다만 이 과정에서 늘어난 유동성의 혜택을 보는 사람들이 있다. 미국 은 여전히 대규모 무역수지 적자가 유지되고 있다. 쉽게 말하면 미국 중 앙은행이 찍어낸 돈이 다른 나라로 계속 흘러들어가고 있다는 것이다.

그래서 미국과 유럽을 제외한 나라들은 빠르게 회복되는 모습을 보였다. 또한 일본, 러시아, 한국, 대만, 인도, 홍콩, 브라질에도 달러가 대규모로 유입되고 있다. 엄청나게 찍어낸 달러가 미국경제는 회복시키지 못하고 있지만, 다른 이머징국가(신흥국 또는 개발도상국)는 빠르게 회복시키고 있는 셈이다.

결국 전 세계의 유동성은 증가한 셈이 되어 이머징국가의 수요는 빠르게 늘어나면서 국제유가가 급등하는 모습을 보인다. 또한 그것을 노린 헤지펀드들까지 유가 상승에 베팅하면서 유가를 끌어올린다. 0%에 불과한 미국 기준금리에 자금 차입 비용마저 매우 저렴해 너도나도 유가와 원자재가격 상승에 베팅하기 편안한 상황이 되어버린 것이다.

그렇다면 현재의 유가 상승을 외생 변수로만 치부할 수는 없다. 2010년부터의 전 세계 경기흐름을 보면 선진국들이 여전히 회복 속도가 부진한 가운데, 이머징국가들은 선진국들의 대규모 유동성 방출을 등에 업고 빠르게 경기가 회복되고 있다. 그런데 그에 비해 출구전략에 나서는 속도는 더디다. 이로 인해 많은 이머징국가에서 물가 상승이 나타나고 있다. 만약 이머징국가들이 빠르게 기준금리 인상에 나서고, 크게 증가하고 있는 자국의 유동성을 제어하기 시작했다면, 국제유가 역시 이만큼 상승하기는 어려웠을 것이다.

유가 상승의 원인 중에는 이머징국가들로 인한 부분이 분명히 존재한다. 문제는 여기서도 이기주의가 발생한다는 것이다. 자국의 기준금리를 인상하게 되면 자국통화가 강세를 보이고, 이로 인해 그동안 누려오던 무역수지 흑자 규모가 줄어들게 된다. 이것을 정책을 결정하는 입장

에서는 용인하기 쉽지 않을 것이다. 선진국 입장에서도 돈을 계속 들이
붓고 있음에도 불구하고 자국경제가 쉽게 살아나지 못하고 있고, 그 돈
들이 대부분 이머징국가들로 흘러들어가고 있음을 알지만 쉽게 정책을
포기할 수는 없다. 그렇게 될 경우 더 악화될 경제에 대한 책임을 지게
되는 것이 부담스럽기 때문이다. 결국 전 세계 각국이 출구전략의 시행
시기를 적정 시기보다 미루게 된다. 이것이 조금씩 누적되면서 세계경제
의 불균형을 심화시키며, 원자재와 유가 상승을 불러온다.

  다시 한 번 질문을 던져보자. 유가 상승으로 나타나는 물가 상승을 기
준금리 인상으로 대응하는 것이 과연 틀린 선택일까? 지금 현재로서는
우리나라 혼자 기준금리를 인상해봐야 큰 효과를 거두기 어렵다. 하지
만 전 세계가 다 같이 공동 대응해 각국 경제 상황에 맞는 수준으로 기
준금리 인상과 통화정책 정상화에 나선다면 효과를 발휘할 수 있다. 결
국 물가는 수요와 공급의 문제고 전 세계 수요 관리를 글로벌 정책 공조
를 통해 이룰 수 있다면, 유가는 더 이상 외생 변수가 아니라 내생 변수
로 변할 수 있다. 그렇다면 유가 상승에 기준금리 인상으로 대응하는 정
책은 정답이 될 수 있다.

수요 측면의 물가 상승 압력 해법은 기준금리 인상

  경제가 회복기에 들어서고 성장기에 진입하면, 사람들 역시 그런 분
위기를 느끼고 그 과실을 공유하고자 한다. 늘어난 기업 이익에 대한 정

당한 권리를 요구하고, 임금을 인상하기 위한 시도를 하는 것은 매우 당연한 일이다. 각 기업들도 사정에 맞게 직원들의 임금을 인상하는데, 그 이후부터 물가 상승은 이러한 과정을 통해서 나타난다. 사람들은 늘어난 임금으로 어떤 형태로든지 소비에 나서게 된다.

예를 들어보자. A기업은 매년 100개의 제품을 생산하는데, 올해 직원들의 임금을 10% 인상했다. 이렇게 제품 생산량에는 변화가 없는데 임금만 오르게 되면, 전체 수요는 증가하게 된다. 제품을 살 수 있는 돈이 증가했기 때문이다. 하지만 기업들이 생산한 제품의 전체 수량이 동일하다면 공급은 예전과 동일하다. 수요는 커졌는데 공급은 그대로라면 물가는 오르게 된다. 이런 현상이 나타나지 않기 위해서는 기업은 매년 기술혁신 등을 통해 생산성을 개선해 공급량을 함께 증가시켜 늘어나는 수요에 대응해야 한다. 경제에서 물가 상승이 위험 요소가 되지 않기 위해서는 수요와 공급이 동시에 적절하게 움직여야 하는 것이다.

다르게 생각해보자. 생산성이 개선되지 않고 공급량이 늘지 않았는데 임금만 오르게 되었다고 가정하면 물가는 오른다. 이때부터는 심리적인 요인도 물가를 자극하게 되는데, 예를 들면 다음과 같다. A기업에 다니는 B씨의 임금이 오르는 것을 본 삼겹살집 주인 C씨는 A기업 직원들이 최근 회식을 자주하는 것을 목격한다. 그래서 본인의 소득을 늘리기 위해 삼겹살가격을 인상한다. A기업 직원들은 삼겹살가격이 오른 것은 아쉽지만, 임금을 더 받았기 때문에 삼겹살의 소비를 줄이진 않는다. 이렇게 물가 상승은 전염성이 있다.

이런 식으로 물가 상승이 확산되는 상황에서는 기준금리를 인상시켜

총수요를 관리해야 한다. 기준금리가 인상될 경우 나의 기회비용 판단에도 변화가 생긴다. 1년 만기의 정기예금 금리가 3%인 때는 '어차피 이자랍시고 얼마 되지도 않는 돈, 이번 기회에 차를 바꿔야겠다'라는 생각을 하지만, 정기예금 금리가 5%로 오르면 '금리가 많이 올랐네? 저축해서 돈을 조금 더 모아봐야겠는데?'라는 생각을 하게 된다. 이렇게 해서 기준금리 인상은 경제 전체에 수요를 감소시키고, 대출을 줄이고, 저축률을 높이는 효과를 가져온다. 그렇게 해서 전체 공급과 수요를 관리하고 물가를 안정시킬 수 있다.

━━━━━━━━ 우리가 보는 물가는 이미 과거다. 높든 낮든 그것은 이미 지난 이야기이고, 돌이킬 수 없는 이야기다. 앞으로가 더 중요하다. 한국은행의 물가안정목표는 중기제로 운영된다. 당장 내년의 물가상승률을 위해 움직이는 것이 아니라 3~4년 정도의 시각을 가지고 중기적인 물가안정을 추구하는 것이다. 올해 물가가 매우 높아 한국은행을 비난하는 행렬이 이어지더라도 한국은행은 내년과 내후년, 그리고 그 이후의 물가를 예측하고 움직여야 한다.

폭우 또는 폭설로 먹을거리 가격이 크게 오르면서 나타난 물가 상승을 기준금리 인상으로 대응할 수 없다. 무상급식, 대학등록금 인하로 나타난 물가 하락을 기준금리 인하로 대응할 수도 없다. 간단해 보이지만 막강한 위력을 가진 기준금리라는 도구는 매우 신중하게 써야 한다.

물가가 오르는 것이 좋을까, 내려가는 것이 좋을까?

물가는 단순히 오르면 나쁘고 내려가면 좋은 것인가? 높은 물가상승률이 경제성장의 대가일 수 있으며, 물가 하락은 경기침체의 반증일 수도 있다.

물가에 대한 선입견을 버리자. 경제가 일반적인 성장을 넘어 과열에 들어서면 부작용은 한 가지다. 바로 물가가 오르게 되는 것이다. 물가만 오르지 않는다면 경제가 과열 성장을 하는 과정에서 문제가 될 것은 없다. 물가가 어느 정도 오르는 것은 경제성장의 대가다. 과도한 물가 단속은 경제성장을 저해한다. 단순하게 물건값을 올리려는 상인에게 물건값을 올리지 말라고 정부가 명령한다고 생각해보자. 그러면 장사할 맛이 나겠는가?

'물가 하락이 좋은 것이다'라는 생각도 버리자. 물건을 판매하는 사람은 가격을 내리면 본인에게 손해다. 내릴 이유가 없다. 물가가 하락한다는 것은 수요의 감소, 소비자가 사길 원하지 않기 때문에 판매자가 가격을 할인하는 것이다. 물가 하락은 수요 감소, 경기침체의 반증이다. 모든 것은 적당한 것이 좋은 것이다. 어느 한쪽이 무조건 옳고 그르다는 생각은 버려야 한다.

물가가 많이 오르는 것은 당연히 나쁘다

길게 이야기할 것도 없다. 물가가 많이 오르면 당연히 나쁘다. 예를 들어보자. 어느 신혼부부가 있다. 그들은 열심히 저축해 내집을 마련하고자 한다. 목표하는 집의 가격은 2억 원이다. 부부의 월 저축액은 200만 원이었고, 열심히 모아서 1억 원을 모으는 데 성공했다. 그들은 이제 앞으로 4년(200만 원씩 약 50개월 정도)만 더 모으면 모자란 1억 원을 채워서 집을 살 수 있을 줄 알았다.

그런데 갑자기 물가가 폭등하기 시작했다. 모든 물건값이 2배가 되었고, 집도 2억 원에서 4억 원으로 가격이 올랐다. 급작스러운 물가 상승으로 부부의 소득도 2배가 되었고, 월 저축액도 400만 원이 되었지만, 은행에 있는 돈은 그대로 1억 원이다. 집을 사기 위해 앞으로 더 모아야 하는 액수는 1억 원이 아니라 3억 원이 되었다. 저축액은 2배가 되었지만 모아야 하는 기간은 75개월, 약 7년 정도로 늘어났다. 가지고 있는 자산이라고는 현금자산인 예금밖에 없던 부부는 심한 허탈감을 맛봐야 했다.

어떤 부자는 부동산 투자를 좋아했다. 2억 원 하는 집 10채를 샀다.

20억 원 중 10억 원은 은행 대출을 이용했다. 그러다가 물가가 급등했고, 2억 원 하던 집값은 4억 원이 되었다. 부자는 집 10채 중 3채를 팔아 12억 원을 마련해 10억 원은 대출을 갚는 데 사용했다. 2억 원으로는 차도 한 대 구입하고, 해외여행도 다녀오고, 생활비로도 사용했다.

물가 상승은 이렇게 실물자산을 보유하고, 대출이 있는 자들에게는 좋은 반면에 현금자산을 보유한 사람들에게는 피해를 준다. 대개 실물자산을 보유할 정도로 여유가 있는 사람들이 서민일 리는 없다. 물가 상승은 사회 양극화를 심화시키기에 경제에 부정적인 영향을 미친다.

하이퍼 인플레이션은 왜 나타나는가?

물가가 통제 상황을 벗어나 자고 일어나니 물건가격이 올라가는 그런 상황이 벌어지면, 그것을 하이퍼 인플레이션Hyper Inflation이라고 지칭한다. 이렇게 걷잡을 수 없이 물가가 올라가면 경제는 매우 어려워진다. 물가가 상승한다는 것은 상품의 가치는 그대로인데, 돈의 가치가 하락한다는 것을 의미한다.

내 월급이 200만 원이고 월간 지출하는 금액이 100만 원인데, 물가가 100% 상승해서 지출금액이 200만 원이 되었다고 생각을 해보자. 그렇다면 그다음에 내가 취할 행동은 무엇일까? 임금인상 요구다. 물가가 100% 올랐다는 것은 내 월급, 내가 가진 돈의 가치가 반토막이 났다는 것과 같은 뜻이다. 나의 실질적인 소득을 보전하기 위해 임금인상을 기업에게 요구할 것이고, 기업은 일정 부분 임금인상에 동의할 수밖에 없을 것이다.

하지만 기업 역시 땅을 파서 장사하는 것이 아닌 만큼, 임금인상으로 인해 늘어난 비용을 판매하는 상품에 전가할 수밖에 없다. 그러면 해당 기업이 만들어내는 상품가격은 또 오르게 된다. 물가는 더 올라간다. 사람들은 또 임금인상을 요구하고, 기업은 임금을 인상해주고 상품가격을 올리는 악순환이 시작되면서 '물가 상승→임금인상→물가 상승→임금인상'이 반복되는 것이다.

짐바브웨의 2008년 물가상승률은 2억%를 넘겼다. 2007년에 1원 하는 상품이 있었으면, 2008년에는 그 상품이 200만 원이 되었다는 뜻이다. 빵 하나를 사기 위해서 수레에 돈을 싣고 가야 하는 상황이 실제로 벌어진 것이다. 돈이 땅에 떨어져 있어도 줍지 않는다. 어차피 지폐 한 장으로 할 수 있는 일이 없기 때문이다. 물가가 매일매일 5%씩 오르면 1년에 2억%라는 경이로운 하이퍼 인플레이션을 만들 수 있다. 전쟁과 같이 특수한 상황이 아닌데도 불구하고 이런 엄청난 인플레이션을 보이는 것이 흔한 일은 아니다.

왜 이런 일이 벌어졌을까? 이유는 정말 많다. 2억%라는 물가상승률이 쉽게 만들어낼 수 있는 숫자도 아니다. 첫 번째 원인은 무식한 정치인과 무지한 국민들에게서 찾을 수 있다. 나라의 경제가 어려워지자 정부에서 돈을 찍어내기 시작했다. 그들은 그 돈을 가지고 복지정책에 사용했고, 포퓰리즘에 영합한 정치를 시작했다. 국민들은 기뻐했고, 정권은 유지될 수 있었다.

**2009년에 발행된
100조 짐바브웨 달러 화폐**
(자료: 위키피디아)

하지만 종이로 된 돈이 찍혀 나와 세상에 뿌려진다고 해서 공장이 더 열심히 돌아간다거나, 품질이 개선된다거나 하는 것은 아니다. 그냥 세상에 돌아다니는 돈의 양만 늘어날 뿐이다. 공장에서 생산되는 물건의 양은 제한되어 있는데 사람들이 가지고 있는 돈만 늘어난다면, 이후 나타나는 것은 당연히 물가 상승이다. 같은 물건을 두고 사려는 사람만 늘어나니 가격은 올라간다. 돈만 찍어낸다고 해서 달라지는 것은 아무것도 없다. 이 간단한 사실을 정치인도 몰랐고, 국민들도 몰랐던 것이다.

이렇게 나타난 물가 상승에 짐바브웨 정치인들이 두 번째로 내놓은 대책은 다음과 같다. "기업들은 물건가격을 반값으로 내려라." 이에 국민들은 또다시 환호했다. 기업들은 어이가 없지만 정치인들을 이길 수 없었다. 사람들은 반값이 된 물건들을 줄을 서서 사들였지만, 기업들은 물건을 반값에 팔고서 버틸 수 없었다. 이로 인한 적자로 기업들은 도산하기 시작했고, 망한 기업들은 더 이상 물건을 생산하지 못했다. 결국 물건이 귀해졌고, 가격은 다시 올라가버렸다.

그전에도 물가 상승을 암시하는 여러 가지 사건이 있었다. 사회주의 국가인 짐바브웨는 무가베 대통령이 독재를 하고 있다. 대통령이 정권을 잡고 나서 초기에는 상당한 수준의 경제성장을 이끌어냈고, 식량 순수출국이었다. 하지만 2000년 토지개혁을 명목으로 토지를 전부 국유화하고, 농지의 70%를 소유하고 있던 소수의 백인들은 짐바브웨를 떠날 수밖에 없었다. 이후 농지는 흑인 농민들에게 분배되었지만 그들은 농사짓는 법을 몰랐다. 기술이 없고 농기계가 없는 그들은 영농에 실패했고, 식량 생산은 감소했으며, 짐바브웨는 식량 순수출국에서 식량 수입국이 되어버렸다. 이때부터 짐바브웨의 경제는 악화되기 시작했다. 재정이 악화되고, 이 재정악화를 막기 위해 정부가 돈을 찍어내기 시작하면서 살인적인 물가 상승의 기폭제가 되었던 것이다.

짐바브웨는 결국 2015년 자국통화를 포기하고 사용을 금지했다. 그리고 미국 달러화를 대신 사용했다. 2017년, 37년간 독재를 이어간 무가베 대통령은 93세의 나이에 부인에게 정권을 이양하려다 실패했다. 그러나 여전히 짐바브웨에서 삶을 이어가고 있다. 짐바브웨는 2019년 2월부터 새로운 자국통화를 다시 사용하기 시작했고, 같은 해 6월 달러와 같은 해외통화의 사용을 다시 금지했다. 짐바브웨의 인플레이션율은 2019년 들어 다시 100%에 육박하고 있다.

사실 이렇게 엄청난 인플레이션이 도래한다고 해서 손해 볼 것은 없다. 어차피 내가 가지고 있는 부동산, 금괴와 같은 실물자산은 인플레이션에 영향을 받지 않기 때문이다. 문제는 앞서 언급했듯이 실물자산을 보유하고 있지 못한 대다수의 서민들이다.

물가가 계속 하락하는 것도 좋은 것이 아니다

사람들은 항상 높아져만 가는 물가에 대해 불만이다. 하지만 앞서 보여줬듯 짐바브웨에서 정부 주도로 물건값을 반값으로 할인해버리자 물건을 사려는 사람은 급증해버렸고, 기업들은 적자를 면치 못하고 도산해버렸다. 일단 형성된 시장을 누군가가 억지로 변형시키려고 하면 부작용은 항상 나타나게 되어 있다.

물론 가장 좋은 시나리오는 경제가 쾌속 성장을 거듭하고 물가는 하락하는 것이다. 이런 모습이 완전히 불가능한 것도 아니다. 기술혁신이 계속되고, 똑같은 자원을 투입하더라도 얻을 수 있는 생산량이 늘어나고 판매할 수 있는 양도 커지면 공급이 넘치면서 가격이 하락하는 상황이 나타난다. 예를 들면 2000년대 초반의 중국이 그러했다. 중국은 값싼 노동력으로 전 세계 시장에 값싼 제품을 대규모로 공급했다. 그 덕분에 전 세계적으로 물가가 안정되었고, 각국 중앙은행들은 예상외로 낮은 물가를 바탕으로 2003년부터 2005년까지 저금리를 유지했다(이 이후에 장기간 유지해온 저금리에 따른 부작용이 폭발하면서 서브프라임 모기지 사태가 발생했다). 하지만 중국도 이제 다년간의 경제성장에 대한 과실을 노동자들도 누려야 한다는 인식이 확산되면서 임금인상에 대한 목소리가 커지고 있다. 이제는 임금인상이 가져오는 물가 상승을 오히려 걱정해야 할 시기다.

어찌 되었든 만약 물가가 하락한다면 어떻게 될까? 가장 가까운 예로 현재 진행형인 일본을 들 수 있다. 일본의 최근 10년간 평균 물가상승률은 -0.3% 수준이다. 매년 꾸준하게 0.3%가량 물가가 하락한 셈이다. 이렇게 물가가 지속해서 하락하는 나라에서는 물건을 굳이 일찍 살 이유가 없다. 가만 있다 보면 물건가격은 내려가고, 내가 가지고 있는 돈으로 살 수 있는 시기가 오기 때문이다. 돈은 가만히 있는데 물건값이 계속 내려가는 구조에서는 저축률이 높아지고, 소비 욕구가 감소한다.

일본에 있는 은행들은 1% 미만의 극히 낮은 수준의 이자만을 지급한다. 우리가 볼 때는 굉장히 이상한 일이다. 그럼 도대체 누가 은행에 돈을 맡긴단 말인가? 일본 국민들의 저축성은 가히 세계 최고 수준이다. 그렇다고 이것을 보고 일본 사람들은 근면 성실하고 부지런하다고 섣부른 판단을 할 필요는 없다. 일본 안에 있으면 자연스럽게 느껴진다. 일본에서는 내 돈을 누가 안전하게 보관해준다고만 해도 돈을 맡길 의향이 있는 사람들이 대부분이다. 이자를 안 주면 어떤가, 이자를 주지 않는다고 돈을 집에 쌓아둘 순 없지 않는가?

그래서 일본은 계속 물가가 하락하고 디플레이션 상황을 잘 빠져나오지도 못하고 있다. 소비가 줄어들면 경제성장이 더뎌진다. 저물가·저성장이 고착화되면 이는 고물가·고성장보다 더 큰 문제로 발전한다.

───────── 물가가 오르는 것과 내려가는 것, 어느 한쪽도 정답은 없다. 물가는 경제가 돌아가면서 나타나는 현상에 불과하다. 그 현상에 대한 원인을 잘못 판단해 정책이 올바르지 못한 방향으로 나아가게 되면, 문제는 그때부터 발생한다. 그릇된 판단으로 물가 상승을 용인하게

되면 초기에는 사회의 양극화가 심화되고, 이후 잘못된 정치가 더해져 자국통화에 대한 신뢰가 무너지면 하이퍼 인플레이션에 빠질 수도 있다. 물가가 추세적으로 하락하는 것을 막지 못해도 문제는 커진다. 물가가 지속해서 하락한다는 확신이 생기면 사람들은 소비를 줄이고, 저축을 늘린다. 경제활동을 통해 얻는 소득을 소비하지 않으면 나의 재산 형성에는 도움이 될 수 있지만, 그것은 남을 힘들게 만든다.

초고령화 사회,
내 연금은 무사할까?

직장인들은 매달 국민연금을 납입하고 있다. 그런데 뉴스에서는 내가 받을 연금이 줄어든다는 이야기를 한다. 도대체 왜, 내가 받을 연금이 줄어드는 걸까?

국민연금은 반드시 가입해야 하며, 대한민국의 국민인 이상 해지할 수도 없는 공적연금제도다. 매달 꼬박꼬박 내 소득의 9%를 납부하는데, 직장인의 경우 절반인 4.5%는 본인의 소득에서, 나머지 절반인 4.5%는 회사에서 납부해주고 있다. 그렇게 한 40년쯤 내고 나면 나중에 65세부터는 예전에 벌던 본인의 소득에 40% 정도에 해당하는 돈을 매달 지급하겠다는 것이다.

하지만 꿈 깨자. 40~50대 직장인이라면 모를까 지금 30대 새내기 직장인들과 20대 대학생, 10대 청소년들은 '소득의 10%를 내고 나중에 소득의 40%를 받는다'라는 것에 대한 희망을 접어야 한다. 이유는 매우 간단하다. 출산율이 전 세계 최저 수준이기 때문이다. 이에 대해 조금 더 살펴보자.

콩 심어놓고 콩 이상을 기대하면 힘들어진다

소득의 9%를 40년 정도 납부하고, 이후 65세부터 85세 정도까지 20년 동안 소득의 40%나 받아가는 것이 현재 국민연금의 구조다. 머릿속에 계산기를 두들겨봐도 9%씩 40년이면 소득의 360%, 연봉으로 치면 3.6년치의 소득을 낸다. 그 후에 20년 동안 40%, 즉 800%니까 8년치의 소득을 받겠다는 것이다. 단순히 이렇게 생각해보자. 누가 당신에게 "매년 소득의 9%를 40년 동안 줄 테니 나중에 본인이 65세가 되었을 때는 벌던 금액의 40%(그것도 본인이 새내기 직장인일 때의 소득도 아니고, 은퇴 직전의 가장 큰돈을 받던 시기의 소득의 40%)를 20년 동안 돌려주세요"라고 하면 그 돈을 받겠는가?

우리가 국민연금에 대해 생각하는 가장 큰 오류 중에 하나는 국민연금을 두꺼비 정도로 생각하고 있다는 것이다. 그들은 헌 집을 주면 새집을 돌려주는 그런 기관이 아니다. 국민연금도 우리와 같은 조건에서 주식과 채권과 부동산에 투자하고, 그 수익과 연금가입자들이 납부하는 연금으로 필요한 은퇴자들에게 지급하는 곳이다. 자선사업단체가 분명히 아니다.

게다가 중요한 것이 2가지 더 있다. 첫 번째는 앞으로 미래는 노령화 사회로 진입함에 따라 우리가 부양해야 할 사람의 수가 늘어난다는 것이고, 두 번째는 노령화에 따른 잠재성장률 하락으로 인해 실질금리가 하락하고 국민연금의 투자수익률도 점차 하락할 것이라는 것이다. 들어오는 돈은 줄어들고, 나갈 돈은 늘어나고, 그런데도 돈은 잘 불어나지 않는 최악의 상황이 이어질 것이다. 우리가 국민연금을 바라볼 때 가장 먼저 필요한 시선은 일단 '내가 낸 돈 이상은 바라지 않는 것'이다.

국민연금, 왜 자꾸 말을 바꿔?

국민연금은 5년에 한 번씩 미래의 수입과 지출에 대한 예상치를 업데이트한다. 또한 이 내용을 근거로 국민연금 개정안을 만든다. 가장 최근에는 2018년 제4차 재정계산이 단행됐다. 지속적인 출산율 저하로 인해 지난 제3차 재정계산 때보다 미래의 출산율 가정치는 더욱 낮아졌다. 2011년 전국경제인연합회가 의뢰한 조사에 따르면 국민 중 절반이 국민연금의 최우선 해결 사안으로 '연금 고갈 방지'를 꼽았다. 국민연금을 납부하고 있는 대다수의 사람들, 특히 아직 나이가 어린 새내기 직장인들의 불안은 더욱 커지고 있다. 지금 내는 국민연금, 과연 나중에 돌려받을 수 있을까?

2018년 국민연금 재정계산 자료에 따르면 우리나라의 국민연금은 2057년이 넘어서면 고갈될 것으로 예상하고 있다. 현재 대학생들은 물론 취업을 준비하고 있는 대학졸업자와 신입사원들까지도 아마 국민연금 수령 나이인 65세에 도달하게 되면 국민연금을 거의 한 푼도 받지 못하는 상황이 벌어진다고 볼 수 있다.

문제는 국민연금이라는 제도가 생기고 나서 5년마다 새롭게 국민연금의 재정계산을 할 때마다 이런 현상은 가속화되고 있다는 것이다. 앞으로 계속 나의 소득에서 국민연금으로 지출되는 비중은 커질 것이고, 그에 따라 나의 실질 월급은 줄어들게 될 것이다. 가장 마지막 개정안인 2007년 개정안만 살펴봐도 국민연금 수령 나이는 만 60세에서 만 65세로 늦춰졌고, 나중에 지급받게 될 급여 수준도 현행 평균소득액의 60%에서 40%로 대폭 축소되었다. 이러니 국민들의 불안감은 더욱 커질 수밖에 없다. 돈을 지급하는 기관인 국민연금 스스로가 연금 고갈 시기를 2060년이라고 하고 있으니, 받는 사람 입장에서는 그 시기가 더 빨라지면 빨라졌지 늦어지진 않을 것 같다. 항상 돈을 빌려간 사람보다는 빌려준 사람이 불안한 법이다.

국민연금의 운명을 결정짓는 첫 번째 요인, 인구

국민연금 재정추계 자료를 보면 재정추계의 주요 가정으로 나오는 첫 번째 항목이 '인구 가정'이다. 이것이 제일 중요하다. 지금 연금을 납입하고 있는 건장한 직장인이 3명쯤 있고, 은퇴한 후 연금을 받고 있는 사람이 1명이 있다면, 국민연금은 걱정할 필요가 없다. 3명이 한 명을 못먹여 살리랴? 다만 문제는 '현재 일하고 있는 건장한 직장인 3명은 나중에 누가 보살펴주냐'이다.

국민연금과 같은 공적연금제도는 인구가 계속 늘어나는 상황에서는 걱정할 것이 없다. 돈을 내겠다는 사람(근로 인구)은 자꾸 늘어나는데 돈을 받겠다는 사람(노령 인구)은 그보다 느린 속도로 증가하고 있다면, 전체 기금은 계속 커지게 된다. 또 그렇게 커진 자금을 여러 곳에 투자하면서 수익을 내고, 전체 지출보다 전체 수입이 큰 구조가 계속 유지되는 것이다.

하지만 반대로 사회가 노령화 단계에 진입하게 되면 공적연금제도는 큰 위기를 맞게 된다. 돈을 받아가려는 사람은 자꾸 늘어나는데 일을 할 사람은 줄어드는 것이다. 연간 돈을 받아야 할 사람은 2명씩 늘어나고, 새롭게 돈을 납입하는 사람은 1명씩 늘어난다고 하면, 연금의 운용 수익률이 기가 막히게 나온다고 해도 후에는 결국 감당이 안 된다. 국민연금의 수익률이 좋다 나쁘다를 따지기 전에 연금의 운명을 결정짓는 가장 중요한 첫 번째 요인은 미래의 인구구조, 그중에서도 출산율이다.

사망률은 앞으로 크게 변할 것이 없다. 의료기술은 계속 발전하고 사망률이 조금씩 낮아지긴 하겠지만, 인간의 노화를 막을 수 있는 것은 현재까지는 그 무엇도 없다. 그렇기 때문에 미래의 평균 수명 추정 같은 것은 가정이 크게 벗어날 가능성이 낮다. 다만 출산율은 완전히 다른 이야기다. 1970년 우리나라의 출산율은 4.5명이었다. 2010년 출산율은 1.2명으로 40년 만에 1/4 토막이 된 것이다. 2018년 출산율은 0.98명에 불과했다. 세계 최저 수준이다.

국민연금은 우리나라의 출산율이 현 수준에서 크게 변하지 않는다고 가정하고 있다. 이는 지금의 현실이기도 하지만, 극단적이고 비관적인 전망이기도 하다. 그 예로 1996년 통계청이 미래의 인구를 예상했을 때 출산율을 1.8명으로 가정하고 2070년 우리나라의 총인구를 4,200만 명 수준으로 예상했다. 하지만 2016년에 새롭게 미래의 출산율을 1.38명으로 가정하고 예상했을 때 2070년 우리나라의 인구는 4,080만 명에 불과하다. 물론 현재의 출산율은 1.38명에 미치지 못한다. 이 출산율까지 감안하면 미래의 인구 수치는 더욱 낮아질 수밖에 없다.

이를 노인부양비(65세 이상 인구를 15~64세 인구로 나눈 수치, 부양받아야 할 사람과 부양해야 할 사람의 비중)로 살펴보면, 미래의 사회에 대한 불안감을 더욱 가깝고 크게 체감할 수 있다. 2005년에는 일하는 사람 8명이 1명을 부양하고 있었지만, 2050년에는 1.3명이 1명을 부양해야 한다. 자신의 가족을 돌보기에도 빠듯한데 2050년에는 누군가를 사회적 책임에 의해(자신의 의지와는 상관없이) 부양해야 하는 상황이 올 가능성이 크다는 의미다. 노령화지수(65세 이상 인구를 0~14세 인구로 나눈 수치)로 보면 더욱더 우울한 결론이 나오는데, 2005년에는 노인 1명이면 어린아이들이 2명 존재하는 사회였지만, 2050년에는 노인이 3명이면 아이들은 1명이 존재하는 사회가 된다고 추정하고 있다. 우리 세대야 여차여차해서 먹고산다고 쳐도, 우리의 자손 혹은 우리의 자손의 자손이 성인이 되었을 때쯤에는 본인의 가족 외에 2~3명을 추가로 부양해야 하는 사회라는 것을 의미한다.

통계청이 이토록 우울한 추정을 하고 있는 가장 큰 이유는 출산율 때문이다. 현재 출산율이 0.98명에 불과한데 미래의 출산율이 드라마틱하

(단위: 만명)

연도	제3차 재정계산					제4차 재정계산				
	총인구	18세 미만	18~64세	65세 이상	노인 부양비	총인구	18세 미만	18~64세	65세 이상	노인 부양비
2015	5,062	889	3,511	662	18.9%	5,102	890	3,558	654	18.4%
		17.6%	69.4%	13.1%			17.4%	69.7%	12.8%	
2020	5,144	816	3,519	808	23.0%	5,197	796	3,588	813	22.7%
		15.9%	68.4%	15.7%			15.3%	69.0%	15.6%	
2030	5,216	790	3,157	1,269	40.2%	5,294	743	3,256	1,296	39.8%
		15.1%	60.5%	24.3%			14.0%	61.5%	24.5%	
2040	5,109	702	2,757	1,650	59.8%	5,220	686	2,822	1,712	60.7%
		13.7%	54.0%	32.3%			13.1%	54.1%	32.8%	
2050	4,812	587	2,426	1,799	74.2%	4,943	583	2,479	1,881	75.9%
		12.2%	50.4%	37.4%			11.8%	50.1%	38.1%	
2060	4,396	538	2,096	1,762	84.1%	4,525	518	2,153	1,854	86.1%
		12.2%	47.7%	40.1%			11.4%	47.6%	41.0%	
2070	3,963	493	1,828	1,642	89.8%	4,080	481	1,867	1,733	92.8%
		12.4%	46.1%	41.4%			11.8%	45.7%	42.5%	
2080	3,523	423	1,664	1,436	86.3%	3,654	426	1,693	1,535	90.7%
		12.0%	47.2%	40.8%			11.7%	46.3%	42.0%	

자료: 보건복지부

게 상승할 것이라고 가정할 수는 없다. 혹시라도 만약에 현재 수준의 출산율을 30년 정도 유지된다고 하면 대한민국의 미래는 없다. 일본보다도 더 우울한 노령화 사회에 진입할 것이다. 이런 것을 스스로 추정하고 있는 정부는 이 문제의 심각성을 너무나도 잘 알고 있을 것이다. 정부가 앞으로 가능한 한 모든 정책적인 수단과 역량을 동원해 출산율을 끌어올릴 것이라고 믿고 있고, 반드시 그렇게 해야만 한다. 그렇지 못했을 경우에 어떤 일이 벌어지는지는 바로 이웃나라 일본이 지금도 생방송으로 우리에게 보여주고 있다(일본은 10년째 디플레이션과 1% 이하의 초저금리 상태가 유지되고 있다).

다시 한 번 요약하자면 연금은 밑 빠진 독에 물 붓기와 비슷하다. 다만 부어넣는 물의 양이 빠져나가는 물의 양보다 크면 독 안에 들어 있는 물의 양은 유지되거나 더 늘어날 수 있다는 것이다. 빠져나가는 물의 양을 사망률이라고 보고 부어넣는 물의 양을 출산율이라고 생각하면, 사망률은 의료기술의 발전으로 인해 크게 변할 가능성이 적다. 하지만 출산율은 20년 만에 1.8명에서 0.98명으로 감소했다. 국민연금의 미래는 출산율에 달려 있다.

국민연금의 운명을 결정짓는 두 번째 요인, 실질금리

국민연금의 운명을 결정짓는 두 번째 요인은 금리, 조금 더 정확하게 말하자면 실질금리다. 사실 국민연금의 운명은 출산율과 실질금리, 이

2가지가 결정한다고 보면 된다. 앞에서도 언급했지만 실질금리는 우리가 흔히 말하는 명목금리에서 물가상승률을 차감한 금리다. 국민연금 재정추계에서 인구 가정 다음으로 나오는 가정이 경제변수 가정인데, 처음으로 우리나라의 실질경제성장률(우리가 흔히 말하는 GDP성장률)을 추정하고, 실질임금상승률과 실질금리, 물가상승률에 대해 언급하고 있다. 여기서 실질금리가 중요한 이유는 이것이 바로 국민연금의 수익률과 연결되기 때문이다.

국민연금의 투자수익률은 명목금리의 1.1배로 가정하고 있다. 해당하는 명목금리는 회사채유통수익률을 사용하고 있는데, 현재 상황에 비춰보면 만기가 3년인 AA-급 회사채 수익률이 2.2%, 물가상승률이 1% 정도로 실질금리가 1% 초반에 불과하다. 추후 물가상승률이 한국은행의 목표수준인 2%에 가까워진다고 생각하면 실질금리는 사실상 1% 이하가 될 가능성도 있다. 국민연금은 물가상승률에 연동해서 연금을 지급하기 때문에 실제적인 투자수익은 실질금리에 의해 결정된다고 볼 수 있다. 국민연금의 재정추계상에서 실질금리는 2020년에는 1.4% 정도를 가정한 후 2080년까지 1.1% 수준으로 천천히 하락하는 것을 가정하고 있다. 하지만 현재 우리나라의 실질금리는 벌써부터 1% 초반대에서 움직이고 있고 최근 몇 년간의 물가상승률이 한국은행의 목표수준인 2%보다 훨씬 낮았다는 점을 감안해야 한다.

실질금리라는 것은 돈을 빌려주는 사람 입장에서는 내가 받아야 할 내 돈에 대한 합당한 대가이며, 돈을 빌리는 사람 입장에서는 빌리는 돈에 대한 비용이다. 그래서 실질금리는 실질경제성장률과 연관 지어서 생각을 한다. 왜냐하면 경제가 활황일 때는 서로 투자를 하고 돈을 필요로 할 것이기 때문에 실질금리 역시 높아지게 되며, 경제가 불황일 때는 경제활동이 위축되고 돈을 필요로 하는 사람이 적어지기 때문에 실질금리 역시 하락한다.

───────── 현재 상황만 놓고 보면 갑자기 출산율이 올라갈 가능성도 적어 보이고, 실질금리가 높아질 가능성도 역시 적어 보인다. 실질금리를 높이기 위해서는 기준금리가 일단 인상되어야 하고, 더 멀리 보면 우리나라의 잠재성장률 자체가 올라가야 한다. 그러기 위한 전제 조건 중 가장 중요한 것이 바로 그 나라의 인구다. 출산율과 실질금리는 일정 부분 연결되어 있다는 것이다. 이래저래 힘든 상황이고 나의 연금이 지금의 조건(소득의 9% 납입 후 소득의 40%를 지급받는 구조)을 유지하기는 어렵다.

국민연금만 믿고 있으면 안 된다. 그렇다고 국민연금이 불안하다고 다른 연금상품만 찾는 것도 역시 위험하다. 특히 지금처럼 실질금리가 낮을 때는 더더욱 안 된다. 실질금리가 낮아지면 내 연금의 가치도 낮아진다고 생각하고 실질금리가 낮은 상황이 지속될 때 내 자산가치를 방어해줄 수 있는 투자에 대해 고민해봐야 한다.

우리나라 사람들은 기본적으로 보험과 국민연금에 가입하고 있는 경우가 많아 자신의 전체 소득 중 상당 부분을 안전자산인 채권에 간접적으로(연금과 보험이라는 수단을 한 번 거쳐서) 투자하고 있다. 자신의 자산을 배분할 때 이런 연금자산과 보험자산을 함께 고려해야 한다. 위험자산, 고령화에 대한 부담이 없는 나라들에 대한 주식투자 비중을 일정 부분 가져가면서 내 자산을 다변화시켜야 한다. 당신은 이미 채권투자 비중이 높다는 것을 잊지 말자.

왜 체감물가는 계속 오르는데
물가지표는 안 오를까?

이상하다. 발표되는 물가상승률은 매년 1% 수준에 불과하다. 그런데 내 주변 물가는 매년 엄청난 속도로 올라가는 느낌이다. 도대체 왜 그럴까?

2018년 소비자물가는 전년 대비 1.5% 상승하는 데 그쳤다. 2012년부터 2018년까지 7년간 소비자물가지수는 매년 평균 1.41% 상승했다. 우리가 흔히 물가상승률이라고 하는 것은 바로 이 소비자물가지수의 상승률을 의미하고, 통계청의 설명에 따르면 소비자물가지수는 "각 가정이 생활을 위해 구입하는 상품과 서비스의 가격 변동을 알아보기 위해 작성하는 통계"라고 되어 있다. 이상하다. 내가 느끼는 상품과 서비스의 가격 상승폭은 최소한 통계청의 발표치보다는 훨씬 높게 느껴진다. 당장 집과 회사 앞 식당의 밥값만 하더라도 매년 천 원씩 올라가는 느낌인데, 이는 어디서 발생하는 괴리일까?

체감물가상승률이 높게 느껴지는 이유

"모든 가격이 다 올라간 거 같아. 내 월급만 빼고." 서로들 자주 하는 말 중 하나다. 그러나 분명 월급은 매년 올라왔다. 그 상승폭이 만족스럽지 못할 뿐이지. 그리고 세상의 물가라는 것은 내 월급이 오른 것을 알고 있다. 그래서 딱 내가 버틸 수 있는 최대폭으로 물가는 올라간다.

그런데 이건 나를 제외한 다른 사람들이 굉장히 악덕하거나 해서 발생하는 현상이 아니다. 간단한 예로 설명을 해보자. 새해가 되고 우리나라의 모든 근로소득자들의 월급이 전년 대비 5% 인상되었다고 가정하자. 이곳에 짜장면 가게를 운영하는 A씨가 존재한다. A씨는 짜장면 가격을 인상할 수밖에 없다. 왜냐하면 그에게는 주방에서 일하는 주방장과 배달을 담당하는 배달원의 월급을 줘야 할 의무가 있고 그들의 월급이 인상되었기 때문이다. 짜장면 가격을 올려 그들의 월급 인상분을 벌충하지 못한다면 그 차이는 그대로 가게 주인 A씨의 소득 감소로 이어진다. 세상 대부분의 상품과 서비스에는 원가 중 인건비가 존재하고 인건비가 상승하면 이는 당연히 가격에 전가된다.

그래, 알겠다. 여기까지는 이해할 수 있다. 그러나 문제는 왜 내 월급 인상분보다 체감물가는 더 올라가는 느낌이고, 소비자물가상승률이라고 발표되는 것은 왜 내 월급 인상분보다도 더 낮은 수치로 발표되고 있을까?

당장 회사 앞에서 파는 순대국밥 가격이 매년 오르고 있고, 집값은 이미 천정부지로 올라가서 어찌해야 할지 엄두도 안 나는 상황이며, 미용실에서 커트 한 번 하는 요금은 1만 원이 훌쩍 넘어 어느새 2만 원을 바라보고 있다. 그런데 2018년 물가상승률이 1.5%라고? 2012년부터 2018년까지 7년간 평균 물가상승률은 1.41%에 불과하다고? 대다수의 직장인들은 믿을 수가 없다. 잘은 모르겠지만 느껴지는 물가상승률은 그 수치보다는 훨씬 높다.

기술이 발전하면 물가는 하락한다?

소비자물가지수는 2015년 기준으로 460개 품목으로 이루어져 있다. 물론 세상에는 더 많은 수의 상품과 서비스가 존재하지만 조사의 용이성을 위해 가능하면 대표성이 있는 품목으로 압축시켜 가격을 조사한다. 여기서 460개를 다 나열할 수는 없지만 몇 개를 언급하자면 다음과 같다. 쌀, 라면, 닭고기, 우유, 딸기, 스낵과자, 즉석식품, 커피, 맥주, 담배, 여자상의, 등산복, 전세, 월세, 소파, 냉장고, 건전지, 신문, 가사도우미료, 생리대, 중형승용차, 휘발유, 택시요금, 애완동물관리비, 온라인콘텐츠이용료, 사립대학교납입금, 짜장면, 갈비탕 등등이다.

여기서 중형승용차 가격이 물가에 반영되는 것을 한번 살펴보자. 다음 페이지 그래프를 보면 소비자물가지수는 매년 꾸준히 상승하고 있는 반면, 중형승용차 가격지수는 예나 지금이나 90~100 사이의 지수에서 움직이고 있다. 이게 말이 되는가? 당장 2000년대 초 차량가격이 기억은 안 날지라도 최소한 지금보다는 훨씬 싸다는 사실은 명확하다. 이 도대체 무

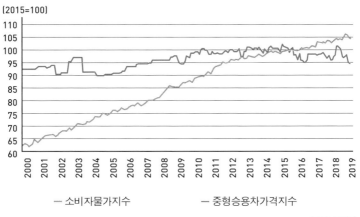

중형승용차가격지수 대비 소비자물가지수

(2015=100)

— 소비자물가지수   — 중형승용차가격지수

자료: 통계청

슨 기준이란 말인가?

지금부터 우리가 체감물가와 소비자물가 사이의 괴리를 설명할 수 있는 내용이 나타나기 시작한다. 현대차의 2000년식 EF 쏘나타의 경우 가격이 1,189만~2,635만 원으로 나와 있다. 2018년 쏘나타 뉴라이즈는 2,219만~3,233만 원이다. 다른 품목에 비하면 많이 오른 것으로 느껴지진 않지만 18년 동안 얼추 50% 정도는 가격이 상승했다. 근데 소비자물가 내 중형승용차 지수는 2000년이나 2018년이나 제자리걸음이다. 무슨 일일까? 답은 다음과 같다.

2018년식 쏘나타에는 2000년식 쏘나타에 없는 것들이 많다. 시트도 인조가죽이 기본으로 들어가고, 헤드램프도 LED로 변경되었으며, 운전석 열선시트도 이젠 기본이 되었고, 통풍시트도 선택할 수 있다. 선루프도 크게 달 수 있고, 휴대전화와 연동되는 네비게이션도 있으며, 에어백은 운전석뿐이 아니라 곳곳에 숨어 있어 옵션으로 선택하면 10개 가까이 설치되는 것 같다. 그리고 그때의 엔진과 현재의 엔진은 기본적인 힘과 성능, 연비 모두 다르다. 이름만 쏘나타지 과거와 같은 것은 없다. 물가를 산정함에 있어 기술의 발전으로 인해 상품성이 개선되는 경우, 그리고 그로 인한 가격 상승의 경우 물가에는 가격 상승으로 반영되지 않는다.

조금 더 쉬운 예를 들어보자. 2015년 중형차에는 헤드램프가 없었다고 가정하자. 그리고 가격은 1,000만 원이었다. 2016년에 나온 중형차에는 헤드램프가 달려 나왔고 가격은 1,050만 원이 되었다. 다른 사양은 동일하다. 이 경우 헤드램프의 상품가치가 만약 50만 원이라고 가정하면 이 중형차는 사실상 전년도와 가격이 같은 셈이 된다. 만약 2016년에 헤드램프를 달고 나온 중형차의 가격이 똑같이 1,000만 원이라면 중형차 물가는 하락한 셈이 된다. 기술 발전 때문에 차량 가격이 어느 정도 오른다 해도 과거의 차량과 현재의 차량은 같은 차량이 아니기 때문에 물가는 오르지 않는다. 아니 어쨌든 내가 사는 차량가격은 예전보다 비싸졌는데 이게 말이 되느냐고 할 수 있다. 하지만 이것은 물가를 측정함에 있어 우리나라뿐만 아니라 국제적으로 적용되는 것이니 이것에 대해 반박하고자 한다면 아마 국제적으로 나서야 할 것이다.

더 극단적인 예를 들어보자. 매년 상품성은 개선되는데 가격은 절대 오르지 않는 대표 품목이 있다. 바로 TV다. 이 신기한 품목은 매년 커지고 매년 얇아지고 있으나 가격은 매년 동일하다. 앞서 설명한 대로라

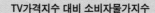

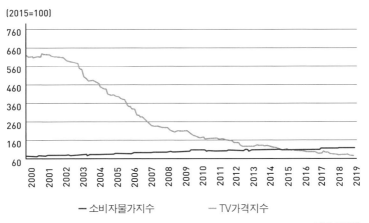

자료: 통계청

면 이 품목은 이럴 경우 물가지수는 하락해야 한다. 상품성은 개선되었으나 가격은 동일하기 때문이다. 실제로 살펴보면 위의 그래프와 같다.

정말 극단적인 수치가 나온다. 2000년에 600대에서 출발한 지수는 2018년에 70까지 하락한다. 가격이 20년도 안 되는 사이에 거의 1/10 토막 난 셈이다. 실제 가격은 거의 동일한 수준이니 TV의 가치가 10배 정도 상승했다고도 볼 수 있다. 그 가치는 누가 어떻게 측정하냐고 하면 너무 전문적인 분야로 들어가기 때문에 자세한 설명은 어렵다. 다만 물가가 이런 식으로 반영된다는 것만 알았으면 한다. 실제 소비자물가라는 것은 이런 기술 발전으로 인해 예상치 못하게 물가에 하락 압력을 주고 있다.

우리가 보는 물가들은 대부분 가치가 변하지 않으며, 서비스 품목 위주인 경우가 많다. 10년 전 사과와 5년 전 사과, 현재의 사과는 거의 완벽하게 동일한 물건일 것이며, 짜장면 역시 크게 변하지 않았는데 가격만 오르고 있다. 미용실의 헤어컷 가격은 상품 서비스의 가치는 거의 과거와 동일하나 인건비 상승으로 매년 오르고 있다. 이런 것들이 우리의 체감물가를 높인다. 그러나 상품의 가치가 상승하고 있으나 가격은 거의 변하지 않고 있는 차량이나 TV, 냉장고, 에어컨, 혹은 통신비(휴대전화 및 인터넷 요금) 같은 품목들이 소비자물가지수의 상승을 탄탄하게 방어하고 있다. 이런 품목들은 눈에 잘 안 들어온다.

소비자물가에 집값은 포함되지 않는다

우리가 지출하는 항목 중 가장 큰 항목을 꼽자면 당연히 주거비다. 집을 가지고 있는 사람은 대출금을 갚기 위해 매달 일정 금액을 지출하고 있을 것이고, 전세를 살고 있으면 전세금을 그동안 모으기 위해 혹은 전세대출을 갚기 위해 매달 일정 금액을 써왔을 것이며, 월세로 산다면 월세를 내기 위해 지출을 하고 있을 것이다. 그리고 집이 없는 경우에는 언젠간 집을 가지기 위한 저축도 해오고 있을 것이다. 이는 사실 미래의 집값에 소비하기 위한 저축으로 일종의 소비적 성격을 가지고도 있다. 그러나 반대로 보면 집을 사게 되면 이는 일시적 소비가 아니라 자산이 영원히 증대하는 셈이라 소비의 개념으로 접근하기 어려워 보이기도 한다.

근데 2010년 이후, 특히 2014~2018년의 기간 동안 급작스럽게 집값이 상승했다. 과거에는 2003~2007년이 그러했다. 이렇게 집값이 한번 오르면 물가가 체감적으로 크게 오른 느낌이다. 어찌 됐든 주거에 들어가는 비용이 늘어나긴 하니까 그렇게 보는 것이 맞다. 그러나 우리나라 소비자물가에는 집값은 포함되지 않는다. 전세와 월세만 포함될 뿐이다.

전세는 목돈을 한번 내고 전세기간 내내 다른 비용 없이 관리비 정도만 지출하고 주거를 하게 된다. 월세는 매달 내는 비용이라 바로 지수화가 가능하다. 전세는 그럴 수 없다. 그러므로 전세가격의 등락이 발생하면 그 당시 금리까지 함께 반영해 전세금을 월 비용화시킨다. 예를 들어 전세금이 2억 원이면 이에 대한 금리(일종의 기회비용)를 연 4%를 적용한다면 연간 비용 800만 원, 매월 약 67만 원의 비용이 발생하는 것으로 계산해서 지수화시킨다. 이렇게 산출된 전세와 월세는 각 4.9%, 4.5% 합해서 총 9.4%의 비중을 소비자물가 내에서 차지하고 있다(2015년 기준). 소비자의 월간 비용 중 주거비의 비중을 약 10% 정도로 본 것이다. 이상하지 않은가?

우리는 매년 소득 중 상당 부분을 주거에 지출하는 느낌이다. 근데 겨우 10%라니? 여기서 다른 나라, 특히 미국과 큰 차이가 발생한다. 미국은 주거비가 소비자물가에서 차지하는 비중이 약 30%다. 3배나 차이가 난다. 그리고 미국은 집값도 비용화시켜 소비자물가지수에 포함한다. 몇 가지 차이가 있긴 하다. 예를 들어 우리나라는 교육비의 비중이 전체 물가에서 약 10%를 차지하지만 미국은 3% 수준에 불과하다. 그러나 주거비 비중의 절대적인 차이는 매우 크다. 또한 집값이 포함되고 안 되고는 매우 크다.

집값이 포함되면 통화정책 방향까지 바뀐다

또 한 가지 가정을 해보자. 전월세 비중을 그대로 10% 정도라고 하고, 집값이 물가에서 차지하는 비중을 5% 정도로 해서 전체 주거비가 물가에서 차지하는 비중을 15% 정도로 가정해보자. 지난해 집값이 10% 상승을 했다면 집값이 차지하는 비중 5%와 곱했을 때 답은 0.5%, 즉 소비자물가지수가 0.5% 오르는 효과를 나타낼 수 있다. 물가상승률 2.0%가 2.5%로 오를 수 있다는 것이다. 이는 중립적인 통화정책을 충분히 긴축적인 통화정책으로 전환시킬 법한 수치다.

사실 한국은행은 통화정책을 운용할 때 부동산가격을 신경써왔다. 어찌 그 중요하고 온 국민이 체감하고 있는 것을 무시할 수 있을까. 다만 우리나라의 물가 통계 자체가 그동안 집값을 물가에 포함시켜오지 않았기 때문에 물가에 의해서 움직여야 할 중앙은행에 직접적인 영향력이 아닌 간접적 영향만 미쳐왔을 뿐이다.

이제 우리는 고민해볼 필요가 있다. 과연 집값이 지금처럼 앞으로도 소비자물가에 포함되지 않는 것이 맞을까?

━━━━━━━ 마지막은 무겁게 끝냈으나 하고 싶은 말은 사실 체감물가와 물가지표와의 차이점을 설명하는 것이었다. 체감물가는 매년 가파르게 오르는 느낌이지만 물가지표를 산정함에 있어서 다양한 요인들이 반영된다. 특히 기술 발전, 상품성 개선에 따른 가격 하락 요인이 꾸

준히 물가에 반영되기 때문에 소비자물가지표는 우리의 느낌보다는 늘 낮은 느낌이다. 통계청이나 정책당국을 비난할 이유는 없다. 그들도 국제적인 기준을 따르고 있고 그 범위 내에서 움직이고 있다. 다만 집값을 물가에 포함하느냐에 대한 문제는 사회의 진지한 고민이 필요하다는 입장이다.

2008년 이후 세계경제가 동시에, 그리고 지금까지 힘들어하는 가장 큰 이유는 '신용을 잃었기' 때문이다. 신용을 잃어버린 국가와 기업과 개인들에게는 대출금리가 급등했고, 갑작스럽게 이자부담이 커졌다. 만약 예전과 같은 금리를 적용받고 있었으면 이런 위기가 아예 발생하지 않았을 것이다. 어떻게 보면 변한 것은 없는데 사람들은 그동안 보여주던 신뢰를 모두 뒤로 하고 갑자기 의심 어린 시선을 이곳저곳에 보내고 있다. 과연 무엇이 달라진 것일까?

PART 4

신용과 금리,
위험한 만큼 금리는 올라간다

친구에게 돈을 빌려줄 때
적정금리는 얼마일까?

친한 친구가 몇백만 원의 돈을 빌려달라고 하면 이자를 받아야 할까, 말아야 할까? 이자를 받아야 한다면 적정금리는 얼마일까? 한번 따져보자.

아는 사람 간의 돈거래가 문제가 되는 사례는 주변에서 항상 발생하는 너무나도 흔한 일이다. 우리나라에서 신용이 가장 좋은 기관은 역시 정부다. 그다음이 공기업과 은행, 그리고 일반 기업 순이다. 일반인들의 신용도는 정부, 은행, 기업보다 당연히 낮다. 그럼에도 불구하고 친구 간 돈거래의 이자는 매우 낮은 수준이다. 아니, 오히려 원금이라도 돌려받으면 다행이다.

그렇다면 우정을 담보로 돈을 빌려주는 대가는 어느 정도일까? 재미삼아 공부 삼아 한번 체크해보자.

은행의 금리는 얼마인가?

가장 쉽게 비교할 수 있는 것은 그 친구가 은행에서 대출을 받았을 때 금리가 어느 정도일지 생각해보는 것이다. 물론 그 친구의 재산이나 소득 등은 우리가 자세히 알 수 없지만, 대략적인 수준은 파악해볼 수 있다. 2019년 6월 기준 한국은행의 기준금리가 1.75%이니 대부분의 가계대출에 기준이 되는 CD(양도성예금증서)금리는 1.9% 정도로 가정해보자. 필자가 신용대출을 받게 될 경우 은행마다 다 다르지만 대략적으로는 4% 정도의 금리일 것이다.

주택담보대출을 받는다고 가정하면 그 금리의 수준은 2.5~3.5% 정도로 내려갈 수 있지만, 은행에서 대출받을 수 있다면 친구가 나한테 돈을 빌릴 이유는 없다. 은행이 안 되니 나를 찾아온 것이다. 그렇다면 빌려주는 나 역시 친구에게 받아야 할 기본적인 금리는 4% 수준 혹은 그 이상이다. 왜 그 이상이어야 할까?

만약 당신이 은행에서 대출을 받은 뒤 돈을 갚지 않는다면 무슨 일이 벌어지는가? 일단 은행의 대출이자가 연체된 지 3일 정도가 지나면 은행에서 연락이 올 것이다. "고객님! 돈을 갚으셔야 합니다. 돈을 갚지 않으시면 신용에 큰 문제가 생길 수 있습니다"라고 말이다.

물론 대부분의 사람들은 이 단계에서 돈을 갚는다. 그런데 정말 돈이 없어서 며칠 더 돈을 못 갚았다고 치자. 그럼 일단 은행은 그 사람에 대해 내부적으로 적용하는 신용등급을 떨어뜨리고, 은행연합회에 해당 대출자의 연체 기록 정보를 등록한다. 즉 나중에 다른 은행들이 이 사람에게 대출을 해줄 때도 이 정보를 모두 공유하게 된다. 그래도 갚지 않으면 재산을 압류할 것이다. 당신의 재산 이곳저곳에 저당권을 설정하고, 월급도 빼앗길 수 있다. 은행은 강제성이 있으며, 며칠만 연체해도 상당한 불이익을 줄 수 있다. 은행은 이러한 힘이 있다.

그럼 이제 당신에게 묻자. 당신은 은행같이 그럴 만한 힘이 있는가? 돈을 빌려준 친구에게 돈을 갚으라고 할 만한, 혹은 빌려준 돈 대신 다른 재산을 압류할 힘이 있는가? 안타깝게도 당신은 친구에게 이 모든 것을 강요할 힘이 전혀 없다. 물론 계속 갚지 않는 경우에야 소송을 진행할 수는 있지만 그것도 나의 시간과 노력, 실질적인 비용이 든다는 것을 감안해야 한다. 그런 이유 때문에 당신은 친구에게 돈을 빌려줄 때 은행보다는 높은 금리를 받아야 하는 것이다.

그래서 적정금리는 얼마인가?

친구가 나에게까지 돈을 빌려달라고 했다면, 사실 정말 힘든 경우일 것이다. 하지만 나는 은행이 아니기 때문에 그 친구의 신용정보를 전혀 알 수가 없다. 나이, 직장, 대략적인 소득 수준이 내가 아는 전부다. 개인이 신용평가를 할 수는 없기 때문에 돈을 빌려준다면 그 위험에 대한 대가를 받아야 한다. 더 높은 금리를 받아야 하는 것이다.

그렇다면 친구가 내 돈을 갚지 않을 확률은 얼마일까? 그 확률은 생각보다 높다. 은행의 가계대출 연체율은 2018년 기준 0.3% 정도다. 하지만 이 수치는 연체율이 매우 낮은 주택담보대출이 포함된 것이다. 또한 신용카드 대출 연체율은 1.5%다. 친구가 빌린 돈을 연체할 확률은 이 수치보다 크다고 보면 된다.

답은 간단하다. 우리 주변에 수많은 저축은행, 캐피탈, ○○론들이 해답이 되는 금리를 제시하고 있다. 연 12~24% 정도(2018년 기준 대출 법정상한금리는 연 24%) 수준에서 사람에 따라 다양한 금리를 적절하게 보여준다. 그 친구가 안정적이며 일정한 소득이 있고 은행에서 신용대출을 능히 받을 수 있다고 해도, 은행과 나의 지위 차이를 고려하면 그 수준은 최소한 6% 이상이어야 한다. 최대한 낮게 준다고 가정해도 말이다.

하지만 우리는 이 모든 것을 친구라는 이유로 너무나도 쉽게 포기한다. 이자 5%를 받든 아예 받지 않든, 상당한 이자수입을 포기하는 것이다. 우정이라는 이름 아래 이 모든 것이 이루어지고 있다.

문제는 그게 아니다. 은행은 항상 대출이 부도처리될 경우에 대해 대손충당금을 쌓아두기 때문에 일정 부분의 피해는 당연한 일로 받아들인다. 하지만 친구가 돈을 갚지 못하면? 그 대가는 대부분 '우정의 상실'이 된다. 상당한 저금리에 돈을 빌려주는 것임에도 불구하고 내가 가진 안전장치는 전혀 없다. 나에게도 소중한 적지 않은 금액이었을 텐데 말이다.

――――――― 금융시장에서 가장 두려운 것은 '불확실성'이다. 이미 알려진 악재와 호재는 두렵거나 기대되지 않는다. 오마하의 현인인 워런

버핏의 손에는 언제나 코카콜라의 체리코크가 들려 있다. 코카콜라에 수십 년째 투자하고 있기 때문이다. 잘 알고 있는 회사에 투자하는 것이다. 우리는 우정이라는 이름하에 재무정보를 알 수 없는 친구에게 돈을 빌려준다. 차용증 한 장 달랑 써서 말이다. 이것도 그나마 없는 경우가 허다하다. 하지만 앞서 살펴보았듯 친구에게 돈을 빌려줄 때의 적정금리는 생각보다 높다.

주식과 채권의
기대수익률은 같다

흔히 채권은 고작 몇 퍼센트의 이자만 지급하는 것이라는 인식이 강하고, 주식은 한 달만 하면
가진 돈을 최소 2배로 만들어주는 일확천금의 기회로 본다.

'하이 리스크 하이 리턴High Risk, High Return', 수익이 높으면 항상 그만큼의
위험이 따라온다. 금융시장에서 수익률을 바라볼 때는 항상 반대편에 있
는 위험을 생각해야 한다. 또한 수익률을 신경쓰기에 앞서 내가 그 투자
의 위험을 감당할 수 있는지에 대한 판단을 가장 먼저 해야 한다.

주식의 기대수익률은 거의 대부분은 채권보다 높다. 위험을 감안했을
때의 기대수익률, 위험 대비 수익률 개념으로 살펴봤을 때 결과가 어떠
한지, 그리고 내가 감당할 수 있는 위험을 고려했을 때 나의 적정 투자
비중이 어느 정도인지를 잊어서는 안 된다. 우리는 항상 펀드매니저나
자산관리사PB들을 의심의 눈초리로 대하지만, 그들이 필요한 이유는 이

런 데 있다. 분산투자는 동일한 위험 수준에서 얻을 수 있는 기대수익률을 최대한 끌어올리는 데 도움을 준다. 주식과 채권에 대한 균형잡힌 시각, 그리고 분산투자는 투자의 기본 중에 기본이다.

게임 A와 게임 B, 당신의 선택은?

당신은 2가지 게임에 참여할 수 있다. 첫 번째 게임은 단순하다. 참가와 동시에 당신에게 5만 원이 지급되고 종료된다. 두 번째 게임은 조금 더 복잡하다. 여기 문 2개가 있다. 하나의 문 뒤에는 현금 100만 원이 당신을 기다리고 있다. 다른 문 뒤에는 80만 원짜리 참가비 청구서가 놓여 있다. 그렇다면 당신은 무엇을 선택할 것인가?

만약 당신이 첫 번째 게임에 참여하겠다고 선택한 사람이라면 어지간하면 주식시장에는 접근하지 않길 바란다. 당신은 안정적인 투자를 추구하는 사람이므로 주식시장에서 발생할지도 모르는 손해가 생겼을 때의 스트레스를 감당하기 힘들 수 있다. 그럼에도 사람들은 자신이 직접 주식투자에 나설 경우 손해보지 않을 수 있다는 근거 없는 자신감을 느끼고 있는 경우가 많다.

두 번째 게임을 선택한 사람에게는 또 다른 게임을 제안해보고 싶다. 이번에는 참가와 동시에 현금 참가비 1억 원을 요구한다. 게임 종류는 게임 A와 게임 B가 있다. 게임 A에서도 문 2개가 있다. 문 하나를 열면 당신은 참가비 1억 원을 가지고 집으로 돌아가면 된다. 다른 문을 선택하면 당신은 참가비 1억 원과 함께 성공수당 1천만 원을 지급받는다.

게임 B도 같은 방식이다. 하지만 이번에는 첫 번째 문 뒤에 참가비 1억 원과 성공수당 1억 원이 있다. 한 방에 2배의 돈을 벌 수 있는 셈이다. 또 다른 문 뒤에는 위로금 1천만 원만 놓여 있다. 참가비 1억 원을 지불했으므로 9천만 원을 손해보는 셈이다.

이 두 게임의 기대값은 같다. 게임 A의 기대값은 500만 원이다. 50%의 확률로 나의 기대수익은 0원이거나 1천만 원이기 때문이다 (50%×0+50%×1천만 원=500만 원). 게임 B 역시 50%의 확률로 기대수익은 1억 원이거나 9천만 원을 손해보는 것이므로 기대값은 500만 원으로 동일하다(50%×1억 원+50%×-9천만 원=500만 원). 당신은 혹시 여기서도 과감하게 게임 A가 아닌 B를 택할 것인가?

마지막으로 또 다른 게임을 제안해보겠다. 게임 방식은 모두 같고 참가비만 100억 원으로 올려보자. 당연히 수당 역시 100배로 상향 조정한다. 게임 A에서 성공수당은 10억 원이며, 게임 B에서는 100억 원을 벌거나 90억 원을 손해보게 된다. 이 경우 게임 B를 택할 수 있는 사람은? 거의 없을 것이라고 자신한다.

눈치챘겠지만 게임 A가 바로 채권이고, 게임 B는 주식이다. 여기서 말하고자 하는 바는 게임 A와 게임 B의 우열론이 아니다. 자신의 재산 상태와 현재 나이, 필요나 목적 등에 따라 투자해야 할 상품은 변할 수 있고, 상황 변화에 따라 내 투자 패턴 역시 변해야 한다는 것이다. 사람들은 자신의 재산이 커지면 커질수록 지키고 싶어 한다. 사람이 나이가 먹어갈수록 가치가 잘 변하지 않는(않는다고 믿는) 부동산이나 은행 예금에 많은 돈을 집어넣는 이유다. 나이 먹어서 고위험 상품에 투자했다가 큰 손해라도 보게 되면, 근로소득이 있는 시기는 얼마 남지 않았고 노후자금은 부족해진다. 이미 근로소득이 사라진 상태라면 주식투자는 아무리 좋은 기회가 있더라도 절대 추천하고 싶지 않다. 그것은 매우 위험한 발상이다.

반대로 30대의 젊은 나이에 이제 막 사회생활을 시작한 사람의 경우를 생각해보자. 아직 모아둔 돈도 별로 없고, 행여나 손해를 좀 보더라도 복구할 수 있는 충분한 기간과 의지가 있다. 또 이런 나이에 너무 채권형 상품만 찾는 것도 좋지 않다. 항상 세계는 안전자산이 조금 더 고평가되어 있는 경우가 많으며, 특히 고령화 사회로 진입할수록 안전한 곳에 투자하고자 하는 수요는 커지고 있다. 위험상품에는 투자를 멀리하기 때문에 젊은층들에게는 오히려 저가에 고수익 위험상품에 투자할 수 있는 기회가 더 크다고도 볼 수 있다. 잊지 말자, 젊은이들이여! 당신은 이미 국민연금과 몇 개의 보험에 가입해 있고, 그렇다면 이미 소득의 상당 부분은 사실상 채권에 투자하고 있는 셈이다. 자신의 미래 현금흐름 유출입을 합리적으로 고려한 투자를 해야 한다.

위험을 고려하면 주식의 기대수익률은 채권과 같다

주식시장의 기대수익률을 표현하는 지표 중 하나가 PER^{Price per Earning} ^{Ratio}다. 주식의 시가총액이 그 주식회사의 연간 순이익의 몇 배에 달하는

지를 나타내는 숫자다. PER을 이루는 분자와 분모를 그대로 뒤집으면 해당 주식을 사고 기대할 수 있는 수익률을 가늠할 수 있다.

주식 기대수익률 = 1÷PER = 주식회사의 연간 순이익÷시가총액

물론 주식회사는 벌어들인 연간 순이익을 주주들에게 모두 돌려주지 않는다. 우리나라의 배당률은 특히 낮은 편이며, 대부분의 이익이 다시 회사 내부로 유보되거나 더 많은 이익을 창출하기 위해 다른 곳으로 재투자된다. 그래서 밖으로 몰래 빼돌리지만 않는다면 결국 이익금은 회사 어딘가에서 투자되고 있을 것이고, 그 돈은 결국 더 큰 이익을 창출하고 그 회사의 주가를 끌어올리는 데 일조할 것이다. 문제는 그 주가라는 것이 회사의 이익이 커진다고 정비례하면서 꾸준하게 올라가지도 않고, 회사의 이익이라는 것도 재투자를 한다고 해서 꾸준하게 늘어나지도 않는다는 점이다. 즉 변수가 많다.

2018년 현재의 채권금리는 국고채의 경우 2% 정도이며, 회사채의 경우 만기와 발행사에 따라 크게 다르지만 2~5% 내외로 형성되어 있다. 주식시장 PER 같은 경우 10배 근처에서 움직이고 있으므로 기대수익률은 10%에 달한다고 볼 수 있다. 지금 같은 시기는 어찌 보면 채권이 상당히 고평가되어 있고, 주식이 저평가되어 있다고 말할 수 있다. 대한민국 평균 PER을 약 10배에 기대수익률 역시 10% 정도로 판단하고, 대한민국에서 안정적으로 평가받는 회사채 수익률 평균을 3% 정도로 판단하면 그 차이는 약 7% 정도다. 그 차이는 확실한(거의 확실하다고 평가받는) 수익 3%에 비해 매우 불안정하며, 언제 정확히 얼마만큼의 수익률로 돌아올지 가늠이 잘 안 되는 수치상으로만 존재하는 주식시장의 기대수익률 10%에 대한 할인 요인이다.

권하고 싶은 첫 번째 방법은 지금처럼 예전에 비해 주식시장의 기대수익률이 높아지고 채권 수익률이 낮아졌을 때(혹은 그 반대일 때), 자신만의 기준을 잡고 투자스타일의 변화를 추구하라는 것이다. 두 번째 방법은 채권보다 높은 주식 기대수익률에 대한 평가는 개인별로 다르므로 자신의 상황에 맞게 판단하라는 것이다. 누군가에게는 "기대수익률이 10%나 된단 말인가"라고 외치며 주식시장에 투자할 수 있는 근거가 될 수도 있지만, 다른 누군가는 "불확실한 10%보다 확실한 3%가 더 좋다"고 판단할 수 있다. 같은 약이어도 사람마다 나타나는 효과가 다르고, 부작용이 다르다. 투자상품도 마찬가지다. 수익률이 절대적 가치의 기준이 아니다.

주식은 대박이 존재하는 상품, 채권은 매우 낮은 이율의 안정적인 상품이라는 선입견은 일부 맞는 말이기도 하고, 쉽게 사라질 선입견도 아니다. 하지만 금융시장은 상당히 효율적이며, 채권의 낮은 기대수익률과 주식의 높은 기대수익률에는 그에 합당한 이유가 존재한다는 사실을 잊어서는 안 된다.

다만 최근 10년간 연금과 보험에 지속적인 자금유입이 이루어지면서 우리나라의 장기채권금리가 다른 나라에 비해서도 대비될 정도로 많이 내려왔다. 안전자산과 위험자산 간의 기대수익률 차이가 매우 벌어진 상태다. 그만큼 수요가 늘어서 안전자산의 기대수익률이 낮아지기는 했지만, 위험자산의 상대적인 매력도가 과거에 비해 매우 커진 것도 사실이다.

은행에 가는
당신은 바보다

은행은 어디에나 있고 가까우며 편리하다. 그렇다면 우리가 어떤 비싼 대가를 지불하기에 은행은 우리에게 장소를 제공하고 서비스를 하는 걸까?

    편의점은 내가 어떤 물건이 필요할 때 가장 쉽고, 빠르게 접할 수 있는 곳이다. 우리나라에 존재하는 전체 가게 수를 따져보더라도 가장 많은 것이 편의점이요, 그다음이 동네 슈퍼마켓, 그리고 대형슈퍼마켓, 대형할인마트, 백화점순일 것이다. 사람들이 편의점을 가는 가장 큰 이유는 '가깝기' 때문이다. 편의점에서 파는 물건들이 대형할인마트에서 판매되는 물건들보다 비싸다는 것을 알고 있음에도 말이다.

    이런 식으로 생각을 해보자. 우리 집 바로 앞, 걸어서 1분 거리에 편의점이 있다. 또한 버스를 타고 10분 거리에는 대형할인마트가 있다. 대형할인마트에 다녀올 때 왕복 버스비가 2천 원이고, 노동비용은 2천 원이라고 가정하자. 내가 편의점까지 다녀오는 노동비용은 0원이다. 자, 내가 사야 할 물품들을 편의점에서 구매했을 때와 대형할인마트에서 구매했을 때 들어가는 비용의 차이가 4천 원 이하일 경우에는 편의점을 갈 것이고, 넘을 경우에는 대형할인마트를 갈 것이다. 내가 라면 하나, 맥주 한 캔 사러 가는 데 대형할인마트를 갈 이유는 없다. 버스비도 못 건진다.

은행도 상대적으로는 저금리를 제공한다

사람들은 돈이 생기면 쓰고 남은 돈을 저축한다. 저축하는 방법에는 여러 가지가 있을 것이다. 은행에 가서 예금을 넣어도 되고, 저축성 보험에 가입하는 사람도 있을 것이며, 주식시장이 좋다고 생각되면 펀드에 가입할 수도 있다. 세상에는 참 다양한 상품이 있고, 그 다양한 상품을 판매하는 다양한 금융기관이 있다. 그중 사람들이 가장 접근하기 편한 금융기관이 바로 은행이다. 은행은 증권사나 보험사보다 훨씬 많은 지점을 보유하고 있는 가장 대표적인 금융기관이다.

다시 한 번 편의점과 대형할인마트의 이야기로 돌아가보자. 만약 대형마트에서 편의점과 같은 가격에 물건을 판다면 그곳은 단숨에 망할 것이다. 반대로 편의점이 대형할인마트와 같은 가격에 물건을 판다면 사람들은 순식간에 편의점에 몰려들 것이고, 작은 편의점에 있는 물건은 순식간에 동이 날 것이다. 하지만 편의점 주인은 별로 돈을 벌지 못했다. 편의점은 박리다매가 가능한 규모가 애당초 아니기 때문이다. 편의점은 편의점 나름대로 높은 가격을, 대형할인마트는 마트 나름대로 낮은 가격을 유지해야 하는 각자의 이유가 있다.

그럼 이제 은행 입장에서 생각해보자. 은행에서는 예금에 가입하기 위해 찾아온 고객에게 어느 정도의 이자를 지급해야 할까? 증권사보다 높은 금리를 제공해야 할까, 아니면 낮은 금리를 제공해야 할까? 정답은 당연히 낮은 금리다. 은행은 증권사나 다른 여타 금융기관보다 높은 금리를 제공해야 할 이유가 전혀 없다. 사람들은 많은 지점을 보유한 은행에 훨씬 더 자주 간다. 별로 익숙하지 않은 증권사나 보험사에 굳이 찾아가는 것은 뭔가 두렵고, 잘 모르고, 힘들기 때문이다.

금융기관마다 판매하는 상품은 각자 특성이 매우 다르지만, 가장 유사한 상품을 가지고 비교해보자. 은행에는 자유입출금식 예금통장이 있다. 자유롭게 입출금을 할 수 있지만 이자율은 거의 0%다. 한편 증권사에는 CMA라는 것이 있다. 역시 자유롭게 입출금을 할 수 있다. 현재 대부분의 증권사들의 CMA는 돈이 얼마가 있건 간에 현재 기준금리인 1.50%와 비슷한 금리를 제공한다. 이렇게 두 금융기관이 성격이 거의 유사한 두 상품에 대해 지급하는 이자율이 다른 이유는 지극히 당연하다.

은행은 가만히 있어도 손님들이 찾아온다. 은행들은 대부분 소위 '목'이 좋다는 자리인 1층에 있다. 증권사는 그런 자리에서 영업을 할 경우 임대료를 내는 일이 쉽지 않기 때문에 지리적으로 은행보다는 좋지 않은 곳에 위치하는 경우가 많다. 증권사는 가만히 있으면 손님은 오지 않는다. 그들을 어떻게 해서든 유인을 해야 한다. 당연히 은행보다는 더 좋은 조건을 제시할 수밖에 없다. 그때 가장 기본이 되는 상품이 CMA다. "은행은 이자를 주지 않지만, 저희는 이자를 드립니다!"라고 홍보하는 것이다. 만약 내가 자유입출금식 예금만 필요하다면 은행에 갈 이유가 없다. 증권사의 CMA가 훨씬 유리하다.

은행이 아닌 다른 금융기관의 상품도 있다

조금 더 장기적인 예금상품인 정기예금을 예로 들어보자. 만기 1년의 정기예금 금리는 역시 경제 상황과 은행의 자금사정에 따라 다르지만, 현재는 약 2% 정도다. 증권사는 법적으로 이런 예금상품을 만들 수 없기 때문에 사람들은 돈을 모을 때 가장 쉽게 떠올리는 것이 정기예금이다. 이 상품은 은행에만 존재하고, 그렇기 때문에 사람들은 늘상 은행에 간다. 대출을 받을 때도 주택담보대출금리를 가장 낮게 제시할 수 있는 은행에 간다. 하지만 우리는 은행이 고객을 가장 쉽게 끌어올 수 있는 금융기관이기 때문에 고객들에게 다른 어느 곳들보다도 낮은 금리를 제시할 것이라는 사실을 잊지 말아야 한다.

그렇다면 정기예금을 대체할 수 있는 다른 상품에는 무엇이 있을까? 가장 먼저 생각해볼 수 있는 것이 원금보장형 ELS다. 원금보장형 ELS는 발행기관(증권사)이 망하지 않는 한 원금을 보장해준다. 원금보장형 ELS 상품 중에서는 일정 이자까지 보장한 뒤, 추후 주가지수의 상승에 따라서 추가적인 이자를 지급해주는 상품까지 다양하다.

회사채 역시 좋은 대체 투자 수단이 될 수 있다. 회사채는 발행기업이 부도가 날 경우 원금을 손해볼 수 있다는 단점이 있지만, 기업의 부도가 발생할 확률과 금리와의 상관관계를 생각해보면서 투자를 검토해볼 만하다. 집 근처의 농협, 신협과 같은 상호금융기관에서도 잘 찾아보면 은행보다 1% 정도 높은 금리를 제시하는 곳들이 많고, 인터넷은행들에서도 은행보다는 0.5% 정도의 금리를 더 제공해주고 있다. 보험사들의 저축성 보험도 7년 이상 투자할 경우 소득공제 혜택을 제공해주고, 이자율 역시 정기예금보다는 높게 제시하고 있기 때문에 장기투자를 할 투자자에게는 매력적인 상품이다.

▬▬▬▬▬▬ 세상에는 많은 상품이 있다. 투자수익률이 높은 상품은 그만큼 위험하고, 투자수익률이 낮은 상품은 그만큼 상대적으로 안전할 것이다. '하이 리스크 하이 리턴(고수익에는 고위험이 따른다)'은 이제 많은 사람들이 알고 있는 이야기다.

하지만 여전히 필자는 그 외에도 생각해볼 것들이 많다고 생각한다. 앞서 언급한 편의점과 은행 이야기 같은 것이 그러하다. 은행은 우리에게 가깝고 편리한 만큼 상대적으로 낮은 이자를 제시한다는 사실을 명심해야 한다. 금융시장에서도 발품을 많이 파는 자들이 부자가 된다.

기업자금 조달에는
주식이 좋은가, 채권이 좋은가?

남의 돈을 가져오는 대표적인 방법이 바로 주식과 채권이다. 주식은 남의 돈을 가져오는 만큼 회사 권리를 양도해야 하고, 채권은 빌려오는 만큼 이자를 내야 한다.

주식시장에서 대표적인 악재 중 하나가 유상증자다. 같은 자금 조달이라도 채권으로 조달할 때는 주가에 영향을 미치는 경우가 적은데, 주식으로 조달한다는 소식이 전해지면 순식간에 주가가 급락하는 경우가 많다. 반면에 채권으로 조달할 경우에는 이자를 내야 하는데, 수익성에 대한 확신이 없는 투자를 할 때의 실패는 이자비용까지 가중되면서 회사에 치명적인 타격으로 이어질 수도 있다.

그래서 기업은 주가 하락이 예상됨에도 불구하고 주식으로 자금을 조달해야 할지, 아니면 이자부담에도 불구하고 채권으로 자금을 조달해야 할지 늘 고민한다. 물론 여기에 정답은 없다.

주식과 채권을 통한 자금 조달, 기회비용의 판단

　기업 입장에서 자금 조달을 무엇으로 해야 할지에 대해서는 기업 스스로가 매우 잘 알고 있을 것이다. A전자라는 가상기업이 있다고 가정해보자. 이 기업은 신규사업을 검토하고 있어 자금이 필요한 상황이다. 신규사업에 필요한 자금은 총 100억 원이다.

　A전자가 만약 회사채를 발행할 경우 3년 만기 회사채 금리는 7%로 결정될 것으로 예상한다. 신규사업은 매년 투자금 대비 10%의 이익을 안겨줄 것으로 예상한다. 이 경우 자금 조달 방법은 당연히 채권이다. 왜냐하면 신규사업 투자금 전액이 7% 금리의 회사채로 조달될 경우 A전자는 돈 한 푼 들이지 않고 매년 3%의 이익, 즉 연간 3억 원의 추가 이익을 얻을 수 있기 때문이다.

　하지만 신규사업의 수익률이 A전자의 회사채 조달금리보다 낮을 경우에는 고민할 수밖에 없다. 만약 신규사업이 매년 투자금 대비 5%의 이익만 발생시킬 수 있다고 가정해보자. 그럼 이때는 A전자의 ROE(자기자본 대비 수익률)가 중요해진다. 만약 ROE가 5%를 넘을 경우에는 A전자는 자금 조달을 포기하고 신규사업에 대한 검토를 철회하는 것이 맞다. 반면에 ROE가 5%에 미치지 못할 경우에는 A전자는 유상증자를 실시해 자금을 조달하고, 신규사업에 투자해야 한다.

　조금 더 이해를 돕기 위해 몇 개의 숫자를 더해보겠다. A전자의 전체 자본금은 현재 총 100억 원이다. ROE는 6%, 즉 매년 6억 원의 순이익이 발생한다.

신규사업에 필요한 자금 100억 원을 유상증자를 통해 조달할 경우 A전자의 지분율은 기존 100%에서 50%로 감소하게 된다. 기존 자본금이 100억 원이고 신규 조달 자금이 100억 원이므로 조달 후 총자본금은 200억 원으로 늘어나고, 기존 주주의 지분율은 50%로 감소하게 될 것이다. 이것은 앞으로 A전자가 벌어들이는 이익 중 절반은 기존 주주의 것이 아니라는 것이다. 신규사업을 통해 얻을 수 있는 이익은 매년 5%인 5억 원이므로 A전자의 총이익금은 11억 원이 되는 것이고, 기존 주주는 연간 5억 5천만 원의 이익을 얻게 된다. 신규사업에 투자하기 전에는 지분율 100%에 연간 이익금은 6억 원이었으나, 신규사업에 투자하고 나서는 오히려 지분율도 50%로 하락하고, 연간 이익금도 5억 5천만 원으로 5천만 원이 감소했다. 신규사업 투자계획을 철회하는 것이 더 나은 선택이 될 것이다.

하지만 A전자가 지금 매우 어려운 상황에 부닥쳐 있으며, ROE도 3%에 연간 순이익이 3억 원에 불과하다고 가정하면 또 이야기는 달라진다. 이때 신규사업 자금을 유상증자로 조달할 경우 연간 순이익이 8억 원(기존 사업 3억 원+신규사업 5억 원)으로 늘어나게 되고, 지분율 50%에 따른 이익금 배분을 할 경우에 기존 주주의 이익금은 4억 원이 된다. 기존 사업만 영위할 경우 벌어들일 수 있는 3억 원보다 1억 원이 늘어나는 셈이다. 이렇게 되면 유상증자를 검토해볼 만하다.

부등식은 다음과 같다. 채권으로 조달해야 하는 경우는 회사채 조달금리보다 투자금액 대비 신규사업 수익률이 더 높은 경우다. 유상증자를 실시하는 경우는 회사채 조달금리보다 신규사업 수익률이 더 낮지만, 기존의 ROE보다 신규사업의 수익률이 더 높은 경우다. 신규사업의 수익률이 회사채 조달금리, ROE 모두보다 낮다면 투자검토를 철회하고 다른 사업을 알아봐야 한다.

투자자는 2가지 경우만 볼 수 있다. 채권이 발행되는 경우와 유상증자가 실시되는 경우다. 투자검토가 철회되는 경우에 투자자는 어지간해서는 그 사실조차 알기 어렵다. 중요한 것은 그것이다. 신규사업에 투자하는 용도로 자금 조달이 이루어지는 경우에 채권으로 조달하는 것이 기업으로서는 훨씬 자신감에 찬 행동이다. 하지만 유상증자를 통해 조달하는 경우 역시 채권만큼은 아니지만, 이것이 기업가치와 주주이익의 증대에 도움이 될 것이라는 판단이 있기 때문에 내리는 결정이라는 것이다. 일부러 기업가치를 떨어트리기 위해 유상증자를 하는 경우는 없을 것이다(물론 기업세습, 자금횡령 등을 목적으로 이런 일이 벌어질 수 있다는 것도 역시 명심해야 한다).

신규사업을 목적으로 하는 유상증자를 너무 두려워하지 말자. 주주의 가치가 희석되는 것은 당연하지만, 유상증자를 완료한 상태의 기업가치는 분명 유상증자를 하기 전의 기업가치보다 큰 것이 더 합리적이다. 그렇다고 주가 자체가 유상증자 이전보다 높아질 것이라고 확신하는 것은 아니다. 전체 시가총액 개념으로 더 커지는 것이 맞다는 의미이며, 주가는 지분 희석에 따른 효과가 반영되기 때문에 적절한 주가 수준에 대해서는 조금 더 세밀한 계산이 필요하다.

자금 조달 시 고려해야 할 사항

기업은 신규사업 전후의 이익만을 고려할 순 없다. 부채가 전혀 없는 기업이라면 모르지만, 이미 부채가 어느 정도 있는 기업은 고민을 많이 해야 한다. 채권으로 조달하는 것이 가장 좋은 방법이지만, 회사채 조달 금리와 신규사업 수익률의 차이가 그다지 크지 않을 때는 주식으로 조달하는 것이 더 좋을 수 있다. 회사채로 자금을 조달해 부채비율이 올라갈 경우 회사 전체에 대한 신용도가 떨어지는 것도 고려해야 하기 때문이다. 시장 상황은 늘 변할 수 있고, 신규사업의 수익률도 특정 상황을 가정했을 때의 결과이기 때문에 사업에 대한 확신이 없을 때는 채권을 통한 자금 조달이 부담스러울 것이다.

지분율이 안정적이라면 유상증자가 더 나을 수도 있다. 회사의 이익에 대한 권리가 주식 비중만큼 남에게 넘어가는 것은 어쩔 수 없지만, 일단 주식은 전체 중 51%의 지분만 보유하면 경영권을 유지하는 데 큰 문제는 없다. 따라서 유상증자를 통한 자금 조달은 최대주주의 지분율이 51%가 유지되는 한 이자비용 없이 조달할 수 있다는 장점이 있다.

반대로 지분율이 낮은 회사는 채권을 통한 조달을 선택할 수밖에 없다. 자금이 꼭 필요한 상황이지만 유상증자를 실시할 경우 회사 경영권 자체가 위협받는다면 말이다. 다만 이 같은 경우에는 신규사업을 통해 이익을 낼 수 있다는 나름의 확신이 있어야 하며, 만약 그런 확신이 없다면 아예 자금 조달에 나서면 안 된다. 그렇기 때문에 이런 경우 역시 회사에 큰 문제가 있다고 보기는 어렵다. 다만 회사의 상황을 재무제표만으로 투자자가 모든 것을 알 수 있는 것이 아니다. 지분율이 낮고 최근 진행하고 있는 사업이 그다지 원활하지 못한 회사가 회사채를 발행할 경우에는 그 목적이 신규사업 투자라 하더라도 자금이 다른 곳으로 유용될 가능성에 대해서도 검토해봐야 한다.

━━━━━━━ 자금 조달에 정답은 없다. 원래 주식으로 자금 조달을 검토하던 기업이 금리 하락으로 인해 자금 조달 방법을 채권으로 바꿀 수도 있다. 최근처럼 금리가 크게 하락했을 때는 이 저금리 기조를 잘 이용하는 것도 좋다. 공격적으로 낮은 금리에 채권을 많이 발행한 회사는 부채비율이 상승해 생기는 위험보다 안정적으로 자금을 조달할 수 있는 기회의 증가로 볼 수도 있다.

유상증자라고 악재가 아니다. 다만 그 내용에 대해서는 꼼꼼히 살펴볼 필요가 있다. 채권 발행 소식 역시 눈여겨볼 필요가 있다. 유상증자 이후에는 대부분 기회가 존재해왔으며, 채권 발행이 줄줄이 이어진 기업의 경우에는 이후 해당 기업의 주가가 위쪽이든 아래쪽이든 확실한 방향을 잡고 움직이는 경우가 많았다는 사실을 명심하자.

서브프라임 모기지 사태,
무엇이 문제였을까?

천재 한 명이 만 명을 먹여 살린다고 하지만, 그 반대로 만 명을 궁핍하게 만들 수도 있다. 서브프라임 모기지 사태가 바로 이 오만한 천재들의 실패다.

2002년부터 2006년까지 전 세계 부동산시장은 장기적인 저금리 기조를 바탕으로 동반 호황을 누렸다. 미국에서는 집을 사기 위해 너도나도 대출을 받았고, 집값이 오를 거라고 낙관한 은행들은 집값의 100%가 넘는 금액을 대출해주는 행태를 벌였다. 그러다가 마침내 2007년 이후 미국 부동산시장은 금이 가기 시작했다.

미국의 부동산가격이 하락하기 시작하자 그동안 무분별하게 이루어졌던 부동산 대출에 대해 상환 압력이 가해지기 시작했다. 그러던 중 최고의 금융기관 중 하나였던 리먼브라더스가 파산했다. 극도의 위기를 느낀 금융기관들은 전 세계 각지에 흩어져 있던 투자금을 일시에 회수하기 시작했고, 이후에는 어느 금융기관도 돈을 빌리는 것이 어려워졌다. 돈을 구하지 못한 기업들과 금융기관들이 파산했고, 전 세계는 심각한 위기를 겪었다. 고작 미국 부동산시장가격이 좀 하락했을 뿐인데, 그것이 왜 전 세계경제를 위협했을까?

미국 부동산시장의 버블 형성 과정

우리 모두에게는 신용등급이 부여되어 있다. 내가 가진 재산과 소득 등에 따라 신용정보회사는 나에게 신용등급을 부여하고, 은행들은 이를 참조한다. 그리고 이 정보는 내가 은행에서 대출을 받고자 할 때 항상 꼬리표처럼 따라붙는다. 미국에서도 은행 고객들을 신용별로 분류하는데 신용이 우수한 고객들은 프라임^{Prime} 등급이다. 신용이 좋지 못한 고객들은 서브프라임^{Sub-prime}으로 분류하고, 이들에게는 더 높은 금리를 적용한다.

저금리가 장기적으로 지속되면 경제는 활황을 보이고, 투자는 늘어난다. 은행은 안정적인 경제를 바탕으로 수익을 증가시키기 위해 대출을 늘리려고 한다. 전체 유동성 증가 과정은 자산가격 상승으로 이어진다. 2003년부터 2005년까지 이어진 글로벌 저금리 기조로 인해 앞서 언급한 상황이 갖춰지고 있었다. 우리나라뿐만 아니라 전 세계에서 부동산가격이 상승했다. 미국도 마찬가지였다.

대출이 연체되는 경우도 매우 적었다. 경제가 호황이었고, 사람들은 돈을 잘 벌었기 때문에 이자를 제때제때 납부했다. 돈이 없는 사람들도 대출을 연체하지 않았다. 집을 사기 위해 돈을 빌렸고 이자를 낼 만한 형편은 아니었는데, 집값이 상승한 것이다. 높아진 집값을 담보로 추가로 대출을 할 수 있었다. 이자를 추가 대출을 통해 납부했기 때문에 은행의 자산건전성도 매우 높은 수준을 유지했다. 담보로서 인정되는 가치도 올라갔다. 예전에는 집값의 70%까지밖에 대출이 되지 않던 것이 100% 혹은 그 이상까지도 대출이 가능해졌다.

집값은 계속 올랐고 대출도 계속 늘어만 갔지만, 여전히 대출의 부도율과 연체율은 위험 신호를 보내지 않았다. 이렇게 대출이 늘어나고 시중 유동성은 증가했지만, 또 놀랍게도 물가는 올라가지 않았다. 여기에는 여러 가지 요인이 있지만, 중국이 대량으로 저렴한 제품을 생산해낸 것도 하나의 주요 원인이었다. 그래서 미국은 당시의 상황을 그렇게 심각하게 생각하지 않았다.

경제가 호황인데 저금리가 이어지자 대출수요는 증가했고, 예금수요는 감소했다. 낮은 금리에 돈을 맡기려는 사람은 없었다. 빌려가겠다는 사람들만 자꾸 늘어갔다. 그러자 프라임 등급 고객뿐만 아니라 서브프라임 등급 고객들도 대출을 받고 싶어 했다. 또 당시에는 그들은 대출을 갚을 능력이 있어 보이기도 했다. 경제가 좋을 때는 사람들의 소득도 전반적으로 올라가 신용 역시 개선되었기 때문이다. 은행은 대출 재원을 마련하기 위해 머리를 굴리기 시작했다.

천재들의 실패와 구조화 금융시장

금융시장이 막대한 부를 창출하다 보니 천재들이 금융시장으로 유입되기 시작했다. 명문 공대를 졸업한 재원들이 금융시장에 들어왔다. 이들은 수학·물리학 재능을 바탕으로 어려운 금융상품들을 만들어내기 시작했다.

주택저당증권^{MBS; Mortgage Backed Security}이라는 상품은 주택담보대출을 담보로 한 채권이다. 은행이 대출을 해주면 대출된 돈은 돌고 돌아 언젠가는 다시 예금의 형태로 은행에 돌아온다. 하지만 이것은 꽤나 긴 시간이 걸리는 일이다. 은행은 즉시 또 다른 대출을 일으켜 돈을 벌고자 한다. 주택담보대출을 한 건 처리한 뒤 은행은 이 주택담보대출에 대한 수익권한을 이임한 채권으로 만든다. 이 채권^{MBS}을 사가는 사람은 주택담보대출로 인해 생기는 현금흐름을 담보로 정해진 이자를 받게 된다. 만약 이 채권을 발행한 은행이 망하게 되더라도 채권 투자자는 해당 주택담보에 대한 권한을 가지고 있기 때문에 은행의 신용위험에 대해서는 고민하지 않아도 된다. 그렇지만 주택담보대출이 연체되거나 부도가 날 경우에는 손해를 볼 수가 있다. 이렇게 기초자산(주택담보대출)을 가지고 이를 토대로 금융상품을 만들어내는 것을 구조화 상품이라고 부르는데, 구조화 금융시장이 급격하게 발전하기 시작했다.

처음에는 단순한 형태의 MBS만을 발행했지만, 앞서 언급했듯이 MBS는 은행의 부도에는 신경 쓰지 않아도 되지만 기초자산인 주택담보대출이 부도에 처할 경우에는 투자자가 손해를 볼 수 있다. 그래서 은행들은

MBS를 등급^{tranche}별로 나누어 발행하기 시작했다. 그래서 부도로 인해 담보대출이 손해를 볼 경우 가장 후순위 등급 채권이 1차적인 손해를 전액 부담하게 만들었다. 또 그 손실금액이 후순위 등급 채권의 발행금액을 넘어설 경우 그 위의 등급, 그리고 그 위의 등급순으로 부담하게 만들었다. 이렇게 만들자 하위 10% 등급 정도를 제외한 나머지 90%의 등급 채권의 경우에는 신용도가 아주 우수한 것으로 나타났다. 그래서 상위 등급 MBS 같은 경우에는 대부분 최고 신용등급인 'AAA'가 부여되었다.

CMO^{Collateralized Mortgage Obligation}라는 상품도 개발되었다. MBS들을 모아서 그것들로 하나의 자산 집단군^{pool}을 만들고, 그것들을 담보로 만든 채권이다. 이 상품은 등급별로도 나누고, 만기별로도 나눈다. 주택담보대출이라는 것이 누군가는 조기상환을 하기 때문에 조기상환되는 자금들을 가지고 짧은 만기의 CMO를 상환하게 만든 것이다. CMO뿐만이 아니었다. 대출을 담보로 삼아 채권을 만들고, 그것들을 또 담보로 삼아 채권을 만들고, 마치 피라미드식으로 상품을 만들어냈다. 수요도 충분했다. 상위등급 채권에는 모두 AAA등급이 부여되었고, 미국채와 동일한 신용등급을 보유한 이런 채권들은 해외에서 불티나게 팔려나가고 있었다. 마케팅 포인트는 미국채보다 약간 높은 금리, 동일한 신용등급이었다.

그렇다면 위험한 것으로 보이는 후순위 등급 채권들은 어디로 갔을까? 이것들은 발행사가 대부분 떠안게 되었다. 발행사들은 오히려 이것을 원했다. 주택담보대출이든 어떤 형태의 대출이든 일부 손실은 불가피하다. 다만 실제 손실액이 손실 예상금액보다 작다면 그걸 떠안은 발행자도 크게 이익을 볼 수 있다. 앞서 말했지만, 부동산가격이 연일 오르고 있는 상황 속에서 연체나 부도는 별로 발생하지 않았다. 발행자(은행)들은 대출이 늘어나서 돈을 벌고, 후순위 등급에서는 연체율 감소로 또 큰돈을 벌고 있었다.

버블의 붕괴와 채권의 몰락

문제는 버블의 붕괴였다. 이런 상품을 만들 때는 매우 복잡한 계산식이 항상 포함되는데, 그 계산식이라는 것들도 수많은 가정으로 이루어진 숫자들의 집단에 불과했다. 예를 들어 연체율을 0.5%로 예상하고 상품을 만들었는데, 그전까지는 항상 연체율이 0.3% 이하에 불과해 큰돈을 벌고 있었지만, 부동산가격이 하락하기 시작하자 연체율이 갑자기 3%까지 올라갔다고 가정해보자. 실제 손실액이 손실 예상금액보다 작으면 이익이 발생하지만, 실제 손실액이 예상금액보다 커지자 상황은 급변하기 시작했다.

만약 은행들이 재원 마련을 MBS나 CMO같이 복잡한 상품으로 하지 않고, 단순하게 평소 하던 대로 대출과 예금으로만 재원을 마련했으면 문제가 없었을 것이다. 대출 중 손실 부분을 손실로 처리하고, 다시 대손충당금을 마련하고, 예금을 더 유치하려고 노력하는 등의 방법으로 1차적인 손실을 마무리하고 다시 영업전선에 나설 수 있었을 것이다. 하지만 이번에는 상황이 매우 복잡했다. 주택담보대출을 기초자산으로 한

MBS를 보유하고 있는 투자자는 이것이 얼마나 손실이 나는지 계산을 해야 했다. 이를 알기 위해서는 원래 대출자산의 소유자였던 은행에게 문의해볼 수밖에 없었다. 자신이 직접적으로 보유하고 있는 것이 아니기 때문에 계산은 굉장히 애매하고 모호했다.

CMO 같은 상품에 투자한 사람은 더욱 머리가 아팠다. 2단계, 3단계씩 대출이 채권이 되고, 그 채권이 또다시 채권이 된 셈이니 도대체 내가 얼만큼을 손해를 보고 있는지, 손해를 볼 것인지 도저히 예측할 수 없었다. 신용평가사들도 난리가 났다. 자신들의 계산과 판단으로 그 채권들에 AAA등급을 부여했지만, 기본가정이 엇나가고 연체율과 부도율이 예상보다 높게 올라가자 AAA등급을 더 이상 유지하기 어려웠다. 등급이 하향 조정되기 시작했다.

그러다 결국 초대형 금융기관 중 하나인 리먼브라더스가 파산했다. 이런 서브프라임 모기지 관련 채권들로 인한 손실과 다른 금융기관들이 자금을 회수하려 하자 그에 응하지 못한 것이다. 리먼브라더스가 파산하자 이런 MBS와 CMO 같은 채권들은 절반 이하의 가격에도 거래되기 힘들었다. 한때 AAA등급이었던 채권들이 줄줄이 몰락해버린 것이다. 몇 겹으로 가려져 있으니 본질적인 가치를 판단하기 어려웠고, 금융기관 사이에 한 대출은 더 이상 담보로 사용하지 못했다. 금융기관들은 자신의 몸을 보존하기 위해 서로에게 빌려준 돈을 상환해줄 것을 요구하기 시작했다. 이는 다른 금융자산을 매도하려는 행렬로 이어졌고, 전 세계 자산가격은 하락했으며, 돈을 빌려오는 것은 너무나도 어려워졌다.

사태의 진정과 막대한 규모의 경기부양책

위기는 과장될 수밖에 없었다. 어두운 곳에서 느끼는 공포와 비슷하다. 잘 모르니 더 두려울 수밖에 없었다. 결국 미국 중앙은행이 직접 나서서 MBS를 매입해주고, 모기지 채권 발행사들을 보증해주고, 자본을 확충해줬다. 사태가 발생한 이후 미국 중앙은행은 총 1조 7천억 달러에 달하는 MBS를 시장에서 직접 매입했다. 전체 MBS 중 거의 20%에 가까운 금액을 정부가 직접 매입해준 셈이다.

그 과정에서 수많은 대출들이 회수되었다. 은행의 신용창조 과정이 극도로 위축되어버린 것이다. 미국의 통화유통 속도는 위기 이후에는 거의 절반 수준으로 감소해버렸다. 당시 벤 버냉키 미국연방준비은행 의장은 신용 축소로 줄어든 유동성을 공급하기 위해 대규모로 화폐를 발행했지만, 그래도 총유동성은 과거보다 축소되었다. 물가 하락이 나타났고, 가계 소비는 크게 위축된 이후 쉽게 회복하지 못하고 있다.

현재 최악을 벗어났다는 점에는 어느 정도 공감대가 형성되었지만, 신용시장이 살아나고 있지 않다는 것이 여전히 큰 문제점으로 지적되고 있다. 부동산가격은 회복하지 못하고 있어 부동산시장에서의 신규 대출 수요가 완전히 자취를 감춘 상태다. 가계는 부동산과 주식 시장의 가격 하락으로 인해 '마이너스 부의 효과minus wealth effect'가 나타나 소비에 나서지 못하고 있는 실정이다. 정부는 경기를 부양하기 위해 유동성을 공급하는 한편 막대한 규모의 경기부양책을 펼치고 있지만, 그마저도 이제 전 세계적인 재정위기로 인해 추가적인 재정 투입에 눈치를 볼 수밖에 없다. 민간은 자생적인 회복력을 상실했고, 정부의 정책 역시 크게 제한되고 있다.

────────── 다른 제조업과는 달리 금융은 실질가치를 지닌 상품을 생산해내지 못하는 산업이다. 아무리 수많은 금융상품을 만들어도 전 세계의 총생산은 늘어나지 않는다. 그러므로 금융산업은 기본적으로 제조업이 원활하게 성장할 수 있도록 뒷받침하는 데서 1차적인 존재 이유를 찾아야 한다.

서브프라임 위기는 천재들의 명백한 실패였다. 은행들의 방만한 경영과 신용평가사들의 무책임함이 질타를 받았다. 금융시장은 너무 복잡해질 필요가 없다. 만들어낸 사람도 잘 모르는 상품은 위기가 발생하자 아무도 그 가치를 모르는 희대의 애물단지로 전락해버렸고, 막대한 규모의 돈이 한순간에 사라지는 현상을 만들었다. 제조업시장에서의 천재 한 명은 만 명을 먹여 살릴 수 있다. 하지만 금융시장의 천재들은 전 세계를 어렵게 만들었다.

손실을 인정하지 못하는 나라,
중금리시장의 부재

은행에서 신용대출을 받을 수 있는 사람은 4% 내외에서 대출을 받고 있다. 그러나 저축은행 혹은 그 외의 금융기관에게 가는 순간 대출금리는 두 자릿수가 된다. 신용이 좋지도 나쁘지도 않은 중간 등급의 사람이 받아야 할 중금리시장이 없다

우리나라의 금융상품은 사실상 두 종류다. 아주 안전한 상품과 아주 수익성이 강조된 상품이다. 높은 수익률과 일정 부분의 손실률이 합쳐져 중간 정도의 수익을 내주는 상품은 보기 힘들다. 우리나라에는 아직까지 사실상 중금리시장이 존재하지 않는다.

그러다 보니 우리의 상품 선택은 상당히 극단적이다. 아주 단순히 말하면 주식과 예금이다. 조금 다른 형태로 말하면 내가 직접 투자하는 돈과 남에게 맡기는 돈이다. 내가 직접 투자하는 '주식'은 손실을 감당할 수 있다. 그것은 나의 책임이니까 괜찮다. 그러나 남에게 맡기는 돈은 다르다. 그것이 펀드든 예금이든 말이다. 남에게 맡기는 돈에서 손실이 나

는 것은 용납할 수 없다. 그렇게 우리나라 금융시장은 단순해져 갔다. 우리나라의 금융상품은 수익률보다는 안정성이 더 강조되어왔다. 그래서 중소기업들이, 그리고 신용등급이 낮은 사람들이 이용할 수 있는 중금리시장은 사실상 '없다'.

중신용 사람과 기업, 그들을 위한 시장은 없다

코스피 시장에 상장이 되어 있는 기업들, 우리가 들으면 아는 그런 기업들은 은행에서 돈을 빌린다(우리가 아는 기업인데도 은행에서 돈을 빌리기 힘든 경우도 많긴 하다). 혹은 신용등급을 부여받은 후 채권시장에서 돈을 빌리기도 한다. 신용등급 AA등급 이상을 받은 기업은 3년 만기 채권을 발행한다 해도 2%대 초반의 금리로 조달할 수 있다(2019년 3월 기준). 은행에서 주택담보대출을 받을 수 있는 개인 역시 2%대 후반의 금리로 대출받는 것이 가능하다. 신용이 좋은 개인의 경우 신용대출 역시 은행에서 3~4%로 이용할 수 있다.

그런데 신용이 안 좋은 기업들이나 개인들은 은행을 이용할 수 없다. 신용이 나쁜 기업들이나 개인들이 고금리 대출을 이용하는 것은 어쩔 수 없는 부분이 있다. 신용이 나쁘다는 것은 대출을 갚지 못할 가능성이 높다는 것이고, 대출을 해주는 입장에서 그 가능성에 대한 대가로 높은 금리를 요구하는 것은 당연하다. 그것이 대부업체의 존재 이유가 될 것이다.

그러면 신용이 좋지도 않지만, 나쁘지도 않은 사람들이나 기업을 위한 금융기관이 존재해야 한다. 그들에게도 자금을 공급해줄 수 있는 곳이 있어야 한다. 그리고 그에 대한 대가로 적절한 금리를 수취하면 된다. 그 금리대가 약 6~18% 정도라고 여겨진다. 그런데 문제는 그 금리대를 받아들이고 대출을 받고자 해도 대출이 나오지 않는다. 신용이 좋지도 나쁘지도 않은 중신용자들이 이용하는 중금리시장, 그 시장이 우리나라에는 거의 없다시피 하다.

왜 중금리시장이 없을까?

우리나라에서 개인들의 신용등급은 나이스평가정보와 코리아크레딧뷰로KCB 두 곳에서 평가하고 있고, 1에서 10까지의 신용등급을 부여한다. 이때 1등급이 가장 높은 신용등급이다. 일단 1~4등급까지는 은행을 이용한다고 가정하고, 8등급 이하는 대부업체가 불가피하다고 가정했을 때 5~7등급 정도를 중신용자라고 할 수 있을 것 같다. 이들의 비율만 해도 30%에 육박한다. 이렇듯 중신용자들의 중금리시장은 절대 작지 않다.

중신용자들을 담당해야 하는 금융기관이 저축은행과 캐피탈인데 이들의 대출은 매우 제한적이다. 금융위원회의 보도자료에 따르면 주택담보대출을 제외한 가계대출 중 6~18%의 중금리 대출이 차지하는 비중은 2018년 6월 말 기준으로 0.82%에 불과하다. 은행의 경우 0.57%, 여신전

신용등급별 인원 분포(2016년 6월 말 기준)

(단위: 명, %)

등급	나이스평가정보		코리아크레딧뷰로	
	인원	비중	인원	비중
1	9,901,102	22.3	6,451,725	14.5
2	7,692,378	17.3	6,841,277	15.3
3	3,445,586	7.7	8,090,023	18.1
4	7,399,847	16.6	8,020,933	18
5	7,814,319	17.6	6,797,579	15.2
6	3,723,811	8.4	3,615,177	15.2
7	1,449,408	3.3	1,997,614	4.5
8	1,312,318	2.9	1,712,539	3.8
9	1,396,554	3.1	674,484	1.5
10	367,372	0.8	421,739	1
합계	44,502,695	100	44,623,090	100

자료: 금융감독원

문금융사(캐피탈사) 1.31%, 저축은행 9.41%다. 저축은행이 그나마 높지만 전체 가계대출에서 차지하는 비중 자체가 낮고, 저축은행에서 실행되는 대출금리 수준이 기본적으로 높다는 점도 작용한다. 그리고 0.82%라는 숫자가 의미하고 있듯이 6~18%로 대출을 받고자 해도 대출을 받는 것 자체가 쉽지 않다.

은행, 저축은행, 보험사, 여신전문금융사는 모두 금융기관이다. 그중 여신전문금융사는 중고차 할부금융, 아파트 담보대출과 같은 명확한 담보가 있지 않는 한 개인들의 대출을 직접 실행하는 것이 부담스럽다. 개

194

인들의 신용평가에 자신들의 역량을 집중시키기에는 중저신용등급자들에 대한 대출시장 자체가 그들에게 별로 매력적이지 않다. 은행은 중저신용자들에게 대출을 실행할 이유가 더더욱 없다. 그러지 않아도 충분한 돈을 벌고 있기 때문이다. 보험사들은 기존 고객들이 가입한 보험을 담보로 대출을 하는 것 정도에나 관심이 있을 뿐이다. 이들 역시 충분한 돈을 벌고 있는 입장에서 개인신용대출, 중소기업대출에 관심을 가지지 않는다. 결국 중금리에 관심이 있을 만한 금융기관은 역시 저축은행뿐이다.

우리나라 저축은행의 한계

그런데 저축은행도 한계가 있다. 먼저 개인들의 대출은 정보가 제한적이다. 금융기관도 알 수 있는 정보는 나이스평가정보와 KCB가 제공하는 1에서 10 사이의 숫자로 지정된 신용등급과 예금과 대출 내역 같은 금융기관 거래 내용뿐이다. 그리고 직장인의 경우 소득정보와 다니는 직장 정도를 추가로 제출할 뿐이다. 반면에 기업들은 과거 재무제표를 제공할 수 있다. 중소기업이어도 그동안의 업력이 존재한다. 만약 제조업이라면 공장이 있을 것이고, 공장 내 기계들 역시 담보로 역할을 할 수 있다. 그러나 그래도 대출을 받기 어렵다. 왜 그렇게 되었을까?

2008년 금융위기를 거치면서 수많은 중소기업 대출, 그리고 저신용 개인대출이 부실화되었다. 시간이 지나고 사태가 좀 진정되나 싶었을 때, 2011년 저축은행 사태가 벌어졌다. 저축은행들이 알고 보니 대주주 관련자들에 대한 불법대출, PF$^{Project Financing}$사업장에 대해 무리하게 실행한 대출의 부실화 등 방만한 경영으로 인해 내부부터 썩어버렸다. 2010년 말 86조 원에 달했던 저축은행 자산은 2015년 3월 40조 원에도 미치지 못하면서 반토막이 나버렸다. 저축은행의 비리와 부실은 저축은행 전반에 걸쳐 만연해 있었고, 결국 수많은 저축은행들이 없어지거나, 시중은행에 인수되면서 은행계열화되었거나, 증권사·대부업체·일본계 금융사에게 넘어가버렸다.

결국 이렇게 된 저축은행들은 은행처럼 극도로 보수적인 대출을 시행하거나, 대부업체처럼 초고금리 위주로 대출을 운용하기 시작했다. 저축은행이 손실을 두려워하고 있다. 저축은행처럼 일하는 저축은행이 아니라, 은행처럼 혹은 증권사처럼 혹은 대부업체처럼 운영하는 저축은행이 되어버렸다.

저축은행 사태가 불과 2011년이었으니 저축은행들 역시 자신들의 문제를 해결하고 다시 정상화하는 것이 더 급했다. 그런 와중에 중소기업 대출이나 개인들에 대한 중금리 대출은 실험을 해볼 여유도 없었다. 대출은 모형을 구축하고 실행해본 후 연체율과 부실률을 체크해가면서 자신들의 트랙레코드를 만들어나가야 한다. 그러나 그럴 수 있는 저축은행은 없었다. 그래서 우리나라 중소기업들과 개인들은 대부업체를 이용하거나 대출을 포기할 수밖에 없었다.

중금리시장에서 펀드가 보이지 않는 이유

펀드도 손실을 두려워한다. 손실이 날 수 있는 펀드는 안 팔리기 때문이다. 사람들은 묘하게 금융기관을 이용할 경우에는 손실이 나지 말아야 한다는 생각이 있다. 그래서 조금이라도 손실 가능성이 있는 주식형 펀드마저 별로 인기가 없다.

펀드는 원칙적으로 개인에 대한 직접 대출이 자산으로 편입되는 것이 금지되어 있다. 그러므로 펀드를 통한 개인 중금리시장 활성화는 애초에 불가능하다. 참 어려운 문제다. 가계대출에 대한 두려움으로 정책당국은 개인대출에 대한 기능을 누군가에게 부여하는 것을 매우 싫어한다. 그렇다면 제한적으로 중저신용자에 대한 대출을 공급하는 기능이라도 열어줄 법한데 이러면 또 저신용자들에 대한 대출이 늘어나 향후 위험이 커질 수 있다는 이유로 막아선다. 그러나 그러면서도 중금리시장을 활성화하겠다며 P2P업체에 대한 입법화를 고민하고 있고, 중금리 대출 활성화 방안에 대해 정책당국이 열심히 자료를 만들고, 담당부서를 만들고 있기도 하다.

기업에 대한 대출은 가능하나 이것도 펀드가 되려면 몇 가지 문제가 있다. 일단 기업에 대한 대출은 만기가 존재할 텐데 펀드는 그 만기를 설정하기가 쉽지 않다. 또한 소수의 기업에게 대출을 하면 부실에 대한 대응이 어렵기 때문에 여러 개의 기업에 대출을 해서 분산효과를 누려야한다. 그래서 기업에게 대출을 해주기 위해서는 사모방식의 형태가 이용된다. 정해진 금액과 정해진 만기의 돈을 모아서 펀드를 설정하고 이것을 재원으로 대출을 실행하면 된다. 그렇다면 이 펀드의 수익은 대출에 대한 이자가 될 것이고, 필연적으로 펀드 내 일부 기업대출은 부실화될 것을 감안해야 한다.

전체 대출의 평균 이자율이 12%이고, 대출 중 3%가 부실화된다고 가정해도 9%의 수익을 올릴 수 있다. 그러나 부실률이 3%라는 것은 펀드설정시점에서 하는 예측치일 뿐이다. 투자자는 매우 보수적이다. 그리고 과거에 이런 펀드를 운용해본 운용사도 없다. 애당초 이런 형태의 펀드가 안 팔릴 것이라고 생각해서인지 우리나라에는 제대로 된 사모대출펀드를 보기 어렵다. 트랙레코드가 없으니 새로운 상품도 나오지 않는다. 이것이 계속 반복되고 있다. 펀드를 통한 중금리시장도 생기지 못하고 있다.

방금 언급한 펀드를 사모대출펀드PDF, Private Debt Fund라고 한다. 유럽과 미국에서는 중소기업들에게 펀드가 직접 대출을 실행해주고 이를 포트폴리오화해서 운용하는 펀드들이 많아졌다. 이들은 충분한 트랙레코드를 확보했다. 최근 한국의 보험사들은 이런 미국과 유럽의 중소기업들에게 돈을 빌려주고 이를 자산화시킨 PDF를 많이 편입하기 시작했다. 오히려 환위험이 더해진 해외의 PDF는 사들이고 있는 것이다. 그러나 우리나라에는 중소기업 대출을 편입한 PDF를 볼 수 없다. 이는 운용사와 정책당국과 투자자 모두의 문제다. 이제는 상품이 나와야 할 시기가 아닐까?

P2P가 중금리시장에 던지는 의미, 그리고 그 한계

몇 년 전부터 P2P업체들이 우후죽순 생겨나기 시작했다. 이들은 다수의 투자자에게 돈을 모아서 하나 혹은 다수의 대출자에게 대출을 실행한다. 이들은 지점이 없고, 시스템이 간소하고, 예대마진의 개념이 없기 때문에 중금리시장을 혁신할 것으로 기대됐다. 실제로 개인들의 신용대출시장에 직접 뛰어들어 대출자와 투자자를 연결해주는 역할을 하고 있으며, 이를 통해 중금리시장 일부를 형성하기도 했다. 저축은행들도 이를 보고 자극을 받아 적극적으로 중금리상품을 출시하고 있기도 하다.

그러나 현재까지 상위 P2P업체들이 출시하고 있는 상품들은 상당히 제한적이다. 일단 과거 저축은행 사태를 통해 저축은행들의 무리한 PF대출이 문제점으로 지적된 이후 저축은행들은 PF대출 자체가 법에 의해 매우 엄격한 조건을 통과한 건에 대해서만 가능하도록 바뀌었다. 저축은행이 PF시장에서 힘을 잃자 그 부분을 P2P업체들이 파고들었다. 그래서 소규모다세대 주택, 빌라, 연립주택과 같은 소규모 PF시장에서 저축은행이 하던 일을 P2P업체들이 하게 되었다. 근데 이런 부분은 사실상 저축은행이 하던 일이 법에 의해 막히자 현재 규제가 없는 P2P업체들이 대신하고 있는 것으로 중금리시장이라는 부분에서 주는 의미는 제한적인 것으로 보인다.

또 다른 상품이 후순위 주택담보대출상품이다. 서울을 비롯한 투기과열지구의 LTV가 40%로 축소되어버리자 서민들의 주택구입은 매우 어려워졌다. LTV는 은행뿐 아니라 전 금융기관 모두에게 적용된다. 그러나 P2P업은 현재(2019년 4월)까지는 대부업체로 등록되어 있어 LTV를 적용받지 않는다. 그래서 대부업체들이 장악해버릴 뻔한 후순위 주택담보대출시장을 지금은 사실상 P2P업체가 점유하고 있다. 그러나 이 역시 규제에 따른 대출기관의 공백을 P2P업체가 이용했을 뿐이다.

P2P업이 가야 할 방향은 개인과 기업들의 중금리시장 공급 및 운영이겠지만, 정부의 규제로 인해 일단 손쉬운 PF대출과 주택담보대출 시장으로 먼저 움직이고 있다. 그러나 이는 기업의 특성상 너무 당연하다. 저쪽 시장은 규제로 인해 P2P가 진입하기 쉬워진 시장이고, 이를 통해 초기 산업인 P2P산업에서 발 빠르게 자신들의 자체 체력을 높이는 것은 아주 중요하다. 다만 그렇게 생긴 체력을 바탕으로 진짜 중금리시장 활성화에 나서는 것은, 꼭 사회적 의미 차원이 아니라 기업의 영속성 부분에서도 매우 중요한 문제다. 규제로 인한 기회는 추후 다시 규제의 변화로 인해 없어질 수밖에 없기 때문이다.

———— 많은 대출이 시행되면 그중 일부는 연체될 수밖에 없고, 그로 인한 손실도 발생할 수밖에 없다. 다만 그 손실의 규모가 나의 총이익 규모 내에서 감당할 수 있는 만큼만 발생하면 된다. 투자자도 이에 대한 경험이 충분히 쌓이면 얼마든지 그런 상품에 투자할 수 있다. 아직 우리는 중금리시장을 제대로 가져본 적이 없기 때문에 이에 대한 데이터가 부족하고, 그래서 아직 제대로 된 상품도 존재하지 않는다. 그러나 누군가는 분명 시작할 일이고 이미 수많은 시도가 이루어지고 있다.

저금리와 고금리만 존재하는 사회는 없다. 그리고 중금리시장이 존재해야 경제주체들이 필요한 투자와 필요한 소비에 나설 수 있다. 이는 너무 중요한 문제지만 아직 이에 대한 관심들은 낮은 것 같다. 투자자는 손실을 감당할 수 있는 투자에 대한 열린 시각을 가져야 할 필요가 있고, 금융기관은 트랙레코드를 통해 총수익과 손실, 이로 인한 순수익과 위험에 대한 정보를 제공해주는 중금리상품을 개발해 나가야 한다.

이 세상에 우리나라만 있다면 매우 편할 것이다. 경제가 좋아지면 금리를 올리면 되고, 경제가 악화되면 금리를 내리면 된다. 그런데 우리는 지금 수백 개의 다른 나라들과 함께 경쟁하면서 살고 있다. 우리나라 금리 변화는 곧 우리나라 통화가치의 변화로 이어지고, 그로 인해 생각하지 못했던 다른 부작용이 나타난다. 특히 환율은 우리나라와 같이 대외의존도가 높은 나라에서 더욱 영향력이 크다. 환율과 금리의 복잡한 방정식, 그리고 국가마다 금리정책을 수행하는 데 숨겨진 속마음을 살펴보자.

PART 5

환율과 금리,
흥미로운 다른 나라 통화
그리고 우리나라 원화

유독 우리나라 환율은
왜 이렇게 급등락을 반복하는가?

우리나라 환율은 변동성이 크다. IMF 위기 때는 2천 원을 넘나들더니, 2008년에 리먼브라더스가 파산한 다음에는 900원에서 1,500원으로 치솟기도 했다.

금융위기가 발생하면 원화는 동네북이다. 1997년처럼 우리나라 안에서 위기가 발생했을 때는 당연한 것이며, 2008년처럼 위기의 진원지가 해외에 있어도 원달러 환율은 널뛰기를 한다. 위기에 정말 빠르고 민감하게 반응하는 게 원화가치다.

우리나라의 환율 변동성이 높다고 해서 '우리나라는 너무 후진국이야!'라고 생각할 필요는 없다. 기본적으로 호주와 브라질, 남아공, 한국과 같이 환율 변동성이 큰 나라들은 각 나라에 투자하기도 쉽고, 자금을 회수해서 나오는 것도 쉽기 때문이다. 즉 돈이 밀려들 때는 밀물처럼 밀려들어오고, 빠져나갈 때는 썰물처럼 빠져나갈 환경이 잘 갖춰져 있기 때문이다. 가령 호주는 선진국 중 하나지만, 환율 변동성이 가장 높은 나라다.

환율 변동성이 큰 이유, 모두가 원화 강세를 예상한다

우리나라는 수출로 먹고사는 나라다. 전체 인구가 5천만 명밖에 되지 않고, 가지고 있는 자원도 별로 없기 때문에 뛰어난 머리를 바탕으로 무엇인가를 뚝딱뚝딱 만들어 제품의 부가가치를 높여 가격을 더 받고 수출을 한다. 하지만 수출에 비해 수입은 덜한 편이다. 기본적으로 원자재를 싸게 들여와 가공해 비싸게 파는 것이 기본 산업 구조이기 때문에 무역수지가 늘 흑자를 보이기 마련이다.

무역수지에 서비스수지와 소득수지, 경상이전수지를 합한 것을 경상수지라고 하는데, 우리나라의 경상수지는 항상 흑자를 나타낸다. 이것은 우리나라에 계속 달러가 유입되고 있다는 것을 의미한다. 우리나라에 계속 달러가 유입되고 달러를 가지고 있는 사람(혹은 기업)은 원화로 환전하려 할 것이다. 그러다 보면 '달러 매도-원화 매수'가 계속되면서 원달러 환율은 하락(원화 강세)한다. 이러니 환율 전망에 대해 전문가들은 물론 일반인들도 모두 비슷하게 예상할 수밖에 없다. 대부분은 원화가 강세를 보일 것이라고 전망하는 것이다.

환율변동성[1]의 국가별 비교

국가(통화)	리먼브라더스 사태 이전 (2007.1~2009.12)	리먼브라더스 사태 직후 (2008.9.15~2009.3)	2009년 4월 이후 (2009.4~2010.12)	2010년 중
일본(엔)	0.51[5]	0.97[9]	0.51[10]	0.44[10]
호주(달러)	0.59[4]	1.67[4]	0.74[2]	0.68[1]
캐나다(달러)	0.46[6]	1.05[7]	0.63[4]	0.57[6]
터키(리라)	0.70[2]	1.39[5]	0.60[6]	0.54[8]
영국(파운드)	0.37[8]	0.98[8]	0.54[9]	0.50[9]
유로지역(유로)	0.37[7]	0.92[10]	0.55[8]	0.59[5]
한국(원)	0.34[10]	1.69[3]	0.58[7]	0.60[4]
대만(달러)	0.16[18]	0.31[17]	0.21[17]	0.21[17]
인도네시아(루피아)	0.26[12]	0.92[11]	0.37[12]	0.26[16]
브라질(헤알)	0.64[3]	1.84[1]	0.72[3]	0.64[2]
남아공(란드)	0.81[1]	1.75[2]	0.77[1]	0.62[3]
인도(루피)	0.26[13]	0.57[13]	0.36[14]	0.35[13]
멕시코(페소)	0.29[11]	1.27[6]	0.61[5]	0.55[7]
아르헨티나(페소)	0.13[19]	0.28[18]	0.19[18]	0.20[18]
필리핀(페소)	0.36[9]	0.47[14]	0.33[15]	0.34[14]
태국(바트)	0.20[17]	0.27[19]	0.15[19]	0.16[19]
러시아(루블)	0.22[15]	0.72[12]	0.49[11]	0.42[11]
싱가포르(달러)	0.22[16]	0.46[15]	0.27[16]	0.27[15]
말레이시아(링기트)	0.24[14]	0.36[16]	0.37[13]	0.39[12]
중국(위안)	0.09[20]	0.09[20]	0.04[20]	0.06[20]
G20국가 평균[2]	0.40	1.07	0.51	0.47

1) 전일 대비 변동률의 기간 중 평균 기준
2) 미국 달러화 페그제 국가인 사우디아라비아 제외
* [ ]는 변동성 순위(고→저)

자료: Bloomberg, 한국은행

수출업체의 입장에서 생각해보자

수출업체는 원화가 강세를 보이는 것을 원치 않는다. 현재 환율이 만약 1,200원인데 연말에는 1천 원 정도로 떨어질 것 같다는 예상을 해보자. 그러면 물건가격은 똑같이 1달러여도 지금 판매한 물건은 1,200원의 수익을 낼 수 있지만, 연말에 판 물건은 1천 원의 수익밖에 내지 못한다. 그래서 수출업체의 경우에는 다양한 수단을 통해 미래의 매출에 대해서도 미리 현재의 환율 수준으로 거래하게 된다. 예를 들어 선물환을 매도하거나 통화스와프를 통한 환율 변동 위험을 헤지하는 식이다. 이러한 방법을 통해 미래의 수익을 고정시키는 것이다.

이는 환율이 떨어져도 미래의 수익이 변동이 없게 만드는 것이다. 반면에 환율이 예상과는 반대로 오르게 되면 미래의 수익이 늘어날 수 있는 기회를 포기하게 되기도 한다. 헤지라는 의미 자체가 미래의 상황 변화에 따른 위험을 피하고, 이익도 피하겠다는 것을 의미한다. 수출업체들은 그래서 상관없다. 그들은 환율이 내려갈 것이라고 생각할 때 헤지를 하는 것이 훨씬 낫다고 판단을 하는 것이다.

수입업체의 입장에서 생각해보자

수입업체들은 반대로 원화가 강세를 보이면 이득을 볼 수 있다. 같은 1천 원으로 수입할 수 있는 금액이 커지는 셈이다. 그렇다면 수입업체들은 원화가 약세를 보일 경우(환율 상승) 손해를 보게 된다. 이런 케이

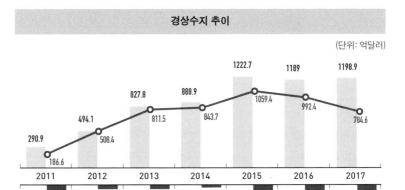

경상수지 추이

(단위: 억달러)

자료: 한국은행

범례: ◐ 경상수지　▢ 상품수지　■ 서비스수지

스에 대비해야 한다.

　하지만 대비하지 않는다. 그들도 수출업체와 같은 생각을 하기 때문이다. 원화 강세를 예상하는 것이다. 원화가 강세를 보이면 수익이 커지기 때문에 그냥 베팅을 하게 된다. 문제는 여기서 나타난다. 수출업체들은 원화 강세를 걱정하기 때문에 환율 변동 위험을 헤지하려고 하는데, 수입업체들은 원화 강세가 두렵지 않으므로 헤지를 하지 않는다. 두 세력이 매수·매도 호가를 서로 맞춰줘야 하는데, 한쪽만 줄창 가격을 제시하고 있고, 다른 한쪽은 이를 받아주지 않는 것이다. 이것은 외환파생상품 시장은 늘 한쪽으로 쏠려 있다는 것을 의미한다.

　여기서 만약 예기치 못한 상황, 갑작스러운 원화 약세(환율 급등)가 나타날 경우 시장은 대혼란에 빠진다. 수출업체들은 일단 헤지를 걸어놓은 포지션에서 손실이 발생한다. 일반적인 경우 원화가 약세를 나타내면 어차피 수출에서 얻을 수 있는 수익이 커지기 때문에 수출업체들의 수익은 '원화 약세에 따른 수출제품가격 상승분 – 외환파생상품(환헤지 수단)에서의 손실'이 서로 상쇄되면서 유지가 되어야 한다.

하지만 갑작스러운 원화 약세는 세계경기 혹은 우리나라에서 뭔가 문제가 발생했을 경우에 나타나고, 수출도 잘 안 되기 마련이다. 수출업체들은 물건은 팔리지 않는데 치솟는 환율 덕분에 외환파생상품에서 커져가는 손실을 멍하니 바라보게 된다. 여기서 이들을 완전히 케이오^{KO}시킨 대단한 상품을 만나게 되는데 그것이 키코^{KIKO; Knock In Knock Out}다.

키코는 간단하게 말하면 환율 변동에 따른 수익은 제한하고 손실을 크게 만든 제품이다. 그럼에도 불구하고 기업들이 이 상품에 너도나도 가입한 이유는 환율이 어느 수준 이상으로는 절대 가지 못할 것이라고 생각했기 때문이다. 그래서 그 수준이 넘어서면 큰 손실을 보게 되는 상품임에도 가입을 했고, 예상과 다르게 환율이 그 어느 수준을 크게 뛰어넘자 큰 손해를 봤다.

수입업체들의 수익도 말할 것도 없다. 1달러에 1천 원이던 것이 어느 날 1,500원이 되었다. 같은 물건을 수입하는 데 예전보다 50%나 더 지불해야 하는 것이다. 이것은 판매가격도 50%를 올려야 한다는 것이다. 그렇게 경제가 어려우니 아무도 그 제품을 사질 않는다. 외제차도, 비싼 골프채도, 갑자기 가격이 치솟은 휘발유도, 수입산 배추도, 고기도, 모두 비싸진다.

환율 변동성이 큰 이유, 단기외채

앞서 언급했듯 수출업체는 원화 강세를 헤지하려고 한다. 수입업체는 원화가 약세일 가능성에 대비하고, 헤지를 해야 하지만 원화 강세를 예상하기 때문에 헤지를 잘 하지 않는다. 수출업체는 미래의 매출이 발생하게 될 경우 달러로 매출 대금을 받게 될 것이고, 이 달러를 현재의 환율로 팔기를 원한다. 그래서 선물환이라는 것을 매도한다.

수출업체가 선물환 매도를 하면 누군가는 선물환 매수를 해야 한다. 주식도 누가 매수를 했다는 것은 또 다른 누군가가 매도를 했다는 것을 의미한다. 선물환 매수는 수입업체가 할 필요는 있지만 하지 않는다. 미래에 받을 달러를 지금의 환율로 매수하면 향후 원화 강세가 나타날 경우 손해를 보기 때문이다. 그래서 수입업체들은 선물환 매수를 하지 않고 은행에서 매수해주게 된다.

선물환을 매수하는 은행은 우리나라의 시중은행이 될 수도 있고, 외국계 은행의 서울지점이 될 수도 있다. 하지만 은행은 위험을 절대 감수하지 않는다. 선물환 매수를 했으면 은행 역시 헤지 과정을 거치게 된다. 가장 쉬운 방법은 다시 선물환을 매도하는 것이지만 그럴 경우 역시 은행의 선물환 매도를 받아줄 상대방, 즉 선물환을 매수해줄 사람을 찾기 어렵다. 그러므로 은행들은 현물환, 즉 보유하고 있는 달러를 팔아 헤지를 한다. 그런데 만약 은행이 달러를 현재 보유하고 있지 않다면 현물환을 매도할 수 있는 방법이 있을까?

그래서 은행은 없는 달러를 매도하기 위해 어딘가에서 달러를 빌려온다. 해외에서 달러를 차입해 우리나라 외환시장에서 현물환을 매도한다. 달러를 차입해왔기 때문에 이 과정에서 단기외채가 생기게 된다. 그런데 이때 금융위기가 발생했다고 가정해보자.

우리나라에 달러를 빌려준 해외 금융기관들은 금융위기로 불안감을 느낀다. 당장 한국에 연락해 빌려간 달러를 내놓으라고 말한다. 국내 금융기관들은 갑작스러운 달러 상환 요구에 당황스러워 하면서 외환시장에 주문을 내기 시작한다. '원화 매도-달러 매수', 그리고 환율은 치솟기 시작한다.

환율 변동성이 큰 이유, 빠른 속도의 회복력

치솟던 환율이 어느 정도 진정되면 또 놀라운 일이 벌어진다. 도저히 해결방법이 보이지 않던 한국이 치솟은 고환율을 바탕으로 회복하는 것이다. 수출업체들이 조금씩 수출을 회복하기 시작하면서 예전에는 100원의 이익을 남겼던 것이, 1달러에 1,500원이 되니 300~400원씩 이익이 남기 시작한다. 상품경쟁력은 훼손되지 않은 상태로 환율만 올라갔기 때문에 기업 입장에서는 물건가격을 그대로 유지하면 이익이 늘어나게 되는 것이다. 오히려 급등한 환율로 인해 상품가격을 조금 낮춰 가격경쟁력을 확보해 판매량 증가에 힘써도 되는 여유가 생긴다. 급박하게 돌아가던 위기 상황이 진정되고 나면 높아져버린 환율만 남게 되고, 이때부터 서서히 경제지표들이 회복되기 시작한다. 수출업체들의 이익

212

이 개선되고 이는 곧바로 무역수지의 개선으로 나타난다.

무역수지가 흑자로 전환되고, 흑자 폭이 점차 커지면서 한국에는 달러가 남아돌기 시작한다. 외국인들도 한국을 바라보는 부정적인 시선을 거두고 투자를 다시 검토하기 시작한다. 무역수지와 경상수지가 흑자인 상태에서 해외자본마저 국내 금융시장으로 유입되면 자본수지도 흑자로 돌아서게 된다. 정책당국은 결국 남아도는 달러를 매수할 수밖에 없고 우리나라의 외환보유고는 점차 증가하게 된다.

금융위기가 발생하면 우리나라의 무역 구조와 이로 인해 생긴 단기외채시장의 충격이 가해지면서 원달러 환율은 적정 수준 이상으로 급등하게 된다(원화가치 하락). 하지만 그렇게 급등한 환율이 경제회복과 성장을 자극하는 도구로 사용된다. 특히 일본과 경쟁구도이며 우리나라의 주력 수출 상품인 자동차나 반도체 분야는 가격경쟁력이 중요하기 때문에 원달러 환율의 급등이 오히려 경제회복의 원인으로 작용한다.

──────── 어떤 위기가 찾아오든 우리나라의 환율은 어김없이 급등할 것이다. 여러 번의 위기를 거칠 때마다 조금씩 나아지고 있지만 우리나라의 구조적인 문제는 여전히 바뀌기 어렵다. 경상수지 흑자와 무역수지 흑자는 우리나라 경제가 여전히 건실함을 알리는 지표지만, 계속 누적되는 외화 유입은 훗날 유출될 때의 후폭풍을 크게 만들고 있을 뿐이다.

그렇다고 미리 겁낼 필요는 없다. 오히려 금융시장에서의 변동성은 투자자에게 위험인 동시에 기회다. 환율이 급등할 경우 일반적으로 이 나라의 구조적인 문제이기 때문에, 투자자 입장에서는 심각하게 받아들이기보다는 환율 급등 이후에 찾아올 기회를 찾는 것에 더 집중해야 한다. 이 구조적인 문제를 해결하는 방법은 투자자보다는 당국이 고민할 일이다. 우리는 다시 한 번 이것만 기억하자.

"위기 발생 시 환율 급등은 우리나라의 특성 때문에 생기는 일시적인 것이며, 그 뒤에는 반드시 큰 기회가 온다."

개도국의 딜레마,
3가지 모두를 가지는 것은 불가능하다

수출을 많이 하는 나라는 낮은 통화가치, 낮은 기준금리를 동시에 유지하면서 수출 증가와 내수 증가를 동시에 꾀하고 싶다. 그러나 그 상태를 유지하는 것은 매우 어렵다. 왜일까?

2000년대 들어서 중국을 중심으로 한 개발도상국들, 특히 아시아 지역의 국가들이 급성장하고 있다. 선진국들은 그에 비해 크게 주춤하고 있다. 세계경제를 이끄는 동력축이 이제 선진국에서 개도국으로 이동하자 전 세계 자금들도 선진국에서 이탈해 개도국으로 유입되고 있다. 여기에서 개도국들의 고민은 시작된다.

생각보다 빠른 경제회복은 고마운 일이지만, 이로 인해 물가 상승 압력이 커지고 있기 때문이다. 그래서 기준금리를 인상해야 한다. 기준금리를 인상하면 빠른 경제성장과 고금리 매력을 동시에 지닌 개도국들의 외환·채권·주식 시장으로 더욱 거세게 해외자본이 밀려들어 오게 된다.

그 과정에서 통화가치는 급등하고 수출경쟁력은 약화된다. 높은 물가를 생각하면 기준금리를 인상해야 하지만, 기준금리를 인상하면 외국 자본이 밀려들어 오고 통화가치가 급등할 경우 수출경쟁력이 약화된다. 개도국은 여러 가지 시도를 통해 해결방법을 찾고 있지만 이는 결코 풀기 쉬운 문제가 아니다.

불가능한 삼위일체란?

국제경제학에서는 고정환율제, 자유로운 자본유출입, 독립된 통화정책, 이 3가지를 동시에 달성 불가능한 것이라고 해 '불가능한 삼위일체 Impossible Trinity'라고 부른다. 이와 관련된 문제는 선진국보다는 주로 개도국에서 발생하는데, 가까운 사례가 바로 우리나라다. 우리나라는 독립된 통화정책을 운용하고 있다(물가안정을 위해 중앙은행이 독립적으로 기준금리를 인상·인하하는 등의 통화정책을 펼친다). 자유로운 자본유출입을 허용하고 있으며(최대한 허용), 변동환율제를 사용하고 있다. 그렇지만 환율이 자꾸 하락하는 것은 원하지 않는다. 환율 하락은 곧 수출경쟁력의 악화와 경제성장의 둔화를 의미한다. 그래서 외환시장에 개입한다. 사실상의 고정환율제를 시도하는 셈이다. 하지만 이것은 불가능하다. 불가능한 것을 시도하기 때문에 다음과 같은 부작용이 생긴다.

국가 입장에서는 고정환율제와 자유로운 자본유출입, 독립된 통화정책 모두를 시행하면 매우 좋다. 고정환율제를 시행하면 환율을 스스로

정할 수 있으므로 국가의 수출경쟁력을 환율을 통해서 쉽게 얻을 수 있다. 2008년에 리먼브러더스 파산 이후 우리나라가 잠시 위기를 겪는 듯했지만, 자동차나 석유화학 산업 중심으로 경제가 빠르게 회복했던 가장 큰 동력이 고환율이었다는 것을 떠올리면 좋은 예가 될 것이다.

자유로운 자본유출입은 자의보다는 타의에 의해 주로 허용한다. 아무래도 자유로운 자본유출입이 허용되지 않은 국가나 그 국가에 속해 있는 기업들의 경우에는 해외에서 투자를 얻는 일이 어렵기 때문이다. 독립된 통화정책 역시 필요하다. 물가 상승 압력이 존재할 때는 기준금리를 인상하고, 물가 하락과 경기침체가 나타날 때는 기준금리를 인하해 국가경제의 건전한 성장을 도모할 필요가 있다. 이렇게 3가지 모두 다 가지고 싶지만, 그것은 불가능하다.

통화절하를 통한 수출대국 성장은 왜 불가능할까?

중국을 예로 들어보자. 중국은 현재까지도 사실상의 고정환율제를 사용하고 있다. 경제성장을 위해 자국의 환율을 실제 가치보다 저평가하고 있는 것이다. 이로 인해 중국은 매년 막대한 경상수지 흑자를 이어가고 있다. 통화정책 역시 독립적이다. 중국도 자국의 물가 상승 압력에 따라 은행 예금금리와 대출금리를 직접 조절하고, 지급준비율을 변경해 물가 안정을 도모한다. 고정환율제와 독립적인 통화정책을 동시에 사용하고 있다. 이 경우 문제는 자본유출입이다. 해외투자자의 입장에서는 위안화가 여전히 저평가되어 있다고 판단하기 때문에 보유하고 있는 달러를 팔고 위안화를 사고 싶어 한다.

만약 중국이 자유로운 자본유출입을 허용하면 '위안화 매수-달러 매도' 수요가 밀려오게 되고, 중국정부는 고정환율제를 유지하기 위해 계속 위안화를 팔고 달러를 매수해줘야 한다. 이때 중국정부는 보유하고 있지 않은 위안화를 팔기 위해 결국 화폐 발행을 해야 하고, 달러 매수로 인해 외환보유고가 늘어나지만 그만큼의 위안화가 시장으로 풀려나간 셈이 된다. 이로 인해 물가 상승 압력이 나타나고, 그것을 막기 위해 채권을 발행해 시중의 유동성을 흡수해야 한다. 하지만 해외투자자 입장에서는 위안화가 원하는 수준까지 절상되기 전까지는 위안화 매수를 멈추지 않을 것이다. 이는 중국정부가 계속해서 달러를 매입하게 만들고, 시중으로 풀린 위안화를 다시 흡수하기 위해 채권을 발행해야 함을 의미한다. 이 과정이 반복되면 중국은 막대한 외환보유고를 보유하게 되지만, 결코 좋은 일은 아니다. 이유는 다음과 같다.

인위적으로 통화를 저평가시킨 덕분에 대규모 무역수지 흑자 기조가 유지되고 경제는 발전한다. 외국인들은 계속 위안화를 매수하고 있다. 채권금리는 낮아지고, 주가는 높아지고, 부동산가격은 오르려고 할 것이다. 정부는 물가를 제어하기 위해서 기준금리 인상을 검토할 수밖에 없다. 하지만 기준금리를 인상하면 오히려 더 많은 해외자본이 유입된다. 그리고 중국정부는 환율 안정을 위해 달러 매수 재원을 마련해야 한다. 채권을 발행하는 것이다. 기준금리는 인상되고 정부의 채권 발행이 늘어나면 정부가 그만큼의 이자비용을 감당해야 한다는 뜻이 된다. 만약 기준금리를 인상하지 않는다면? 해외자본의 지속적인 유입과 함께 낮은 기준금리는 그 나라의 물가 상승을 자극할 수밖에 없다. 고정환율제와 자유로운 자본유출입이 함께 허용되는 경우 통화정책은 무용지물이 될 것이다. 낮은 통화가치를 유지해서 경상수지 흑자를 도모하려면 결국 해외자본의 유출입은 차단한 채로 통화정책을 운용해야 한다.

우리나라도 자본유출입의 통제가 가능할까?

우리나라도 자본유출입을 통제할 수 있다. 중국이 이미 보여주고 있지 않은가? 중국은 고정환율제를 유지하면서 독립적인 통화정책을 사용하고 있다. 또한 이 2가지를 얻기 위해 자본유출입은 통제하고 있다. 그 덕분에 자국통화의 가치를 절하시켜 수출경쟁력을 확보하고, 높은 경제성장세를 이어오고 있다. 그런데 왜 다른 나라들은 중국을 따라하지 않을까?

우리나라를 예로 들어보자. 우리나라는 자원이 많지 않아 가공무역과 기술개발을 통한 고부가 가치 상품을 수출해 먹고살고 있다. 우리나라의 대표적인 산업은 반도체를 중심으로 한 IT산업, 원유 정제를 기반으로 하는 석유화학 산업, 그리고 자동차·조선·중공업 등으로 구성되어 있다. 하지만 IT·자동차 산업에서는 더 높은 기술력을 가지고 있는 일본과 경쟁하고 있고, 석유화학·조선업에서는 대규모의 투자를 통해 우리나라를 뒤쫓고 있는 중국과 경쟁하고 있다.

환율이 높아지면 자국상품이 외화로 표시되면서 가격이 하락하는 효과를 얻을 수 있다. 자국상품의 품질은 변함이 없고, 자국기업의 이익에도 변함이 없지만 말이다. 가격경쟁력이 생기는 가장 손쉬운 방법이다. 우리나라도 자본유출입을 통제하고, 고정환율제를 도입하고 싶은 유혹을 느낄 수 있다.

하지만 우리나라는 할 수 없다. 자본유출입을 통제한다는 것은 우리나라에서 해외로 유출되는 돈도 막고, 해외에서 우리나라로 유입되는 돈도 차단하겠다는 것이다. 이미 투자되어 있는 막대한 자금과 우리나라가 해외에 투자한 자금은 어쩔 것인가? 우리나라가 이제 와서 자본유출입을 통제하겠다고 나서면 우리나라의 통화가치는 우리가 원치 않더라도 알아서 급격하게 떨어진다. 우리나라 기업들에게 돈을 빌려준 해외 금융기관, 한국 주식시장에 투자한 해외자본, 부동산을 보유하고 있는 해외자본 등이 일시에 빠져나가려 할 것이다. 또한 원달러 환율의 급등은 우리의 석유 수입 원가 급등을 의미하기도 한다. 일종의 오일쇼크가 한국에서만 나타나는 것으로 봐도 된다. 해외에 부채가 있는 기업들은 부채가 급증한다. 갑작스러운 경제정책 변화는 거의 무조건적인 비용을 청구하게 될 것이다.

중국이 자본유출입 통제가 가능했던 것은, 사람으로 치면 아기 때부터 그런 제도를 유지했기 때문이다. 만약 우리나라도 투자된 해외자본이 없고, 우리나라가 해외에 투자한 자본도 없는 하얀 도화지와 같은 상태였다면 중국 같은 성장 모델에 대해 심각하게 고민할 수도 있다.

또 다른 문제는 대외신인도의 문제다. 자본유출입이 통제된 나라, 그

안에 있는 기업들은 자유로운 금융거래를 할 수 없다. 이는 그 나라와 기업의 성장에 큰 장애물로 작용하게 된다. 심지어 세계 2위의 강대국으로 평가받는 중국마저도 그들의 사실상의 고정환율제가 도전을 받고 있다. 중국은 저평가되어 있는 위안화를 바탕으로 매년 막대한 규모의 무역수지 흑자를 달성하고 있고, 자본유출입을 통제한 채 쌓이는 외화를 모두 외환보유고로 모아두고 있다. 그래서 중국이 독보적인 세계 1위의 외환보유대국이 된 것이다. 이 외화의 대부분은 미국 등 선진국이 만들어준 것이다. 그들의 불만은 모두 한결같다. 중국은 물건을 팔기만 하지 사지 않는다는 것이다. 그래서 위안화 평가절상을 요구하고 중국을 비난한다. 2018년 말 촉발된 미중 무역전쟁은 전 세계 주가를 상당한 수준 하락시켰다.

중국은 그동안 미국을 비롯한 선진국들의 요구에 별로 신경 쓰지 않았다. 자신들이 그만한 힘을 가지고 있다고 생각했기 때문이다. 그러나 미국은 중국산 제품에 대해 집요하게 관세를 부과하기 시작했고, 중국의 주가와 중국 내 경기는 계속 제자리걸음을 하고 있다. 파는 것이 사는 것보다 훨씬 많은 중국은 미국에게 보복할 만한 수단이 현재까지는 별로 없어 보인다. 결국 중국은 아직도 빠르게 발전해야 하는 시기에 고정환율제에 발목이 잡혀 발전속도를 충분히 내지 못하고 있다.

문제는 또 있다. 바로 '핫머니'라고 불리는 돈들이다. 중국의 자본유출입을 통제하고 있지만, 모든 자본을 다 막겠다는 것은 아니다. 금융시장으로 유입되는 자본은 쉽게 유출될 수 있기 때문에 유입을 막고 있지만, 해외자본이 중국에 공장을 세우고, 중국인을 고용하고, 자국경제에 도움이 될 수 있는 투자를 하는 것은 환영하고 있다. 중국경제의 발전뿐만 아니라 부족한 기술력을 빠르게 끌어올리기 위해서는 이런 해외자본들의 투자가 필수적이다. 하지만 외국인들도 이를 최대한 악용하고 있다. 중국에 회사를 설립해 이 회사의 이름으로 위안화 자산을 잔뜩 매입하거나, 중국인 바지사장을 내세워 중국에 투자하는 방법 등으로 몰래 위안화에 투자하는 것이다. 아무리 막아도 돈은 작은 빈틈을 찾아 들어오기 마련이다.

우리나라는 변동환율제 국가인가?

우리나라의 환율은 매일 시장 상황에 따라 변한다. 그럼에도 불구하고 여전히 '관리변동환율국'으로 분류된다. 말 그대로 변동환율제를 도입하고는 있지만 환율을 어느 정도 정부가 직접 관리한다는 것이다. 우리나라에는 '외국환평형기금'이라는 것이 있는데, 환율을 적정한 수준으로 유지하기 위해 사용한다. 그러기 위해서는 이 기금이 원화뿐만 아니라 외화로도 구성되어 있어야 한다. 그래서 환율이 너무 높을 때는 보유한 외화로 원화를 매수해 환율이 하락하도록 유도하고, 환율이 너무 낮을 때는 보유한 원화로 달러를 매수해 환율이 상승하도록 유도한다.

환율이 너무 높을 때 끌어내리는 것은 쉽지 않다. 보유한 외화를 매도하고 원화를 매수해야 하는데, 국가가 보유하고 있는 외화는 한정적이기 때문이다. 하지만 환율이 너무 낮을 때 환율을 끌어올리고 원화의 가치를 떨어뜨리는 방법은 비교적 간단하다. 보유하고 있는 원화를 팔고 외화를 매수하면 된다.

외국환평형기금에 있는 자금은 국채 발행을 통해 조달하는데, 혹시나 이 자금이 부족하다고 해도 큰 문제는 되지 않는다. 발권력을 동원해 원화를 다시 매도할 수 있기 때문이다. 물론 이런 과정을 반복하다 보면 외환시장에 불균형이 생기고, 금융시장의 변동성이 커지며, 외국인들이 한국의 금융시장에 접근하는 것을 꺼리는 부작용이 나타날 수 있다. 국가가 판단하기에 적당한 수준에서 일정 부분 환율을 조정하는 것이 오히려 국가경제에 도움이 된다고 생각하면 그렇게 할 수 있다. 다만 문제는 바로 그 적당한 수준이 어느 지점이냐는 것이다.

선진국들은 개도국들의 그런 점들을 비난한다. 자국의 수출을 위해 환율을 조작한다는 것이다. 또한 그런 행동들이 국제적인 불균형을 만들기 때문에 자본유출입 변동성을 키우고, 세계경제를 위험에 빠뜨릴 수 있는 단초를 제공한다는 것이다.

동감한다. 인위적인 조작을 계속하다 보면 항상 부작용으로 연결된다. 하지만 이것도 그렇게 쉬운 문제가 아니다. 2009년 이후 미국과 유럽 모두 안전하지 않은 나라로 여겨지면서 전 세계 자본은 의외의 곳을 향하기 시작했다. 바로 일본이다. 일본 엔화가 끝도 없는 강세를 이어가기 시작한 것이다. 일본 외환당국은 구두개입과 실제적인 외환시장 개입을 통해 이를 막으려고 노력했지만 효과는 쉽게 나타나지 않았다.

미국은 달러 약세를 유도하기 위해 엄청난 규모의 통화를 발행했고, 그 통화로 국채 등의 자산을 매입하는 양적완화를 실시했다. 이렇듯 선진국들도 완전히 자유로운 변동환율제를 사용하고 있다고 말하기는 어렵다. 다들 자국의 이익을 극대화하기 위해 행동을 취하고 있다. 그 과정에서 변동환율제든 관리변동환율제든 고정환율제든, 어느 것이 세계경제를 위해 가장 바람직한 제도라고 명확하게 판단할 수 없다.

━━━━━━ 개도국들은 어렵다. 자국경제 상황을 보면서 통화정책을 운용하다가도, 어느 한순간에 세계경제의 흐름에 따라 경제 상황이 급변하면 그동안 해오던 통화정책의 방향을 완전히 바꿔야 하는 경우도 생긴다. 물가를 잡기 위해 기준금리를 인상했더니 오히려 해외자본의 유입이 거세지면서, 해외에서 유입되는 유동성이 증가하고 물가는 잡히지 않는 상황이 발생하기도 한다. 자본유출입도 자유롭게 놔두면 국제적인 투기자본의 먹잇감이 되기도 한다.

선진국들은 그런 개도국을 향해 시장을 존중하고 자유로운 경제활동을 보장하라고 요구한다. 자신들도 못하고 있는 것들을 개도국들에게 요구하고 있다. 중국의 행동은 현재 문제가 되고 경제발전을 저해하는 요인으로 보이지만, 그를 통해 이만큼 발전했다고도 볼 수 있을 것이다. 무엇이 맞는 것인지는 모른다. 다만 환율과 통화정책, 자유로운 자본유출입, 이 3가지를 모두 가지는 것은 불가능하다.

우리나라의 외환보유고,
그것은 과연 자랑거리인가?

우리나라의 외환보유고는 세계 8위 수준이다. 정부는 우리나라의 외환보유고 순위를 자랑하며 충분한 외환시장 대응능력을 갖추고 있다고 홍보한다. 근데 외환보유고가 많은 게 좋은 건가? 외환보유고가 어떤 과정을 통해 생성되는지 알아보자.

2018년 기준 우리나라의 외환보유고는 4,037억 달러로 전 세계에서 8위 수준이다. 1위는 중국으로 약 3조 달러 정도의 외환을 보유하고 있다. 우리는 이 외환보유고를 대외 경제위기를 방어하기 위한 실탄의 개념으로 생각하는 경우가 많다. 아무래도 예전 1990년대 후반의 IMF 시기를 계속 잊지 못하는 것이 가장 큰 이유일 것이다. 외환보유고가 늘어나면 긍정적으로 평가하는 기사들이 나오고, 줄어들면 걱정하는 기사들이 나온다. 당연히 외환보유고가 늘어나면 나쁠 이유는 없을 것이다. 그런데 외환보유고, 정말 그렇게 꼭 필요한 게 맞는 것인가? 이 외환보유고가 어떤 과정에 의해 생기는지는 고민해본 적이 있는가?

전 세계 외환보유고 순위(2018년 11월 말 기준)

(단위: 억달러)

순위	국가	금액	순위	국가	금액
1	중국	30,617	6	대만	4,614
2	일본	12,583	7	홍콩	4,232
3	스위스	7,960	8	한국	4,030
4	사우디아라비아	5,041	9	인도	3,937
5	러시아	4,621	10	브라질	3,797

자료: IMF, 한국은행

　외환보유고를 가장 많이 가지고 있는 나라는 중국이다. 많은 사람들이 중국이 1등인 것을 알고 있다. 그런데 미국은 어디 갔을까? 웬만한 것에서 항상 1등인 미국은 외환보유고 순위에서 보이지도 않는다. 이는 굉장히 당연한 것이다. 외환보유고를 표시하는 단위를 보자. 달러다. 미국은 달러를 발행하는 나라이다. 국제 경제가 위기에 빠졌을 때 사람들은 보유 자산을 현금화하려고 하고 그때 말하는 현금은 늘 언제든지 통용이 가능한 달러를 일컫는 경우가 대부분이다. 그 달러를 발행할 수 있는 미국은 외환보유고라는 것을 가지고 있을 필요가 없다. 외환보유고라는 말 자체가 미국에게는 이상한 말이 된다. 자국통화를 창고에 쌓아두고 말고의 개념 자체가 없는 것이다.

　자, 그럼 다시 돌아와서 외환보유고를 일종의 위기 방어 수단이라고 가정을 해보자. 그럼 외환보유고를 가장 많이 보유한 중국, 그다음 일본,

스위스, 사우디아라비아, 러시아, 이들 나라들은 국제 경제 위기 방어를 위해 이토록 외환보유고를 많이 쌓아둔 것일까? 그럼 유럽의 강국들은 왜 외환보유고 순위에 보이질 않을까? 우리가 아는 독일, 프랑스, 네덜란드 같은 나라들은 왜 외환보유고 순위에 보이질 않을까? 그들은 국제 경제에 위기가 발생하는 경우를 대비하지 않고 있는 것일까? 이상하지 않은가. 그들은 아마 외환보유고라는 것이 굳이 필요치 않아서 쌓아두지 않는다는 생각이 들지 않는가?

그래서 우리는 외환보유고가 일단 어떤 과정에 의해서 생기게 되는지를 먼저 생각할 필요가 있다.

해외로 빠져나가지 못한 달러가 국내에 머무는 것

우리나라는 순수출 국가다. 어지간한 경우가 아니면 매년 수출하는 금액이 수입하는 금액보다 크다. 단순화시켜보자. 우리나라에 수출입을 하는 주체로 딱 한 기업만 존재한다. 그 기업의 이름은 '포도전자'이며, 휴대전화를 만들어 수출한다. 포도전자가 휴대전화 부품 중 일부를 수입하고 이를 가공해서 휴대전화를 만들어서 국내외 판매하는 과정에서 1억 달러를 벌어들이는 데 성공했다. 그럼 포도전자는 이 1억 달러를 어떻게 해야 할까?

방법은 몇 가지가 있다. 그 돈으로 해외기업을 인수하거나 해외공장에 설비투자를 할 수도 있다. 혹은 미국채에 투자하거나 다른 나라의 주식을 살 수도 있다. 그럼에도 불구하고 남는다면? 포도전자 입장에서 꼭 남은 달러를 어딘가에 투자할 필요는 없지 않은가? 그렇다면 굳이 달러로 보유하고 있을 이유는 없다. 외환시장에 가서 달러를 원화로 바꿀 것이다. 손뼉은 혼자 칠 수 없다. 시장에서 원화를 달러로 바꾸고자 하는 누군가의 수요가 있어야 한다. 그러나 앞서 가정했듯이 수출입을 하는 기업은 포도전자 하나뿐이다. 그렇다면 원화를 달러로 바꾸고자 하는 수요는 해외투자에서 나와야 한다. 해외자산을 갖고자 하는 민간수요가 나와야 한다는 것이다. 해외의 기업을 늘리고자 한다던가, 주식이나 채권, 혹은 다른 나라의 정부나 기업에게 대출을 해주려고 하는 곳이 있으면 원화를 달러로 바꾸려고 할 것이다.

그런데 그런 수요가 없다면? 그럼 포도전자가 보유한 1억 달러는 어찌 되는 것일까? 포도전자는 1억 달러를 원화로 바꾸려고 하지만 아무도 달러가 필요하지 않다. 그렇다면 발생하는 현상은 분명하다. 원화의 강세다. 원달러 환율은 하락할 것이다. 포도전자는 1달러에 1천 원으로 바꾸고자 하지만 아무도 응하지 않는다. 1달러에 900원, 1달러에 800원, 자꾸 더 낮은 환율을 제시해야 솔깃해하는 사람들이 나타나기 때문에 환율은 점차 하락한다.

이 상황에서 애가 타는 것은 누구일까? 첫 번째로는 당연히 포도전자다. 환율이 하락하고 원화 강세가 되면 수출경쟁력이 하락한다. 국내에서 휴대전화를 만드는 데 들어가는 원가가 휴대전화 하나당 10만 원이라고 가정하자. 원달러 환율이 1천 원일 때는 이를 달러로 환산하면 100달러지만, 원달러 환율이 800원이면 125달러가 된다. 해외에 판매할 때 25달러의 가격 인상요인이 발생한다. 이렇게 원달러 환율의 하락, 원화의 강세는 수출경쟁력, 가격경쟁력 하락으로 이어진다. 포도전자는 환율 하락에 애가 탄다. 그런데 문제는 포도전자뿐이 아니다.

국가도 애가 타기 시작한다. 수출입을 하는 기업은 포도전자 하나뿐인데 수출경쟁력이 원달러 환율의 하락으로 인해 낮아지고 있다. 수출로 돈을 버는 기업에게 남아도는 달러가 있으면 이 달러를 적절하게 활용해줄 해외투자 수요를 찾아야 하는데 그런 수요가 보이질 않는다. 이런 상황이 계속 이어질 경우 포도전자의 이익이 감소하게 될 것이며, 이는 법인세의 감소, 그리고 포도전자 임직원의 소득 감소에 따른 소비 감소, 이로 인한 소득세 감소, 부가가치세 감소, 경제 불황으로 연쇄적으로 이어질 것이다.

시장에서 아무도 달러가 필요하지 않다. 원달러 환율은 계속 하락하고 원화는 계속 강해진다. 이제 나설 곳은 한 곳뿐이다. 바로 국가다. 국가는 국채를 발행해서 원화를 시장으로부터 빌려오고 이 돈으로 달러를 산다. 그렇게 해서 포도전자가 보유한 1억 달러를 흡수한다. 이제 문제는 해결이 되었다. 포도전자는 보유한 달러를 원화로 성공적으로 바꾸었고, 정부는 원화 부채가 늘어났지만 그만큼 1억 달러의 외환보유고가 생겼다. 달러를 현금으로 들고 있을 수는 없으니 아마 미국 재무부가 발행하는 미국채를 매수할 것이다. 이것이 외환보유고 생성 과정이다.

경상수지는 상품이나 서비스를 수출한 금액과 수입한 금액의 차이를 말한다. 앞서 포도전자의 1억 달러를 경상수지 흑자 규모라고 말할 수 있다. 자본수지는 금융거래에 의해 생긴 유출입 금액의 차이를 말한다.

외국인이 한국의 주식을 사는 경우, 국민연금이 해외의 주식이나 채권에 투자하는 경우, 한국 기업이 해외 기업의 주식을 사는 경우, 이런 경우들의 유출입 금액의 차이가 자본수지다. 우리나라는 대표적인 경상수지 흑자국가다. 문제는 자본수지도 흑자를 나타내는 경우가 많다. 외국인 투자는 자꾸 유입되는데 민간의 해외투자 수요는 크지 않다. 이럴 경우 결국 정부가 나서서 경상수지 흑자분과 자본수지 흑자분을 흡수해버릴 수밖에 없다. 그러면 그만큼 외환보유고가 증가한다.

외환보유고가 증가한다는 것은 경상수지와 자본수지 모두 흑자를 보인다는 것, 다시 말해 그 나라가 수출도 잘하는데 투자도 계속 밀려들어와 어쩔 수 없이 정책당국이 많은 외환을 흡수해버렸다는 좋은 뜻으로 해석할 수도 있다. 그러나 다른 쪽으로 본다면 수출을 잘하는 나라가 해외투자에 관한 관심은 적어 남아도는 외환을 불필요하게 정책당국이 흡수하고 있다고 볼 수도 있다. 그리고 이런 경우 국가가 외환시장에 개입해 영향력을 행사한다는 말을 자주 듣게 된다. 환율조작국이라는 단어가 기사에 등장하게 된다.

외환위기 시 외환보유고의 방어능력에 대하여

우리가 그나마 기억하는 대표적인 위기는 1997년의 IMF 시기, 그리고 2008년 리먼브라더스 파산 이후 찾아온 국제경제 위기 정도다. 1997년에는 외환보유고가 대외부채보다 적어 한국이 달러부채를 갚지 못하고 부도를 선언할 위기에 봉착했고, 결국 IMF가 정부를 대신해 한국경제를 컨트롤하는 안타까운 상황을 겪었다. 2008년에는 그런 상황까지는 가지 않았지만 환율이 급등하는 모습(원화가 약세를 나타내는)을 보였다. 이런 상황을 겪으며 우리는 외환보유고가 늘 충분히 있어야 한다는 일종의 선입견을 품고 있다. 도대체 왜 그럴 필요가 있는가?

우리나라는 경상수지가 특별한 일이 없으면 흑자를 보인다. 그럼 자본수지를 적자로 만들게 될 경우 외환보유고는 늘어날 필요가 없다. 앞서 언급했듯이 해외에 투자하고자 하는 수요가 있으면 된다. 최근 분위기가 많이 바뀌고 있지만 여전히 개인적으로 해외주식이나 해외펀드에 투자하는 경우는 흔하지 않다. 그렇다면 우리가 가입한 보험이나 연금은 어떠한가? 우리는 사실 가입한 보험과 연금이 어디에 투자하고 있는지 잘 모른다. 큰 관심이 없다. 왜냐하면 보험과 연금은 매우 안전하고 원금은 최소한 보장되는 상품이라고 생각하고 있기 때문이다. 요구하는 수익률도 낮다. 그냥 만기 때가 되면, 내가 은퇴할 때면 적당히 또박또박 돈을 돌려주겠지라고 생각한다. 그렇기 때문에 보험과 연금에서 운용하는 운용역들도 해외자산에 투자할 마음이 크지 않다. 잘한다고 손뼉을 쳐주지 않고, 못한다면 떠안게 될 리스크는 크다.

2018년 기준 600조 원을 넘게 운용하고 있는 우리나라의 대표 연금인 국민연금은 2009년에 들어서야 해외주식을 직접 운용하는 부서를 만들었고, 2010년 전체 국민연금 자산 중 해외투자 비중은 12.6%에 불과했으며, 꾸준히 해외투자 비중을 확대해온 결과 2018년 들어서는 전체 자산 중 30%를 넘겼다. 그러나 이 중에서 환헤지가 상당 부분 이루어진 것을 감안하면 여전히 자본수지를 화끈하게 적자로 만들 수 있는 수준까지는 아니다.

이렇게 민간에서는 해외 금융자산을 보유하는 것을 꺼려왔다. 그래서 계속 국내에서 떠돌게 된 달러들은 국가에 의해 흡수되어 외환보유고의 형태로 운용되고 있다. 그런데 이렇게 쌓아둔 외환보유고는 과연 위기에 도움이 될 수 있을까?

다시 한 번 국제경제에 큰 충격이 오는 상황을 상상해보자. 안전자산 선호현상이 강화되고, 달러는 원화 대비 강세를 나타낼 것이고, 환율은 치솟을 것이다. 외채가 있는 기업들은 발을 동동 구르기 시작할 것이고, 은행에는 달러를 찾는 기업들과 일부 개인들이 몰려들 것이다. 외국인들은 국내에 투자된 주식과 채권을 매도하면서 이 자금을 달러로 환전을 시도할 것이다. 이때 달러를 공급해줄 곳은 해외 금융자산에 투자한 기관투자가들이다. 이들은 위기가 닥쳤을 때 원화의 상대적 약세로 인해 투자한 해외 금융자산의 수익률이 급등하는 것을 경험하게 된다(심지어 그것이 주식과 같은 위험자산이라 해도 말이다). 그리고 적당한 타이밍(환율이 고점이라고 생각되는 시점 즈음)에 해외자산을 매각해 이익을 실현하고자 할 것이다. 환율 급등 자체를 막을 수는 없지만 어느 시점에는 국내에 달러를 공급할 수 있게 된다. 그러나 이렇게 투자되어 있는 해외 금융자산이 없다고 하면 달러 공급처는 외환보유고 하나만 바라볼 수밖에 없다.

외환보유고는 양날의 검이다. 충분히 쌓여 있을 때는 자랑거리처럼 말할 수 있지만, 위기가 닥쳤을 때 국내에 달러를 공급하기 위해 외환보유고의 자산을 매도하면서 외환보유고가 감소하는 모습을 보이는 순간부터는 '외환보유고 고갈 시작', '외환보유고, 과연 충분한 것인가?'라는 시선을 국내뿐만 아니라 해외에서도 보내오기 시작한다. 위험할 때 쓰려고 모은 것처럼 보이나 막상 쓰려고 하면 또 그것 자체가 위험한 신호로 해석되어버리고 만다.

민간의 해외투자가 늘어나야 한다

외환보유고는 경상수지와 자본수지 동시 흑자의 결과물이다. 달러가 밀려들어오기만 하고 나가질 못해 결국 국내에 쌓아놓은 결과다. 경상수지 흑자를 통해 벌어들인 달러를 자본수지 적자를 통해 해외 금융자산에 충분히 투자해둔다면 외환보유고가 쌓일 필요가 없다. 그리고 국제적인 경제위기가 발생할 경우 외국인이 국내자산을 팔아치울 경우 국내 기관투자자 역시 보유한 해외자산을 매각하면서 수익을 실현하고 국내에 외화를 공급해주는 역할을 하게 된다.

달걀을 한 바구니에 담지 말라는 이야기는 분산투자의 중요성을 언급하는 문구로 자주 사용된다. 그 바구니를 국내로 한정시킬 필요는 없다. 바구니는 최대한 크게 만들어야 분산투자의 효과도 커진다. 민간이 가지고 있는 해외 금융자산은 위기 시에 자유롭게 매각할 수 있으며 외환보유고와 달리 매각 사실이 더 큰 불안함을 불러올 재료로도 작용하지 않는다. 만약 국내 주식 자산을 투자하고 있으면 미국 국채에 일부 자산을 분산시켜두는 것이 분산효과를 극대화시키는 좋은 방법 중 하나다. 미국 주식과 한국 국채에 동시에 투자하면 이 역시 미국의 상대적 경제활황에 베팅하면서 어느 정도의 안정성을 동시에 확보할 수 있는 흥미로운 전략이 될 수도 있다. 이렇게 해외투자에 대한 관심이 높아져야 보험, 연기금, 펀드 역시 해외투자상품이 많이 나올 수 있게 된다. 이로 인해 원화의 변동성 역시 예전보다 감소할 것이다. 매수와 매도가 늘 한방향으로 쏠려 경제규모 대비 국제적으로 통용받지 못하는 통화가 아니라 늘 풍부한 매수·매도 수요가 동시에 존재해 24시간 매매가 가능한 국제통화로 발돋움하는 방법이다.

———————— 외환보유고는 특성상 아주 보수적으로 투자될 수밖에 없다. 기본적으로 외환보유고가 주로 투자되고 있는 미국 국채, 유럽 주요국들의 국채는 금리가 매우 낮다(최근 한국의 장기물 금리들이 미국보다 낮은 경우가 나타나고 있지만, 역사적으로 대부분의 시기에 한국의 금리는 주요 선진국보다 높은 편이었다). 외환보유고가 크다는 것은 그만큼 비효율적인 자산이 국내에 크게 존재하고 있다는 것을 의미한다. 민간의 해외투자에 대한 관심을 끌어올리고 선입견을 버릴 수 있다면 한국은 위기에 오히려 강한 나라로 바뀔 수도 있다. 외환보유고는 자랑거리만은 아니다.

일본에서 지진이 났는데 엔화가 강세라고?

2011년 3월 일본에서 초대형 지진이 발생했다는 소식이 세계 금융시장을 강타했다. 엔화는 당연히 약세를 보였다. 그러나 그 약세는 30분을 채 이어가지 못했다. 이후 엔화는 어마어마한 강세로 반전했다. 왜 그럴까?

2011년 3월 11일 금요일 오후 2시 46분, 일본 동쪽 바닷속에서 지진이 시작되었다. 리히터 규모 9.0, 세계에서 4번째로 큰 지진으로 기록된 동일본 대지진이다. 사망자만 1만 5천 명에 달했으며, 이 지진으로 인해 후쿠시마 원전이 녹아내리는 끔찍한 사고도 이어졌다. 이 엄청난 규모의 지진은 실시간으로 전 세계에 중계되었으며, 지진 이후 닥친 엄청난 쓰나미는 건물과 사람, 도로, 다리 모든 것을 쓸어가버렸다.

지진으로 인한 참상은 전 세계 금융시장을 강타했다. 일본이라는 나라에 초대형 악재가 예상치도 못한 시점에 터져버렸다. 일본 주식시장은 지진 발발 이후 단 이틀 동안 전체 시가총액의 약 25%가 사라져버렸다. 일본의 통화는 어땠을까? 당연히 약세여야 했다고 생각하는 사람들이 많을 것이다. 일본 엔화는 지진 소식이 전해진 이후 잠시 약세를 보이는가 싶더니 이내 곧 강세 반전했다. 그 이후 며칠 동안은 정말 엄청나게 강해졌다.

악재가 터졌는데 통화가 강세를 보인다고?

금융시장에 일본 지진 소식이 전해진 순간 엔화는 급격히 약세를 보였다. 달러당 82.8엔 수준에서 움직이던 엔화는 순식간에 치고 올라가면서 83.29엔까지 약해졌다(1달러를 사는 데 필요한 엔화가 더 많아진 것이다). 그러나 거기까지였다. 이후부터는 엄청난 속도로 다시 강해지기 시작했다. 5시간 만에 엔화는 달러당 82엔까지 강해졌다. 3월 17일에는 76엔 수준까지 기록했다. 엄청난 지진이 발생하고 그 지진의 피해 규모가 일상적인 수준을 넘어 대참사 수준이라는 것을 확인하면서 엔화는 지진 이전보다 달러 대비로만 거의 10% 가까이 강해진 것이다. 신기한 일이었다.

주요 7개국[67]은 3월 18일 사안의 심각성을 인식하고, 국가 간 공조를 통해 외환시장에 적극 개입, 엔화 급등을 저지하기로 결정했다. 이후 엔화는 가까스로 급등세를 멈출 수 있었다.

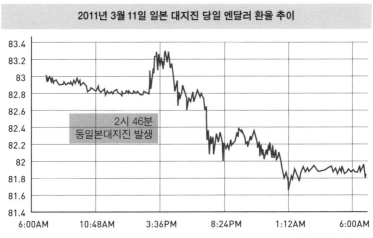

2011년 3월 11일 일본 대지진 당일 엔달러 환율 추이

2시 46분
동일본대지진 발생

자료: Bloomberg

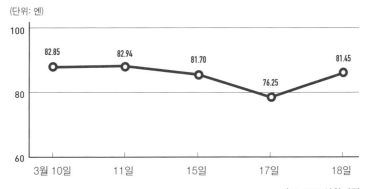

일본 대지진 이후 엔달러 환율 추이

(단위: 엔)

82.85   82.94   81.70   76.25   81.45

3월 10일   11일   15일   17일   18일

자료: 도쿄외환시장

일본에 해외자산이 많아진 이유

파트 2 '일본의 금리는 왜 이렇게 낮을까?'에서 설명했듯이 일본은 부동산과 주식 시장의 급등을 경험한 이후 그 거품이 붕괴되는 과정을 거쳐 현재까지 저금리 기조(사실상의 제로금리)가 수십 년째 이어져 오고 있다. 그럼에도 불구하고 일본은 강대국, 선진국이라는 소리를 안 들어본 적이 없다. 제조업의 강국이며, 각종 원천기술을 보유하고 있는 나라다. 그런 일본에서 25년째 저금리가 이어지고 있다. 그 오랫동안 어떤 일이 생겼을까?

여기서 등장하는 단어가 엔캐리 트레이드, 그리고 와타나베 부인이다. 1995년 이후 일본의 금리는 낮아지고, 일본의 주식과 부동산 시장은 침체기를 이어갔다. 남편들은 불황 속에서 돈을 벌어오는 데만 집중한 모양이다. 부인들은 재산을 불리기 위해 고민을 하기 시작했다. 일본 내에는 투자처가 없었지만, 은행에서 빌려주는 대출금리는 매우 낮았다. 일본의 부인들은 엔화를 빌려서 이를 다른 나라의 돈으로 환전해서 투자하기 시작했다. 그 대표적인 상대국가가 호주였다. 자원부국인 호주는 자국통화를 강하게 만들면 자신들의 원자재가격을 비싸게 파는 효과가 있었고, 그래서 선진국으로 분류되는 나라들 중에서 금리가 높은 편에 속했다. 일본의 금리가 낮은 엔화가 환전을 거쳐 호주달러에 투자되기 시작했다(일본엔화 매도 - 호주달러 매수). 이를 실행하는 일본의 부인들, 이들은 와타나베 부인으로 불리며 엔캐리 트레이드의 주인공이 되었다. 이들로 인해 엔화는 지속적인 약세 압력을 받기 시작했다.

반대로 일본에 투자하는 외국인들은 없었다. 일본의 금융자산들이 제공하는 금리는 너무 낮았다. 심지어 일본은 선진국이라 불림에도 불구하고 정부 부채가 너무 많았다(한국이 일본보다 국가신용등급이 높다는 사실을 모르는 사람이 많을 것이다), 그래서 일본의 주식, 채권, 부동산 시장 모두 외국인의 보유비율은 다른 나라에 비해 매우 낮은 편이다. 일본이 가지고 있는 해외자산은 매년 늘어가고 있었지만, 외국인들이 보유한 일본 내 자산은 적었다.

동일본 대지진 발생 이후

지진이 발생했다. 세계 각국에서는 일본으로 지원인력들을 보내고, 지원금을 보내왔다. 일본 내에서도 마찬가지다. 일본 국민들은 지진 복구에 필요한 돈이 있어야 했다. 와타나베 부인들은 보유하고 있던 해외자산을 팔고 다시 엔화를 샀다. 일본의 보험사들은 지진 관련한 보험금을 지급해줘야 했다. 일본 보험사들이 보험 지급을 위해 가지고 있는 해외자산을 팔아야 한다는 기사가 나오고 금융시장에서 일본 보험사들의 미국채 매도가 시장에 영향을 미칠 수 있다는 기사도 나왔다. 일본에 대한 우려로 엔화를 매도하려는 해외 투기 세력보다 일본으로 돈을 다시 송금하고자 하는 엔캐리 트레이드 청산 세력이 더 많았다. 오히려 투기 세력들 역시 엔화 매도가 아니라 매수로 방향을 잡았다. 그 결과 엔화는 강세를 보일 수밖에 없었다.

엔화는 그래서 특이한 자산이다. 국가신용등급은 높지 않다. 그런데 기존에 깔린 엔캐리 트레이드 때문에 국제적인 금융위기가 터질 때마다 엔캐리 트레이드 청산 우려가 나타나고, 이로 인해 엔화는 강세를 보인다. 신용등급은 높지 않지만 안전자산으로 분류가 되는 것이다. 위기가 나라 밖에서 터지든 나라 안에서 터지든 위기가 터지면 엔화는 강해진다.

━━━━━━━━ 우리나라는 안이든 밖이든 위기가 터지면 원화가 약세로 간다. 일본과 비교해보면 이는 아주 당연한 결과다. 우리나라는 해외에 투자하는 것을 싫어하는 나라였기 때문이다. 금리도 선진국에 비해서는 높은 편이었다. 그러나 외국인들은 우리나라에 투자한 것이 많다. 그래서 위기가 터지면 외국인들은 원화자산을 팔지만, 우리는 팔 해외자산이 없어서 원달러 환율은 치솟을 수밖에 없다.

일본도 문제지만, 우리도 문제다. 우리나라도 이제 저금리 기조에 접어들면서 해외자산에 대한 관심이 높아지고 있긴 하다. 적정한 수준의 해외자산을 보유하게 된다면 우리나라의 이 고질적인 환율 변동성 문제를 일부 해결할 수 있게 된다. 이것이 우리가 일본과 비교해보면서 배워야 할 부분들이다.

중국 외환보유고의 강력함,
그리고 그 한계

달러는 기축통화다. 미국경제가 좋지 않아도 경제위기 때마다 달러가 강세를 보이는 이유는
달러가 온 세상에 너무 많이 퍼져 있기 때문이다.

전 세계에서 가장 많은 돈을 빌린 나라는 미국이다. 끊임없이 무역적
자와 재정적자가 발생하는데도 불구하고 버틸 수 있는 것은 미국채를 계
속 발행해 부족한 재정을 충당하기 때문이다. 또 투자자들은 큰 의심 없
이 미국채가 발행되는 족족 투자하고 있다. 달러는 여전히 기축통화이
고, 미국은 세계 유일의 초강대국이다.

이러한 초강대국 미국에 정반대의 방법으로 맞서는 나라가 나타났다.
바로 세계에서 가장 많은 외환을 보유한 중국이다. 세계의 골목대장 미
국은 동네 꼬마 중 한 명이었던 중국을 무시해왔지만, 이젠 그 꼬마가
너무 커져버렸다. 골목대장이 꼬마의 눈치를 살살 보기 시작한 것이다.

미국과 정반대로 가는 중국

달러는 기축통화다. 대부분의 국제거래에서 달러를 사용한다. 미국경제가 좋지 않음에도 불구하고 경제위기 때마다 달러가 강세를 보이는 이유는 달러가 온 세상에 너무 많이 퍼져 있기 때문이다. 달러화는 가장 유통이 잘되는 통화이기 때문에 안전자산으로 평가받는다. 그래서 오히려 찍어내면 찍어낼수록 가치가 오르는 유일무이한 상품이다.

그 덕분에 미국은 서브프라임 모기지 사태가 자국에서 벌어진 일임에도 불구하고 막대한 양의 국채를 발행해 자국경제를 근근이 받칠 수 있었다. 이는 미국만이 할 수 있는 방법이다. 만약 또 다른 선진국 중 하나인 유럽의 독일에서 이런 일이 발생했다면 독일은 미국처럼 국채를 마구 찍어낼 순 없다. 사줄 사람이 없을 테니 말이다. 오히려 독일의 국채상환에 대한 의구심이 나타나면서 그리스와 포르투갈처럼 국채금리가 치솟는 일이 발생할 것이다.

아직은 미국을 넘어설 그 어떤 나라도 없다. 달러가 전 세계에서 기축통화로 계속 인정을 받는 한 미국에게는 무제한의 신용이 허용되어 있는 셈이다. 미국은 어느 나라와 전쟁을 해도 전쟁에 필요한 자금을 조달하기 훨씬 쉬울 것이다.

현재 초강대국인 미국과 그나마 붙어볼 수 있는 나라는 전 세계에서 중국이 유일하다. 중국도 위안화를 국제통화로 만들고 싶겠지만 아직은 그럴 생각이 없는 듯하다. 경제가 충분히 성장하기 전까지는 위안화를 계속 중국에만 머물게 할 것이다. 그 이유는 다음과 같다.

중국은 고정환율제를 채택하고 있다. 국가가 환율을 조정하는 것이다. 국가가 고정한 환율이 외국자금의 유출입으로 인해 영향을 받는 것도 원하지 않아 해외에서 들어오는 자금을 막고 있다. 그래서 세계 각국, 특히 미국의 비난이 쏟아지고 있음에도 위안화의 평가절상을 최대한 늦추고 있는 것이다. 자국통화가 실제 가치보다 저평가되어 있으면 수출은 잘 되고 수입은 잘 안 된다.

우리나라가 IMF 시기와 리먼브라더스 파산 이후 경제를 빠르게 회복한 가장 큰 이유도 환율의 영향력이 가장 컸다. 자본유출입 변동성이 크기 때문에 위기 때 환율이 급등하는 모습을 보였고, 급등한 환율 때문에 수출상품이 가격경쟁력을 얻게 되면서 수출이 늘어난 것이다. 반대로 상승하는 수입물가로 인해 수입은 줄어들어 막대한 무역수지 흑자가 쌓이면서 경제가 회복되었다. 급등했던 원달러 환율은 외환시장에 달러가 계속 유입되면서 다시 하락했다. 그런데 중국은 그 하락 과정을 강제로 막아놓고 있다. 통화가치를 저평가시켜놓으니 수출이 잘되고, 수입은 크게 늘지 않는 구조를 계속 이어오고 있는 것이다. 그래서 대미 무역수지 흑자 규모가 가장 큰 나라도 중국이다.

모든 나라가 중국과 같은 고정환율제를 도입하면 중국처럼 수출은 잘되고, 이로 인해 무역수지는 계속 흑자를 보이게 만들 수 있을 것 같다. 다만 이것이 가능하기 위해서는 수출경쟁력이 있어야만 한다. 예를 들어 자원 부국인 호주의 자국통화 평가절하는 국가경제에 전혀 도움이 되지 않는다. 호주가 보유한 자원의 가격이 싸지면서 많이 팔리기야 하겠지만, 한정된 자원을 많이 파는 것은 좋지 않다. 높은 가격에 파는 것

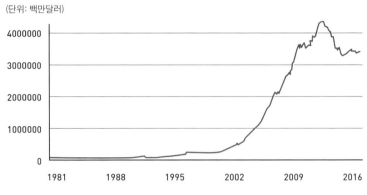

중국 외환보유고 추이

(단위: 백만달러)

자료: TRADING ECONOMICS, 중국인민은행

이 중요하다. 그렇기 때문에 자원 부국들은 자국의 통화가치가 하락하는 것을 원하지 않는다.

중국은 막대하고 저렴한 노동력을 바탕으로 공산품을 대량생산하고, 저평가된 자국통화를 활용해 싼값으로 전 세계에 수출한다. 국산 종이컵이 한 개에 100원인데, 중국산이 50원이면 누가 국산 종이컵을 쓰겠는가? 하지만 위안화가 절상되어 가격이 80원으로 오른다면 소비자들은 고민하기 시작한다. 그렇게 되면 중국의 막대한 무역수지 흑자 행진도 끝이다. 가격이 아니면 승부할 수 있는 것이 없는 중국은 당분간 위안화의 저평가를 계속 유지할 수밖에 없다.

중국은 수출이 급증하고 있으며, 무역수지 흑자 규모도 막대하다. 이 달러는 해외기업 인수 등을 통해 일부 다시 바깥으로 나가기도 하지만 그래도 여전히 상당량이 중국에 남아 있다. 중앙은행은 남는 달러를 결국 매수할 수밖에 없다. 계속 달러인 상태로 가지고 있기보다 달러를 매도하고, 위안화를 매수하려는 사람이 많아져 위안화는 절상압력을 받기 때문이다. 중앙은행은 시장에서 남는 달러를 모두 사들이고, 그렇게 중국의 외환보유고는 커져가고 있다. 결국 미국의 무역수지 적자를 기록하는 만큼이 중국의 무역수지 흑자로 이어지고, 그 돈은 중국의 외환보유고로 쌓이는 것이다.

전 세계 국채 매입을 통한 중국의 영향력 확대

미국채의 시장 규모는 약 10조 달러 정도다. 중국이 보유하고 있는 미국채는 여기에서 약 10%에 해당한다. 중국 중앙은행은 자꾸만 커져가는 외환보유고를 무엇인가로 운용해야 한다. 그래서 대부분은 미국채를 살 수밖에 없다. 이는 중국이 억지로 사는 것이 아니다. 중국의 그 막대한 규모의 외환보유고가 유입되어도 충격을 가장 덜 받는 시장이자 가장 안전한 곳이 미국채 시장이기 때문이다. 그러므로 중국 역시 미국채를 보유할 수밖에 없다.

그렇게 사들이기 시작한 것이 이제는 미국채 전체의 1/10을 넘어서고 있다. 이쯤 되면 미국정부도 중국정부의 눈치를 보지 않을 수가 없다. 중국이 마음먹고 미국채를 팔기 시작하면 미국채금리와 미국경제가 어떻게 될지 예측이 불가능한 상황에까지 도달한 것이다.

미국은 달러를 마구잡이로 찍어내 전 세계에 뿌리고 있다 무역수지가 막대한 적자를 기록하고 있고, 재정 역시 적자 행진이 이어지고 있지만, 그래도 전 세계는 여전히 달러를 신뢰하고 있다. 이것이 미국이 세계를 지배하는 방법 중 하나인 것이다. 내 손으로 만든 지폐가 전 세계 어디에서나 사용되는데, 어찌 그 나라가 강해지지 않을 수 있을까?

중국은 미국을 이기고 싶어 한다. 하지만 위안화를 마구 찍어내 중국이 필요한 힘을 모으려고 한다면 전 세계는 중국을 비웃을 것이다. 미국과 같은 방법으로는 미국을 이길 수 없다. 그래서 중국이 선택한 방법이 미국과는 정반대로 하는 것이다.

수출경쟁력을 가진 중국은 위안화를 강제적으로 저평가 상태로 유지하고, 무역수지 흑자를 최대한 키워 그 돈으로 외환보유고를 확대한다. 또 그렇게 쌓인 막대한 외환보유고로 전 세계 국채를 매입한다. 중국은 외환보유고 다변화에도 열정을 쏟고 있으며, 2009년부터는 한국의 국채도 상당량을 매입하고 있는 중이다. 중국은 이제 그 누구도 무시할 수 없는 채권국이 되었다.

한때 중국의 외환보유고는 4조 달러에 달했다. 지금은 약 1/4이 없어져서 3조 달러 정도다. 물론 이것도 엄청나게 큰 규모이고, 여전히 독보적인 세계 1위의 외환보유고를 가지고 있다. 그러나 이것은 막대한 경상수지 흑자에도 불구하고 환율을 고정시키기 위한 결과물이다. 경제가 계속 좋을 때는 문제가 되지 않겠지만, 지금처럼 중국의 경제 상황이 점차 안 좋아지고 있을 때 문제가 나타나게 된다. 이제 위안화가치는 하락하기 시작했지만, 수출은 개선되지 않고 있다. 중국의 수출상품이 단순한 공산품에서 벗어나고 있다는 것이고, 마냥 싸다고 팔리는 물품들이 아니라는 것이다.

중국정부는 위안화가치 하락을 방어하기 위해 외환보유고를 헐어냈다. 이전에는 하지 않았던 행동이다. 그럼에도 불구하고 위안화가치는 상승하지 않고 있다. 중국정부 입장에서 위안화가치가 올라가는 것은 수출경쟁력 약화 요인이지만, 위안화가치가 빠르게 하락하는 것을 용인하게 되면 이는 또 핫머니 유출이라는 심각한 문제에 직면하게 된다. 갑작스러운 자본 유출은 자국경제를 심각하게 침체시킬 수 있다. 그래서 적당한 환율을 유지하기 위해 외환보유고를 사용하고 있는 것이다.

중국의 외환보유고, 그리고 이를 통해 보유한 막대한 미국채를 바탕으로 중국이 미국에게 힘을 발휘할 것이라는 예상도 있었다. 일단 그 예상들은 완전히 빗나갔다. 오히려 중국이 환율 방어를 위해 단 3년 만에 그동안 쌓아올린 외환보유고 1조 달러를, 전체 외환보유고의 1/4을 소진시켰다는 것, 그럼에도 불구하고 필요한 효과는 별로 얻어내지 못했다는 것이 더 두드러지게 보인다.

━━━━━ 외환보유고 자체는 별로 중요하지 않다. 외환보유고는 결국 그 나라가 보유하고 있는 해외자산이다. 정부가 보유하고 있는 해외자산이 외환보유고지만, 민간 기업, 민간 금융기관, 공적 연기금들 역시 해외자산을 보유할 수 있다. 자국통화가 기축통화라면 굳이 외환보유고를 보유할 필요도 없다. 외환보유고는 그 나라의 성장 과정에서 발생한 어쩔 수 없었던 결과물인 경우가 많다. 외환보유고를 그 나라의

경제 체력이나 금융위기 대응능력을 평가하는 잣대로 봐서는 안 된다. 한 나라의 전체 대외 채무와 채권의 구성을 함께 봐야 한다. 중국을 봐라. 중국의 외환보유고는 한때는 굉장한 힘으로 보였으나, 지금은 아닌 것 같다.

수많은 나라, 하나의 통화정책?
유로화의 태생적 문제

한동네에 살던 여러 이웃이 어느 날부터 "우리는 이제 한 가족이야"라고 선언했다. 그것은 과연 영속적일 수 있을까? 특히 그 이웃 중 누군 굉장히 잘살고, 누군 경제적으로 상당히 어려움을 겪고 있다면 말이다.

　우리는 이제 한 나라의 중앙은행이 경기가 어려워지면 기준금리를 인하해 대출을 장려하고, 투자를 지원한다는 것을 알고 있다. 반대로 경기가 과열 조짐을 보이면 그에 따른 물가 상승 위험이 커지게 되고, 이를 방어하기 위해 중앙은행이 기준금리를 인상해 예금을 장려하고, 대출을 제어하는 행동을 보여줄 것 역시 알고 있다. 그럼 이러한 궁금증을 가져볼 차례다.

　현재 달러에 대항할 수 있는 유일한 통화, 유로화가 이상하게 느껴지지 않는가? 그 수많은 국가가 하나의 통화를 쓴다는 것은 하나의 통화정책을 쓴다는 것과 같은 말이다. 국가마다 경제 상황은 크든 작든 차이가 존재한다. 그런데 그 여러 국가가 하나의 통화와 하나의 기준금리로 함께 생존해나갈 수 있을까?

짧게 돌아보는 유로화의 탄생 배경

아주 가볍게 유로화의 탄생 배경과 역사를 돌아보자. 유럽은 예전부터 각국이 긴밀하게 움직여왔다. 아시아는 중심국가인 한중일이 워낙에 다르고(사이도 좋은 편은 아니고), 북미지역은 미국과 캐나다로 이루어져 있고, 남미지역은 자국 챙기기에도 바쁘다. 중동지역은 풍부한 석유 자원이 있어 경제적 상호지원에 큰 관심이 없었다. 유럽은 예전부터 기술이 발전해왔고, 금융이 발전했으며, 서로 간의 만남도 많고, 거래도 많았다. 미국과 유럽은 세계경제의 큰 2개의 축으로서 서로를 견제하며 살아왔다.

그런데 유럽 각국이 개별 통화를 사용하면 국가 간 상거래나 금융거래가 발생했을 때 환율의 문제가 생긴다. 이것이 무슨 뜻인지 쉽게 설명해보겠다. 예를 들어 한국에 있는 기업이 만든 물건을 브라질로 수출했다고 가정해보자. 그럼 브라질에서 그 물건을 산 수입업자는 한국기업에게 브라질 통화인 헤알로 결제를 할까? 당연히 대답은 노[No]다. 달러로 결제할 것이다. 한국기업 입장에서는 브라질 헤알화가 브라질 내에서만 의미가 있을 뿐, 브라질을 벗어나면 통화로서의 기능을 하지 못한다. 환율 변동 위험도 존재한다. 이런 이유로 국제 금융거래에 있어서는 대부분 기축통화라고 불리는 달러를 사용한다.

유럽 내 거래에서도 마찬가지다. 예를 들어 독일과 프랑스 간 물건을 사고판다고 가정해보자. 양국은 어떤 통화를 서로 간에 사용할까? 그리스와 이탈리아 간의 거래에는 또 어떠할까? 달러였다. 따라서 유럽국가들은 달러가 아닌 유럽만의 통화가 필요했다. 서로 간의 거래를 처리할 수 있는 통화. 유럽국가 간 거래만 해도 엄청나게 큰 규모다. 그런데 이 거래를 달러로 하려고 하면 프랑스 통화를 달러로 바꾸고, 달러는 다시 독일 통화로 바뀌는 불편한 일을 겪어야 한다. 비용도 발생한다. 그리고 자존심의 문제도 있다.

유럽국가들은 유럽만의 통화를 탄생시키려는 노력을 오래전부터 해왔다. 그 노력의 결과로 1999년 1월 화폐 실물은 없지만 유럽국가가 공통으로 결제수단으로 사용할 수 있는 유로화(이 당시에는 결제수단으로만 사용되는 일종의 가상화폐)가 탄생했고, 2002년 1월부터는 실물 화폐가 공급되고 유럽 각국이 사용하고 있던 화폐는 더 이상 사용할 수 없게 되면서 진정한 의미의 통화통합이 이루어졌다. 겨우 2002년부터였다. 생각보다 유로화의 역사가 짧지 않은가?

유럽의 모든 국가들이 다 유로화를 쓰는 것은 아니다. 2002년 당시 EU의 회원국은 15개국이었으며, 이 중 영국과 스웨덴, 덴마크는 유로화를 도입하지 않았고, 나머지 12개국만으로 유로화를 사용하게 되었다. 2019년 기준으로 28개국의 EU회원국 중 19개국과 EU회원국은 아니지만 공식 협정을 맺은 9개국까지 총 28개국이 유로화를 사용하고 있다.

하나의 기준금리, 하나의 통화정책을 사용한다는 것

유로화가 유럽 내 단일 통화로 사용된 지 아직 20년이 되지 않았다. EU회원국 중 유로화를 사용하고 있는 국가는 19개국이다. 19개국은 엄연히 서로 다른 나라다. 서로 경제 상황이 다르고, 언어도 다르고, 인구 구성도 다르고, 현재 겪고 있는 경제적 문제뿐 아니라 사회적 문제도 다르다. 이 서로 다른 나라들이 하나의 통화를 사용하면서 같은 기준금리를 사용하고 있고, 같은 통화정책을 사용하고 있다.

유로화가 처음 화폐로 사용되기 시작한 2002년 유럽중앙은행인 ECB European Central Bank의 기준금리는 2.75%였다. 당시 유로화를 사용하기 시작한 12개국 중에는 독일, 프랑스, 네덜란드와 같이 선진국들도 있었지만, 스페인, 그리스, 포르투갈과 같이 상대적으로 경제 상황이 뒤처지는 나라도 존재했다(유럽 위기가 터지고 PIGS라고 언급하던 나라들이 어디였는지 생각해보자). 그리고 경제성장의 속도도 달랐다. 각 나라의 기준금리는 그 나라의 경제성장 속도와 물가상승률에 따라 조절하기 마련이다. 그런데 12개국이 동시에 동일한 기준금리가 도입되었다. 당시 독일, 벨기에, 프랑스 같은 나라는 이미 경제적으로도 성장한 나라였지만, 물가는 안정되었고, 경제성장률은 다른 나라에 비해 낮은 편이었다. 반면 스페인, 그리스, 포르투갈 같은 나라는 선진국이라고 하기는 어려웠고(당시 한국의 1인당 GDP와 비슷한 수준이었다), 경제성장의 속도도 빠른 편으로 물가도 그에 맞춰 올라가는 속도가 빨랐다. 그런데 그 모든 나라에 같은 기준금리가 적용된 것이다.

2002년 당시 유로화 사용국가의 1인당 GDP

(단위: US달러)

국가	1인당 GDP	국가	1인당 GDP
오스트리아	26,401	아일랜드	32,539
벨기에	25,052	이탈리아	22,196
핀란드	26,834	룩셈부르크	52,930
프랑스	24,177	네덜란드	28,817
독일	25,205	포르투갈	12,882
그리스	14,110	스페인	17,019
OECD 평균	24,087	대한민국	12,782

같은 기준금리가 적용된 부작용, 부동산가격의 급상승

1998년 아시아 외환위기, 2001년 IT버블 붕괴, 그리고 9·11 테러 등의 사건이 이어지면서 미국 기준금리는 2000년 초반까지 계속 인하기조를 이어갔다. 중국은 공산품을 저렴한 가격에 찍어내면서 전 세계 물가안정에 일조했다. 그래서 미국뿐 아니라 전 세계 대부분의 나라들이 완화적인 통화정책을 운용했고, 기준금리는 낮은 수준을 유지했다. 유럽도 마찬가지였다.

저금리 기조가 이어지자 사람들은 낮은 금리의 대출을 이용해 투자에 나서기 시작했다. 그러자 부동산가격이 움직이기 시작했다. 유럽인들도 마찬가지였다. 같은 유럽권에 있는 나라, 해안을 접해 있는 나라, 아직은 집값이 저렴한 나라, 관광객들이 찾아오는 나라, 그런 조건을 모두 만족하는 스페인, 그리스, 더 넓게는 이탈리아 같은 나라의 부동산에 눈을 돌리기 시작했다.

유로화를 쓰는 나라들의 기준금리는 같은데 독일과 프랑스의 물가는 이미 높았고, 자산가격도 다른 유럽국가들에 비해서는 비쌌다. 인구 고령화도 이미 진행 중인 데다 출산율도 낮은 상태여서, 향후에도 고령화 기조를 벗어날 가능성은 적어 보였다. 스페인, 그리스, 포르투갈 등은 달랐다. 유럽 내 선진국에 비해 물가상승률은 높았고, 자산가격은 아직 낮은 편이었다. 외국인들의, 그리고 같은 유럽국가들의 투자금이 몰려들기 시작했고, 자산가격은 상승하기 시작했다. 돈뿐만 아니라 사람들도 몰려들었다. 인구 유입으로 국가는 더 젊어지고 생동감이 넘쳤다. 자산가격 상승세는 더욱 가속화되었다.

자연스럽게 자산가격이 상승하는 것은 당연히 문제가 아니다. 그러나 적정 가치 이상의 상승이 나타나는 것은 문제다. 자산가격이 급상승해버리면 자산을 보유하고 있지 않은 사람들에게 상대적인 손해가 발생한다. 그리고 아직 자산, 특히 부동산을 보유할 만큼 돈을 모으지 못한 젊은층들에게 손해가 발생한다. 빈부격차가 확대된다. 그래서 국가는 자산가격 상승세가 경제성장 속도보다 너무 가파르다고 느껴질 때, 물가상승률이 높아질 때 기준금리를 인상해서 그 속도를 조절한다.

하지만 유로화를 사용하는 유럽국가들은 통화정책의 완급조절을 할 수 없다. 모두가 ECB를 통해 정해진 하나의 기준금리를 사용해야 한다. 스페인과 그리스의 부동산가격은 끝을 모른 채로 위로만 올라갔다. 그들 나라에게 ECB의 기준금리는 너무 낮았다. 그렇다고 기준금리를 올리면 독일과 프랑스의 경제가 다친다. ECB의 지분은 독일이 가장 많고, 프랑스가 그다음이다.

2010년대 초 유럽발 금융위기가 다시 세계를 강타했다. 서브프라임 모기지에서 발생한 위기가 세계 금융시장을 휩쓸고 가면서 2008년 9월 15일 리먼브라더스가 파산했고, 2010년 들어서는 안정을 되찾나 싶은 그때부터 유럽에서 다시 문제가 시작되었다. 그동안 급상승했던 그리스와 스페인, 포르투갈의 부동산가격이 급락하기 시작했고, 부동산 담보대출의 부실화가 시작됐다. 스페인과 그리스의 금융기관들의 자금 차입이 어려워졌다. 부실 우려가 커졌기에 당연한 일이었다. 스페인, 그리스 정부가 국채 발행을 통해 금융기관을 지원할 수밖에 없었다.

그러자 스페인과 그리스의 국채마저 시장에서 외면받기 시작했다. 지금도 국채 발행액이 많은데 과연 저들 나라가 갚을 수 있겠는가에 대한 의문이 생겼다. 2012년 2월 그리스의 10년 국채금리가 35%를 넘어선 적도 있었다. 그리스가 살기 위해서는 유로화를 탈퇴해 자국통화인 드라크마를 다시 사용하고, 자국만의 통화정책과 기준금리를 도입해 통화완화정책을 펼칠 수밖에 없다는 의견이 확산되기 시작했다. 그리스가 유로화를 탈퇴해도 문제였다. 그다음은 포르투갈, 스페인, 이탈리아 순으로 도미노 탈퇴가 일어날 수도 있었다.

ECB는 이를 막기 위해 그리스, 포르투갈, 스페인 등의 국채를 사들이기 시작했다. 이 자금 부담은 ECB의 지분율대로 책임을 져야 했다. 독일, 프랑스, 이탈리아순이다. 오히려 독일이 이런 부담을 질 필요가 있는가에 대해 논하는 곳도 나타났다. 차라리 독일이 유로화를 탈퇴할 수도 있고, 그럴 경우 유로화는 바로 붕괴될 것이라는 예상도 있었다. 결과적으로 ECB는 막대한 자금을 투입하며 PIGS 국가들의 국채를 매입했고, 금융기관을 지원했다. 꾸역꾸역 문제를 봉합하는 데 성공했다.

2019년 3월 그리스 10년 국채금리는 다시 3%대를 보이고 있다. 사실상 과거와 같은 위기국면을 벗어나는 데 성공했다. 그러나 그렇다고 여러 국가들이 하나의 기준금리를 사용하면서 생기는 문제가 해결되었다고는 말할 수 없다. 2018년 10월 기준 그리스의 실업률은 18.6%, 스페인은 14.3%, 이탈리아는 10.3%를 기록했으며, 25세 이하의 청년 실업률은 그리스의 경우 38.5%, 스페인은 32.7%, 이탈리아는 31.9%를 기록 중이다. 참고로 2008년 리먼브라더스 파산 이후 미국의 실업률 최고치를 기록한 2009년 11월의 실업률은 10.0%였다. 이들 유럽국가들에서는 여전히 위기가 진행 중이다.

━━━━━ 필자는 여전히 20개국 가까운, 경제적 상황과 여러 가지 사회적 여건이 다른 나라들이 뭉쳐서 하나의 통화정책을 쓰고 있다는 사실에 대해 부정적이다. 달러에 대한 대항마로 떠오르기 시작했지만, 사공이 많은 배는 산으로 갈 것이라는 옛 속담을 떠올릴 수밖에 없다. 누군가의 몸무게가 더 무거워 시소가 내려가 있다는 것은 누군가의 몸무

게는 그에 비해 가볍다는 것을 의미한다. 미국이라는 거대 맹수가 먹이사슬의 최상단에 오르는 것이 싫었다면, 유럽국가들은 어느 정도의 불편함이 따르더라도 통화통합뿐만 아니라 재정통합을 이루었어야 한다. 사실상 유럽 단일 국가가 되었어야 한다는 이야기다. 이는 한국과 중국, 일본이 한 나라가 되는 것보다도 어려운 이야기일 것이다. 그래서 우리는 앞으로도 상당 기간 최소한 금융시장과 기축통화시장에서는 미국의 독주를 바라보는 수밖에 없을지도 모른다.

물론 그럼에도 불구하고 기축통화의 패권을 놓고 경쟁 중인 유로화에게 박수를 보낸다. 통화통합뿐만 아니라 그들의 최종목표인 재정의 통합까지 이루어진다면 유로화는 상당한 수준의 영속성을 획득할 수 있을 것이다. 그러나 인간이 이기적인 만큼 국가도 이기적일 수밖에 없다. 유로화의 미래에 대해서는, 필자의 개인적인 사견일 뿐이지만, 부정적이다.

하나의 기업, 그것도 거대한 기업이 망한다고 해도 국가
경제 혹은 세계경제가 위험에 빠지지 않는다. 그러나 하나
의 은행이 망한다면 그것은 국가경제를 흔들 수 있는 일
이 된다. 우리는 더 이상 물물교환을 하는 세상에 살지 않
는다. 단순한 종잇조각에 불과한 것을 화폐라고 부르고,
그 가치를 인정하고 있다. 그리고 은행을 비롯한 금융기관
을 통해 서로에게 돈을 빌려주고 빌린다. 그 가격을 금리
라는 이름으로 부르고 있다. 기업의 부도는 그 기업에 적
용되는 금리를 변화시킬 뿐이다. 그러나 은행, 금융시스
템의 부도는 경제 전체의 금리를 변화시키고, 때로는 금
리 자체를 알 수 없게 만들어버린다. 그런 상황이 발생하
면 경제주체들은 새롭게 신용을 일으키는 데 어려움을 겪
고, 기존의 대출과 예금은 서로 회수하고자 한다. 그렇게
위기는 발생한다.

PART 6

위기의 시작과 끝에는
모두 금리가 있다

양적완화가 정말
돈을 찍어내는 거라고?

2008년 이후 많이 들어본 단어 중 하나가 양적완화다. 돈을 마구 찍어냈다고 들었던 것 같다. 그런데 양적완화는 정확히 무엇을 의미하는 걸까?

　미국은 2008년 발생한 극심한 경제위기를 벗어나기 위해 기준금리를 0%로 인하했다. 그것으로 충분하지 않자 양적완화QE, Quantitative Easing를 단행했다. 많이 나왔던 삽화 중 하나가 헬리콥터를 탄 (당시 연방준비은행 의장이었던) 벤 버냉키가 달러를 하늘에서 뿌리는 그림이었다. 그러나 미국이나 유럽, 캐나다 등 양적완화를 시행했다고 알려진 나라들에서 화폐를 마구 찍어내 길거리에 뿌리거나 나눠줬다는 소식은 듣지 못했다. 앞서도 언급했지만, 국가는 국민들에게 돈을 찍어서 나눠줄 경우 아무 효과도 없이 물가만 상승하는 결과를 가져오게 된다. 그럼 양적완화는 정확하게 무엇을 의미하며, 어떻게 하는 것일까?

양적완화, 돈을 마구(?) 찍어내는 것이 아니다

    기준금리의 이론적 하한선은 0%다. 0% 금리 역시 실제로 사용하기에는 어려운 개념이다. 대출이자가 0% 혹은 그 이하가 될 경우 대출을 받고 아무것도 하지 않아도 되기 때문에 0% 이하의 금리를 운용하는 것은 현실적으로 상당히 어렵다. 2008년 이후 미국은 기준금리를 0~0.25% 사이에서 운용하기로 결정한 뒤 추가로 할 수 있는 행동에 대해 고민했다. 그리고 발표된 것이 양적완화였다. 주요 내용은 국채와 모기지채권 등을 매입하겠다는 것이었다.

    양적완화란 중앙은행이 기준금리를 0%로 낮추고 추가적인 행동이 사실상 불가능할 때 시장에 직접적인 유동성을 공급하는 행동을 의미한다. 그러나 정말 말 그대로 돈을 누군가 들고 다니면서 불특정 다수에게 나눠줄 수는 없다. 그래서 중앙은행은 시중에 있는 국채나 공사채, 모기지채권 MBS, Mortgage Backed Security 등을 사게 된다. 이 채권을 들고 있는 기관은 돈(유동성)을 받고 채권을 중앙은행에게 넘기게 되므로 시중에 유동성이 공급되는 효과가 생긴다. 그리고 중앙은행이 대규모 채권 매입을 사전에 공표함에 따라 매수 대상 채권들의 금리가 하락하고 시장 전체의 금리 하락을 유도하게 된다. 이로 인해 경제주체들의 대출 부담을 경감시킨다.

    그런데 이때 중앙은행이 발권력을 동원해서 그 채권들을 매수하는 것인가? 실제로 수많은 기사에서도 중앙은행의 발권력이 동원된다고 언급되어 있다. 그러나 이는 틀린 말이다.

경기침체 시 발생하는 대출 회수자금이 재원이다

경제가 침체에 빠지면 은행은 대출을 회수하기 시작한다. 은행은 한 정된 자본을 가지고 대출을 해주고 그 자금이 순환 과정을 거쳐 다시 은 행으로 예금되면 다시 또 그 예금을 가지고 대출을 해준다. 이것이 앞서 언급했던 신용창조 과정이다.

그러나 경기침체로 인해 은행이 일부 대출을 회수하기 시작하면 은행 에 잉여자금이 생긴다. 은행은 부실을 방지하기 위해 대출을 회수하는 측면도 존재하지만, 경기침체가 극심해지고 이것이 은행에 대한 불신으 로까지 이어지면 뱅크런이 발생하므로 이것에도 대비하는 것이다. 현금 을 최대한 확보해 예금 인출 요구에 대응할 준비를 하게 된다. 그렇기 때문에 대출로부터 회수된 자금은 다시 대출에 사용될 수 없다. 어차피 예금 인출에 대비한, 경기침체에 대비하기 위한 유동성일 뿐이다. 이 자 금은 가장 안전한 자산에 투자된다. 사실상 이자는 발생하지 않아도 크 게 상관하지 않는다. 이런 자금은 국채, 그중에서도 초단기 국채나 언제 든지 시장에 팔면 바로 팔릴 수 있고 손익에 변화가 없는 상품에 투자된 다. 그리고 중앙은행이 시중은행을 위해 받아주는 예금이 있다면 그런 곳에 예치되어 있는다.

정부 입장에서는 이런 돈들이 문제다. 경기침체가 가속화되고 신용경 색 상황이 심해질 경우 예금 인출 사태 역시 발생할 수 있으며, 마땅한 대출처마저 없는데 은행에게 강제로 대출을 실행하게 할 수 없다. 이때 중앙은행이 나서게 된다. 바로 이 자금을 양적완화를 위한 재원으로 활용하는 것이다.

　은행이 유휴자금을 은행 내에 보관하거나 중앙은행에 예치하거나 초단기 국채에 투자하면, 이 자금으로는 경제적인 효과를 전혀 만들어내지 못한다. 중앙은행은 유휴자금을 강제적으로 모두 중앙은행에 예치하게 만든다. 그리고 중앙은행은 이 자금을 가지고 장기 국채나 공사채, 모기지채권 등을 매입한다. 이것이 바로 비전통적 통화정책수단으로 알려진 양적완화의 실행방법이다.

　이렇게 될 경우 놀고 있는 은행의 자금이 장기채권에 투자되면서 장기물 금리가 하락하는 효과를 가져오고, 장기채권을 보유하고 있던 금융기관에게 유동성을 공급하게 된다. 다시 말해 장기 국채, 공사채 등을 중앙은행에게 매도한 기관은 그만큼의 유동성을 확보하게 되는데, 이 유동성을 주식시장이나 대출 등의 경제활동에 활용하게 되면 중앙은행의 의도가 제대로 작동한 셈이 된다. 혹여나 이 유동성이 다시 중앙은행에 예치되어버려도 상관없다. 중앙은행은 이 자금을 가지고 또 다른 장기 국채를 사들이면 된다. 중앙은행이 원하는 효과가 나올 때까지 계속 이 행동을 반복한다.

　미국도 양적완화를 처음 시작한 2009년부터 사실상 4차례에 걸쳐 자신들이 원하는 효과가 나올 때까지 계속 이 행동을 반복했다. 그 규모는 총 3조 7천억 달러에 달한다. 우리나라 돈으로 치면 4천조 원에 해당하는 돈이다.

　미국의 주요 양적완화 조치는 다음과 같다.

미국 주요 양적완화 조치				

(단위: 달러)

1차	2차	오퍼레이션 트위스트	3차	양적완화 축소
2009년 3월~ 2010년 3월	2010년 11월~ 2011년 6월	2011년 9월~ 2012년 12월	2012년 9월~ 2013년 말	2014년 1월~
국채와 모기지 채권 매입 **1조 7,500억**	국채 매입 **6,000억**	장기 국채 매입, 3년 미만 단기 국채 매각 **6,670억**	국채와 모기지 채권 매입 **1조 2,800억**	국채 및 모기지 채권 매입 규모 월 850억달러에서 750억 달러로 **월 100억 달러 축소**

자료: 동아일보

은행이 꼭 중앙은행에 돈을 예치해야 할까?

이렇듯 양적완화를 위해서는 시중은행들이 중앙은행에 돈을 예치해야만 한다. 미국의 경우에는 시중은행들이 중앙은행에 지급준비금을 초과로 맡겨두고 중앙은행은 이 초과지급준비금Excess Reserves을 가지고 채권을 매수했다. 그런데 시중은행들이 대출을 회수한 자금을 중앙은행에 예치하지 않으면 중앙은행은 장기 국채를 매수할 재원이 없게 된다. 따라서 시중은행들이 중앙은행에 초과지급준비금을 맡겨둘 이유를 제공해줘야만 한다.

미국은 초과지급준비금에 대해 이자를 지급하는 방법을 사용했다. 지준부리IOER; Interest On Excess Reserves가 바로 그것이다. 초과지급준비금에 대해 이자를 준다는 개념이다. 미국의 기준금리가 0~0.25%일 때 지준부리는

0.25%였다. 미국 내 시중은행들의 입장에서는 유휴자금을 시장에 있는 초단기 안전자산에 투자할 경우 0.25% 이하의 이자, 심한 경우 마이너스 금리를 가진 상품에 투자하는 일도 있었는데, 미국 중앙은행이 0.25%의 이자를 지급한다고 하니 맡기지 않을 이유가 없었다. 이렇게 시중은행에 남는 돈은 전부 중앙은행으로 유입되었고, 미국 중앙은행은 필요한 만큼만 받아서 장기 국채 및 MBS를 사는 데 사용했다.

미국 양적완화의 핵심은 바로 초과지급준비금에 대한 이자, 지준부리였다.

미국 중앙은행은 그 많은 채권을 다 어떻게 처리할까?

한때 미국 중앙은행의 출구전략에 대한 우려가 컸던 적도 있었다. 미국 중앙은행이 추후 기준금리를 올리게 되면 그 많은 보유채권을 팔아야 할 텐데 충격이 엄청날 것이라는 예상이었다. 그러나 큰 문제가 되지 않을 것이다.

경제가 다시 회복될 경우 은행들은 이제 유휴자금을 가지고 중앙은행이 아닌 다른 운용처와 대출처를 알아보기 시작할 것이다. 그렇게 되면 중앙은행에 예치된 자금이 빠져나갈 것이고 중앙은행은 보유하고 있는 채권을 팔거나 다른 자금을 예치시켜야 한다. 그러나 중앙은행은 경제 회복 정도에 맞춰 기준금리를 인상시켜나갈 것이며, 지준부리 역시 함께 인상시켜나갈 것이다. 결국 일부 은행은 중앙은행에 예치된 자금을

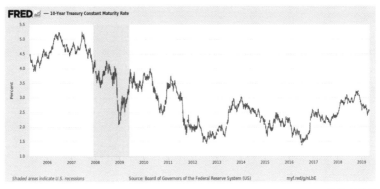

미국채 10년물 금리 추이

자료: FRED

회수한다 하더라도 시장 상황에 맞는 금리를 중앙은행이 제시하면 그 금리 수준에 따라 중앙은행에 예치할 다른 은행이 나타나게 된다. 즉 경제 속도에 맞춰 기준금리와 지준부리를 함께 인상시키면 된다. 그리고 시간이 지나면 채권은 만기가 도래한다. 경기가 엄청난 속도로 과열되지 않는 이상 시간이 흐르며 중앙은행이 보유한 채권의 규모는 점차 감소하게 된다.

  돌이켜보면 미국이 양적완화에 나섰을 때 기준금리는 0%였으며, 지준부리는 0.25%였다. 양적완화가 시행된 2009년부터 2013년까지 미국채 10년물의 금리는 1.5~4% 사이에서 움직였다. 2018년에도 2%대에서 움직이고 있다. 이를 다시 말하면 미국 중앙은행은 시중은행들로부터 0.25%에 자금을 조달해서 1.5~4%의 채권에 투자한 셈이고, 상당한 이자수익과 함께 자본수익도 발생하고 있음을 의미한다. 이 자금이 자그마치 3조 7천억 달러였다. 미국의 양적완화는 미국의 경제를 회복시키는 데도 일조했지만, 중앙은행과 미국 재정부에게도 적지 않은 이익을 안겨주었다.

━━━━━━━ 만약 양적완화가 시행될 당시의 금리구조가 단기금리가 낮고 장기금리가 높은 구조가 아니었다면, 그때의 양적완화는 시행하기 어려웠을 것이다. 실제로 ECB는 장기금리가 너무 낮을 때 양적완화가 시행되어 ECB의 부담을 가중시켰고, ECB가 그만큼 적극적인 움직임을 취하기 어렵게 만들었다. 결과론적이긴 하지만 미국에는 충분한 장단기금리차가 있었고, 이를 바탕으로 미국 중앙은행은 과감한 양적완화 조치를 취했던 것이다.

단, 그것이 직접적인 발권력을 동원한 것은 아니라는 점이 상당히 중요하다. 대신 중앙은행은 민간이 가지고 있는 자금을 자신들이 가지고 있는 수단을 동원해 강제적으로 금융시장 내에서 순환시켰다. 중앙은행이 원래 하던 수준을 넘어선 비전통적이며 과도한 시장 개입, 그것이 바로 양적완화였다. 그리고 미국을 비롯한 전 세계는 2008년 이후 10년간의 경험을 통해 불황에 대응하는 한 가지 중요한 방법을 실증을 통해 연구하고 개발한 셈이 되었다.

금융위기의 범인은
금리다

주가 하락에 사람들은 불안해하고 위기가 얼마나 갈지 심각하게 고민한다. 하지만 정말 걱정해야 할 것은 주식시장이 아니라 채권시장의 붕괴다.

2001년 미국의 심장부에 위치한 월드트레이드센터에 비행기가 충돌했다. 9·11테러로 명명된 이 사건이 발생하자 전 세계 주가는 폭락했다. 각국은 이 사건이 자국경제에 미칠 영향을 점검했으며, 우리나라는 긴급 금융통화위원회를 열어 기준금리를 인하하기도 했다. 하지만 시간이 흐르자 세상은 다시 안정을 찾았다. 주가지수도 회복되었다.

2007년부터 서브프라임 모기지에 대해 우려가 커지고, 결국 2008년에 대형 금융기관 중 한 곳인 리먼브라더스가 파산했다. 리먼브라더스의 파산을 시작으로 세상은 30년 만에 가장 심각한 수준의 경기침체를 경험했다.

두 사건의 차이점은 무엇일까? 왜 2008년의 위기는 전 세계를 동반 침체로 몰고갈 정도로 강력한 힘을 가졌던 것일까?

주가 하락은 걱정할 일이 아니다

'새롬데이터맨'이라는 프로그램을 기억하는가? 천리안, 하이텔, 나우누리 같은 PC통신이 유행이던 1990년대에 유명한 PC통신 접속 프로그램이었다. 컴퓨터를 사용할 수 있는 대다수의 국민들은 모두 사용하고 있었는데, 마치 지금의 인터넷 익스플로러와 같은 역할을 했다. 이 상품을 개발한 새롬기술은 이후 당시로서는 혁신적인 상품인 인터넷전화 '다이얼패드'를 개발한다. 여기에 전 세계적인 벤처 붐에 힘입어 2,500원이었던 주가는 30만 원까지 급등하기도 했다. 당시 시가총액은 4조 원에 육박했으며, 이는 현대차나 포항제철과 같은 수준이었다. 물론 당시에는 사업계획서에 '인터넷'이라는 단어만 있어도 주가가 급등하는 일이 비일비재했다. 이것은 우리나라뿐만 아니라 전 세계적으로 그랬다.

하지만 당시 수많은 인터넷·IT 기업들이 회사를 알리기 위해 엄청난 금액을 광고비로 쓰고 있었지만, 뚜렷한 수익원은 없었다. 대부분의 인터넷 서비스들을 무료로 제공하고 있었기 때문이다. 1999년 500포인트에 불과했던 코스닥지수는 단 1년 만에 6배 가까이 오르며 3000포인트에 근접했다. 그렇지만 버블은 오래가지 않았다. 2000년에 고점을 기록한 코스닥지수는 2001년에 2년 전 수준인 500포인트까지 하락했다. 코

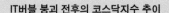

IT버블 붕괴 전후의 코스닥지수 추이

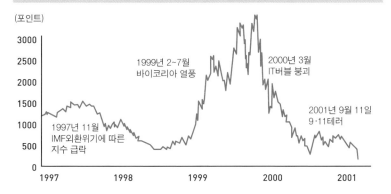

(포인트)

3000
2500
2000
1500
1000
500
0

1999년 2~7월
바이코리아 열풍

2000년 3월
IT버블 붕괴

2001년 9월 11일
9·11테러

1997년 11월
IMF외환위기에 따른
지수 급락

1997   1998   1999   2000   2001

스닥에 투자했던 수많은 사람들은 투자금을 잃었다. 실로 엄청난 금액이었다. 100조 원에 가깝던 코스닥시장의 시가총액이 20조 원 이하로 추락했다.

미국의 나스닥지수도 5000포인트에서 1000포인트까지 추락했다. 전세계적인 IT버블은 그렇게 빠르게 성장했다가 빠르게 붕괴되었다. 전세계적으로 사라진 돈의 규모도 엄청났다. 수많은 투자자들이 좌절하고 절망했다.

여기서 흥미로운 사실은 IT버블 붕괴가 세계경제에는 별다른 영향을 미치지 못했다는 것이다. 한때는 시가총액이 몇조 원에 달하던 인터넷 기업들이 거의 전부 사라졌다 해도 과언이 아니었고, 그 과정에서 투자자들도 큰 손해를 봤다. 하지만 전 세계적인 IT버블 붕괴에도 불구하고 2001년의 세계경제성장률은 2.2%를 기록했다. 세계경제성장률이 평균적으로 3~4% 수준임을 감안하면 낮은 수준이지만, 2001년 9월에 발생한 9·11테러가 세계경제에 충격을 줬던 것을 생각하면 IT버블 붕괴의 영향력이 크다고 말하기는 어렵다. 2002년에는 경기침체에서 빠르게 벗어나 500포인트에 불과했던 종합주가지수가 900포인트까지 회복되기도 했다.

9·11테러만 해도 전 세계는 초강대국 미국을 상대로 벌어진 대형 테러에 심각하게 대응했다. 당시 한국은행은 긴급히 금융통화위원회를 소집해 기준금리를 인하하고 닥쳐올 경기침체에 대비했다. 하지만 이 역시 잠시 지나가는 홍역과도 같았을 뿐, 장기적이고 지속적인 경제침체를 불러오진 못했다.

자연재해는 더더욱 걱정할 것이 아니다

자연재해는 기본적으로 파급효과가 매우 제한적이다. 한 나라에 닥친 거대한 자연재해는 그 나라에게는 매우 뼈아픈 피해를 주고 경제에 일시적으로 타격을 줄 수 있지만, 전 세계적으로는 큰 영향을 주지 못한다. 14세기에 유럽 전역을 휩쓸고 간 페스트 수준의 전염병이라면 이야기가 다르지만, 일반적으로 자연재해는 그 확산 범위가 제한적이다. 지진이나 화재를 전 세계가 동시에 경험하는 것이 아니기 때문이다.

지금까지 전 세계에서 있었던 대규모 자연재해 중 몇 가지만 살펴봐도 그것이 경제성장을 막았던 경우는 많지 않다. 하나의 예로 2011년 3월 일본 후쿠시마에서 발생한 동일본대지진이 있다. 이 지진은 발생 이후 사망자가 2만 명에 가까웠으며, 일본의 원자력발전소가 파괴되고 방사능이 누출되는 등 최악의 참사로 기록되었다. 하지만 지진 발생 이후 전 세계의 주가는 전혀 영향을 받지 않았고, 오히려 일본기업과 경쟁관계에 있는 우리나라 몇몇 기업들의 주식이 크게 올랐다. 세계 GDP에서 일본이 차지하는 비중이 6%가 넘지만, 일본의 대지진으로 인한 피해가 전 세계에서 차지하는 비중은 얼마 되지 않는다는 것이다. 일본의 통화인 엔화는 일본 대지진이 발생한 이후에도 초강세 행진을 이어갔으며, 일본경제에 대해 세계는 큰 우려를 표현하지 않았다.

만약 자연재해로 인해 어떤 나라의 그해 생산량이 10% 정도 감소했다면, 그 나라로서는 매우 뼈아픈 타격일 것이다. 인구가 그로 인해 10%쯤 감소해도 마찬가지다. 하지만 자연재해가 지나간 이후에는 재건 수요가 늘 발생하며, 전부는 아니어도 어느 정도는 피해가 복구되기 마련이다. 또한 그 나라의 GDP의 10%에 달하는 피해를 전 세계 GDP에서 차지하는 비중으로 따져보면 매우 미미하다. 가장 중요한 특성은 자연재해는 일회성에 불과하며, 이후 일부 충분히 복구할 수 있다는 것이다.

진정한 위기의 발생은 채권시장에서 시작한다

대형 위기는 주식시장의 하락으로 시작하기 어렵고, 자연재해로도 어렵다. 대형 테러도 마찬가지다. 그렇다면 진정한 위기는 어디부터 시작하는가? 바로 채권시장이다. 진정한 위기는 신용경색, 대출시장의 축소,

디레버리지deleverage, 부채축소에서 시작하는 것이다.

IT버블 붕괴는 IT 관련 기업들의 줄도산으로 이어졌다. 관련된 인력들이 실업자가 되었고, 이는 경기침체 요인으로 작용했다. 하지만 그것이 전부였다. 향후 파급효과가 제한적이었다. 하지만 2008년 리먼브라더스의 파산은 갈수록 파급효과가 커지는 모습을 보였다. 대형 금융기관이 파산할 경우 해당 금융기관이 빌린 돈의 대부분을 상환하지 못했을 것이다. 일단 여기서 경제에 1차적인 피해가 발생한다.

문제는 이후부터다. 파산한 금융기관으로 인해 손해를 본 다른 금융기관들은 위기 상황을 극복하기 위해 위험자산에 투자를 줄이고, 유동성을 확보하려고 노력한다. 대출금을 일부 회수하고, 안전자산과 현금의 보유 비중을 높인다. 돈의 공급보다 수요가 커지고, 돈을 빌리는 대가인 금리가 오른다. 안전자산인 국채 같은 상품들의 금리는 몰려드는 안전자산 수요로 인해 하락하게 된다. 한 마디로 신용에 대한 대가만 커지는 것이다.

2차적인 피해는 이런 과정에서 나타난다. 금융기관이 대출을 회수하고 유동성을 확보하고자 하니, 일부 경제활동 참여자들은 필요한 자금을 강제 상환당하면서 어려움을 겪는다. 대출을 유지하고 있는 다른 경제활동 참여자들도 대출금리가 올라가면서 이자비용이 상승한다. 버티지 못하고 쓰러지는 취약계층들이 나타나기 시작하고, 위험을 느낀 금융기관들은 더욱 유동성을 확보하는 데 노력을 기울이게 된다. 대출축소가 지속해서 나타나는 것이다.

3차적인 피해는 대출축소가 불러오는 사회 전체의 유동성 축소다. 대출이 줄어든다는 것은 신용창조 과정의 축소, 즉 돈이 감소하는 것을 의미한다. 사회 내에 존재하는 상품의 총량은 여전히 변한 것이 없는데 전체 유동성이 축소되면, 이는 상품가격의 하락으로 나타난다. 부동산가격이 하락하고, 주가가 하락하고, 물건가격이 내려간다. 대출을 통해 물건을 구입하던 수요가 사라지게 된다.

4차적인 피해는 자산가격의 하락으로 인한 소비심리의 위축이다. 현재 살고 있는 집을 5억 원을 주고 산 사람이 있다고 하자. 위와 같은 일이 벌어지면서 집값이 3억 원으로 폭락했다. 이 사람이 과연 소비에 나설 수 있을까? 그러기는 힘들 것이다. 비록 지금 살고 있는 집이지만, 무엇인가 큰 손해를 봤다는 느낌이 머릿속을 떠나지 않을 것이다. 그래서 자산가격이 하락하면 사람들의 소비가 위축되고 쉽게 되살아나지 않는다. 사람들이 소비를 줄이면 기업들은 만들고 있는 상품들이 잘 팔리지 않고, 이익이 줄어들게 되면서 직원들에게 임금을 많이 주지 못하게 된다. 그럼 소득까지 줄어든 사람들은 더더욱 소비를 축소한다. 이런 일련의 과정들이 끊임없이 이어지게 되는 것이다.

그래서 국가는 금융위기 상황이 발생하면 경제활동 참여자들의 대출금리가 급등하는 것을 막기 위해 기준금리를 낮춘다. 하지만 기준금리는 0%라는 이론적인 하한선이 존재하고, 취약계층의 차입금리는 신용위험으로 인해 무한정 올라갈 수 있으므로, 정책적인 대응은 분명 한계가 존재한다. 정부가 아무리 기준금리를 낮춰줘도 금융기관 자신의 생존 문제가 걸려 있기 때문에 대출을 해주는 데 소극적인 태도를 보이며, 대출보다는 최대한 안전한 자산 위주로 투자하면서 현재의 상황이 해소

되길 기다린다. 돈이 실물경제로까지 가지 못한 채 금융시장 내에서만 돌아다니게 되는 것이다. 그래서 국가는 통화정책 완화뿐 아니라 재정정책을 통해 취약계층을 직접적으로 지원하는 방법을 활용하게 된다.

━━━━━ '은행은 대마불사大馬不死'라는 말이 있다. 은행이 망하면 단순한 기업의 부도가 아니라 국가경제의 위기로 발전하게 된다. 그래서 은행의 위기에는 공적자금이 투입된다. 은행업에 수많은 규제가 적용되는 이유다. 기업의 목표는 이윤추구이지만, 은행업에 한해서는 이윤추구와 최소한 동등한 수준으로 경제사회에서의 건전한 신용공급 기관으로서의 역할 수행이 목표가 되어야 한다. 경제주체들이 보내주는 신뢰를 통해 돈을 벌고 있는 만큼, 그에 따른 책임을 잊어서는 안된다. 국민들의 분노에도 불구하고 은행에는 여지없이 공적자금이 투입된다. 왜냐하면 금리의 위기가 진짜 위기이기 때문이다.

재정위기의 확산,
재정긴축이 정답일까?

선진국이자 복지국가인 유럽국가들이 붕괴되고 있다. 문제는 자국의 경기침체와 재정적자뿐만 아니라 더 위기인 이웃 국가도 도와줘야 한다는 것이다.

추운 겨울, 영양실조로 고생하고 있는 아이가 있다. 이 아이를 따뜻하게 보호해주고, 잘 먹인 다음 따뜻한 봄이 왔을 때 체력을 단련시킨다면 건강한 어른으로 자라날 수 있을 것이다. 당연한 말이다. 그런데 춥고 배고픈 아이에게 "몸이 따뜻해지기 위해서는 뛰면 된단다"라고 말하면 그 아이는 몸이 따뜻해지기 전에 배가 고파 먼저 쓰러질 것이다.

2008년 미국에서 시작된 금융위기는 몇 년 뒤 유럽으로 넘어와 재정위기라는 이름으로 불리기 시작했다. 경기침체로 인해 세수가 줄어든 가운데 그동안 방만하게 늘려왔던 과도한 정부부채가 문제로 대두되기 시작했다. 시장이 정부의 이자지급능력 자체를 의심하기 시작한 것이다.

원인이 재정이기 때문에 해결방법으로 제시된 것이 재정긴축이다. 하지만 이미 허약해질 대로 허약해진 유로존에 재정긴축까지 더해진다면 과연 살아날 수 있을까? 춥고 배고픈 아이에게 뛰어다니면 몸이 따뜻해질 거라고 말하는 것과 무엇이 다른가?

부채의 덫에 빠지면 이자비용 내기도 어렵다

A기업의 매출액은 연간 100억 원이다. A기업은 100억 원의 부채가 있으며, 연간 이자비용은 5%다. 영업이익률이 5%라면 이 회사는 매출을 통해 발생하는 이익 5억 원을 이자비용 5억 원을 지불하기 위해 모두 사용해야 한다. 회사를 유지할 수야 있겠지만 신규투자는 꿈도 못 꿀 일이다. 하지만 그럭저럭 회사는 유지해나갈 수는 있을 것이다.

그러다가 경제 상황이 조금 악화되었다. A기업의 매출액은 연간 100억 원으로 동일했지만, 영업이익률이 1%포인트 하락해 이제는 4%밖에 나오지 않는다. 이자비용은 5%로 동일하다. 영업이익이 4억 원이니 이자비용 5억 원을 내기 위해서 부족한 1억 원은 다시 대출을 받았다.

이렇게 10년이 흘렀다. A기업은 신규투자를 하지 못하고, 이로 인해 생산성도 향상되지 않았으며, 매출액도 늘어나지 않았다. 하지만 부채는 매년 1억 원씩 늘어났다(매년 증가한 부채로 인한 이자비용은 무시한다). 10년이 지난 현재, 부채는 110억 원이 되었다. 이제 이자비용은 부채의 5%인 5억 5천만 원이 되었다.

시장은 갑자기 이 사실에 집중하기 시작했다. A기업은 이대로 가면 계속 부채가 늘어날 것이며, 현재도 이익보다 이자비용이 크다는 사실을 알게 되었다. 그래서 더 높은 이자비용을 요구하기 시작했다. 연간 이자비용이 5%에서 10%로 늘어났다. A기업은 당황스러웠다. 그동안에는 A기업의 오랜 신용을 바탕으로 이런 일이 발생한 적이 없었기 때문이다. 4%의 영업이익률이 유지되는 가운데 이자비용으로 10%를 요구받는다면 회사는 망할 것이 분명했다. A기업의 채권자들이 모여 회의를 시작했다.

A기업이 살기 위해서는 영업이익률을 높이거나 이자비용을 낮춰야 한다. A기업이 보유하고 있는 자산을 매각해서 60억 원 정도를 구할 수 있다면 이자비용은 크게 낮아질 것이다. 부채는 50억 원으로 줄어들 것이고, 요구하는 이자비용도 10%가 아니라 예전 수준인 5% 혹은 그 이하가 될 수 있다. 부채 50억 원에 대한 이자비용 5%를 적용해도 연간 2억 5천만 원밖에 되지 않는다. 이렇게 되면 A기업의 매출액 100억 원과 영업이익률 4%가 유지된다고 가정할 때 영업이익 4억 원으로 이자비용을 모두 커버하고도 남는다. A기업의 신용에 대한 우려가 모두 사라질 수 있는 것이다.

하지만 여전히 2가지의 문제가 남는다. 첫 번째는 A기업이 자산을 팔아 60억 원이나 만들 수 있을 것인가다. 그런 자산이 있었으면 애당초 부채가 110억 원까지 늘어나지도 않았을 것이다. 두 번째는 혹시 매각할 자산이 있다고 해도, 그 자산 중 일부가 생산시설이고, 생산시설을 매각해 매출액이 감소하게 되면 아무 의미가 없다는 것이다.

A기업이 결국 고육지책으로 내놓은 것은 다음과 같았다. 영업이익률을 5% 이상으로 높이기 위해 직원 일부를 해고하고, 강도 높은 비용관리를 통해 원가를 낮추기로 한 것이다. 시장이 이에 대해 일부 화답하면서 이자비용이 8% 정도까지 낮아지기는 했지만, 여전히 우려는 사라지지 않는다. 이자비용이 8%여도 부채는 계속 증가할 수밖에 없다. 또한 과연 직원해고, 비용관리, 원가절감을 통해 A기업이 좋아질 수 있을까? 아마 제품의 품질이 하락하고, 결국 매출감소로 이어지면서 A기업의 위기는 장기화될 가능성이 훨씬 커 보인다.

이럴 경우 A기업이 위기를 탈출할 방법은 다음과 같다. 채권단이 A기업의 채무 중 일부를 출자전환한다. 이로 인해 부채는 감소하고, A기업은 기업의 소유권 일부를 채권단에게 넘긴다. 또한 채권단은 추가 출자 혹은 저금리 대출을 통해 A기업에게 신규투자 여력을 확보해준다. A기업은 그 자금으로 신규투자에 나서고, 매출증진과 영업이익 확대를 꾀한다. 그럼 A기업은 다시 살아날 가능성이 생긴다. 만약 실패하면 채권단에게 손실이 생기고, A기업은 부도·파산 과정을 거치게 될 것이다.

기업이 아닌 국가를 생각해보자

A기업과 같은 상태에 놓여 있는 것이 이탈리아나 스페인 같은 나라다. 현재 구조에서는 과도한 부채가 가져오는 이자비용이 국가가 생산해낼 수 있는 잉여이익을 넘어선 상태다. GDP를 매출액이라고 생각하고, 이

자비용을 국가채무의 이자비용으로 생각하면 될 것이다. 국가의 경제성장률인 GDP성장률을 매출액 증가율로 생각하면 되고, 국가는 GDP 중 일부를 세수로 확보하게 되므로 세금을 영업이익으로 생각할 수 있을 것이다. 국가채무가 GDP보다 큰 이탈리아는 매년 국가채무로 인해 발생되는 이자비용만 해도 전체 GDP 성장 규모보다 훨씬 큰 상황이다. 우선 부채를 줄이는 것이 급선무다.

2011년 이탈리아, 스페인, 그리스, 포르투갈은 모두 재정긴축안을 내놓았다. 하지만 이것은 원가관리에 불과하다. 국가경제가 어려운 상황에서 재정지출을 줄이는 것은 기업이 신규투자를 줄이는 것과 같다. 정부의 재정지출이 없으면 민간의 투자라도 늘어나야 하지만, 경제가 어려운 상황에서 그런 일이 자생적으로 발생하는 것을 기대하기는 매우 어렵다.

부채 규모를 줄이기 위해 자산을 매각할 수도 있지만, 역시 앞서 언급한 것과 같은 일이 벌어진다. 공기업을 매각하면 결국 부채는 감소하지만 국가의 이익도 함께 감소할 것이다. 그렇기 때문에 장기적으로 국가채무를 줄이는 데 도움이 될 것인지에 대해서는 고민을 해봐야 한다.

A기업의 마지막 해법은 채권단의 출자전환과 신규투자였다. 이것을 국가에 적용하면 어떨까? 문제는 부채를 획기적으로 줄이기 위한 마지막 카드인 출자전환이 불가능하다는 것이다. 국가의 소유권을 넘겨줄 수는 없는 노릇이다. 물론 과거에는 이런 것이 가능했다. 바로 전쟁을 통해서 말이다. 어느 국가가 빌린 돈을 갚지 못하면 그 나라를 자신의 나라로 흡수시켜버린 뒤 새롭게 성장하면 그만이었다. 과정에는 문제가 있

지만, 세계경제에는 문제가 없다. 물론 현재에는 그런 것이 불가능하다.

국가채무를 출자전환할 수 없기 때문에 재정위기에 봉착한 나라는 '재정긴축안'이라는 한계가 뻔히 보이는 방법을 쓸 수밖에 없다. 하지만 A기업의 사례와 마찬가지로 재정긴축안을 통해서는 위기를 벗어날 수 있을지 확신하기도 어렵고, 그 기간도 매우 오래 걸릴 것이다.

여기서 그리스의 사례를 적용해보자. 그리스는 매출액 100억 원에 부채가 200억 원쯤 되는 기업으로 생각하면 될 것 같다. 이런 경우 채권단의 합의가 이루어질 수 있다. 그냥 부채를 탕감시켜주는 것이다. 갚지 못할 것이 명백하므로 채권단은 본인들의 투자의 과오를 인정하고 부채를 탕감하기로 결정할 수 있다. 하지만 이 과정에서 얼마를 탕감시켜줄지 채권단 전체가 합의하는 것은 또 다른 고비가 될 것이다.

━━━━━ 유럽의 재정위기는 하루 이틀 만에 끝날 문제가 아니다. 또한 잠재적으로 위험한 나라들, GDP 대비 국가채무의 비율이 매우 높은 일본과 미국 역시 장기적으로는 문제가 상존하고 있다. 언젠가 문제로 대두되면 전 세계의 경제를 심각하게 위협할 요인으로 작용할 수 있다.

재정긴축이라는 것은 상황이 좋을 때 시행할 수 있는 방법이며, 어려울 때는 오히려 국가경제를 더욱 위축시켜 국가의 매출액, 즉 GDP 자체를 낮출 수 있다. 오히려 이럴 때일수록 재정긴축으로 대응하는 것이 아니라 세금인하나 재정확대로 대응해 장기적인 재정긴축안을 제시하는 것이 더 도움이 될 수 있다. 하지만 금융시장에서 그것을 기다려줄 생각은 아마 없을 테니, 참 어려운 문제다.

마이너스 금리는
어떻게 존재할 수 있는 것일까?

몇몇 나라의 국채금리가 마이너스라고 한다. 얼핏 생각하면 이해가 가지 않는다. 어떻게 금리가 마이너스가 될 수 있을까?

　　로마자를 보면 숫자 1, 2, 3은 Ⅰ, Ⅱ, Ⅲ, 10은 X로 표현된다. 그러나 0은 없다. 이 당시만 해도 0의 개념이 없었다는 것이다. 마이너스는 0이 발견된 이후에 생겼다. 마이너스라는 것이 그만큼 일반적으로는 생각하기 어려운 개념이다. 금리에서도 그렇다. 마이너스 금리는 언뜻 생각하면 실제 구현 방법이 모호하다. 만약 내가 예금에 가입했는데 금리가 마이너스라면 내 예금은 시간이 갈수록 잔액이 줄어들게 된다. 받아들이기는 힘든 일이지만 이해는 할 수 있다. 그러나 내가 대출을 받았는데 금리가 마이너스면 난 대출을 받고 가만있기만 해도 오히려 내가 대출이자를 받게(?) 된다. 도대체 마이너스 금리는 어떤 모습으로 존재하는 걸까?

실존하는 마이너스 금리

2008년 리먼브라더스가 파산하고 동반 경기침체를 벗어나기 위해 전 세계는 금융시장에서 과거에는 해보지 못한 다채로운 실험을 해봤다. 일단 수많은 나라의 기준금리가 이론적 하한선인 0%에 도달했다. 이후 시간이 흐르고 유럽에서는 재정위기가 찾아왔다. PIGS라고 해서 사실상 프랑스, 독일, 네덜란드를 제외한 유로화 사용국 거의 전부에 대해 정부 부채 상환능력을 의심하기 시작했다. 이탈리아, 스페인, 포르투갈, 그리스가 망할 경우 유로화는 해체될 수밖에 없다는 의견이 지배적이었다. 결국 유로화는 해체 수순으로 가지 않겠냐는 의견이 나올 때마다 급부상하는 투자처들이 있었다. 바로 스위스 프랑, 스웨덴 크로나, 덴마크 크로네였다.

이들 나라는 유럽에 있지만 유로화는 사용하지 않고 있다. 그러면서 튼튼한 경제 구조를 가지고 있었다. 유로화의 위기가 부각될 때마다 유로화를 매도하고 이들 나라의 통화를 매수하려는 수요가 나타났다. 그러나 통화를 그냥 환전해서 지폐로 들고 있을 수는 없다. 해당 국가의 시중은행 예금에 가입하는 것은 금액적인 측면이나 신용 측면에서 좋은 선택이 아니다. 해당 국가의 통화에 투자하는 가장 편하고, 유동성 좋고, 안전한 방법은 해당 국가의 국채를 매수하는 것이다. 그래서 이들 나라의 국채에 금리를 불문(?)하고 매수세가 밀려들어왔다.

이들뿐만이 아니었다. 독일과 미국, 일본 등의 나라에서도 일시적이었거나 상당 기간 마이너스 금리를 경험했다. 안전자산 선호현상이 극심해

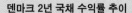

덴마크 2년 국채 수익률 추이

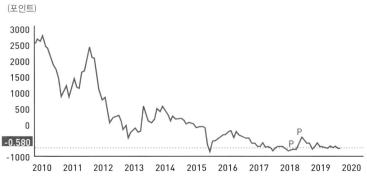

(포인트)

자료: INVESTING.COM

지면서 단기국채들이 마이너스 금리를 경험했고, 일부 국가들은 기준금리도 마이너스 금리에 들어가기도 했다(그러나 기준금리는 나라마다 그 기준이 다르며, 마이너스 기준금리는 대출이 아니라 대부분 중앙은행에 예치하는 금리를 의미하기에 실제 도입이 불가능하진 않다).

마이너스 금리는 어떻게 가능한가?

이미 존재하고 있는 채권금리가 마이너스가 되는 것은 생각보다 간단하다. 여기에 액면가 10,000원, 그리고 표면금리가 1%, 만기 1년인 채권이 존재한다. 이자는 만기와 동시에 지급하기로 한다. 이 채권이 만약 현재 11,000원에 거래되고 있다면 어떤 일이 발생하겠는가? 이 채권은

1년을 보유하면 1년 뒤에 10,100원을 받게 된다. 내 투자금은 11,000원이었는데 1년 뒤에는 오히려 900원을 손해보게 된다. 이 채권의 수익률은 약 -8.2% 정도다. 이렇게 채권의 거래가격을 높이면 정상금리의 채권이 마이너스로 거래될 수 있다. 단순히 말하면 마이너스 금리를 현실화시키기 위해서는 이미 존재하는 채권을 비싸게 거래하면 되는 것이다.

마이너스 금리가 불편한 이유는 다음과 같다. 만약 국가가 액면가 10,000원짜리 채권을 -2% 금리에 발행했다. 그럼 이 채권의 투자자는 액면가 10,000원짜리 채권을 샀는데 매년 이자지급일마다 오히려 국가에게 이자를 200원씩 또 납부해야 한다. 채권을 매수한 투자자가 직접 이자를 또 주는 개념이 이상하고 쉽게 이해되지 않는 것이다. 이러면 마이너스 금리로 채권이 발행되기 힘들다. 그럼 이미 마이너스 금리로 거래되고 있는 시장에서 마이너스 금리로 채권을 발행하는 방법은 무엇일까?

이것도 앞서 언급한 사례와 같다. 액면가 10,000원짜리 채권을 똑같이 만든다. 표면금리는 편하게 0%로 만든다. 만기 전에 이자지급은 없다. 대신 이 채권을 액면가보다 높은 금액으로 발행한다. 이 채권을 산 사람은 만기에 액면가 10,000원만 받는다. 그럼 할증 발행된 금액만큼 손해를 보게 된다. 이렇게 하면 마이너스 금리로 채권을 발행할 수 있다. 이것이 현재 마이너스 금리 시대를 살아가는 일부 국가에서 발생하고 있는 일이다.

마이너스 금리에 왜 투자를 하는가?

대출자는 고마운 일이다. 그것이 국가이든 은행이든 하다못해 개인이든 돈을 빌렸는데 이자를 내지 않고 오히려 받는 개념이니 좋은 일이다. 그러나 투자자를 이해하지는 못하겠다. 도대체 마이너스 금리에도 불구하고 그 채권을 사는 투자자는 누구일까? 그리고 왜일까?

서두에 언급했듯이 일단 해외투자자들이다. 그 나라 통화에 투자하고 싶은데 투자처가 통화 그 자체일 수는 없다. 무겁고 보관하기 어려운 화폐를 직접 보유할 수도 없다. 실물 화폐를 그만큼 구할 수도 없다. 어차피 환율에 베팅하는 것이기 때문에 약간의 마이너스 금리는 해외투자자에게 걸림돌이 아니다. 그래서 마이너스 금리를 감안하고 투자할 수 있다.

그래도 이해가 안 가는 것은 국내투자자들이다. 해외투자자가 만든 마이너스 금리가 불편하면 투자를 안 하면 고만이다. 투자하면 손해가 나는데 차라리 가만히 있는 것이 낫지 않은가? 그러나 국내투자자들도 상황은 비슷하다. 예를 들면 보험사가 있다. 국채시장의 금리가 마이너스가 되어버렸다. 그렇다고 다른 나라에 투자하면 환리스크가 발생한다. 어차피 상당히 높은 비율로 국내에 필수적으로 투자할 수밖에 없다. 그렇다면 마이너스 금리 상품에 투자하지 않고 가만히 있고 싶다. 그러면 최소한 원금은 지킬 수 있으니까 말이다. 그러나 문제는 그 '가만히'이다. 아무것도 하지 않고 있기 위해서는 보험사의 돈이 어딘가에 보관되어야 한다. 그것을 은행에 맡기면 시중은행의 신용리스크에 노출되며, 그 시중은행도 이미 마이너스 금리를 제시하고 있을 가능성이 높다. 그렇다고 실제 실물 화폐인 현금 상태로 들고 있으려면 화폐를 보관할 장소와 지키기 위한 시설, 인력이 필요하다. 금과 같은 현물로 바꾸기 위해서는 거래비용과 함께 역시 보관을 위한 자원이 필요하다. 결국 마이너스 금리 국채가 돈을 보관하기 위한 다른 방법의 비용보다 손해가 덜한 경우 어쩔 수 없이 국내투자자도 해당 국채에 투자하는 것이다.

이렇게 마이너스 금리는 현실화되어 있다.

언론을 통해서만 접하긴 했지만 실제로 유럽 일부 국가에서는 개인들도 마이너스 금리로 대출을 받았다는 기사를 본 적이 있다. 불가능한 이야기가 아닌 것이 은행 예금금리가 –2%라고 가정하고, 대출금리가 –0.5%라고 하면 은행 입장에서는 예대마진을 볼 수 있기 때문에 마이너스 금리의 대출을 실행할 유인이 존재한다. 은행에 예금으로 들어온 현금을 보관하면서 비용을 지출하니 대출을 내보내는 것이다. 그럼 문제는 마이너스 금리의 예금인데, 개인 입장에서도 집에 현금을 보관하면서 불안해하는 것보다 은행에 일종의 돈을 내고 보관한다고 생각하면 가능한 이야기가 되는 것이다. 과거 검은돈들이 익명성을 보장받기 위해 스위스로 가서 보관료를 내고 돈을 맡긴다는 이야기가 흥미로웠는데 이제는 여러 나라에서 현실이 되어버렸다.

저금리 정책,
그 득과 실을 논하다

저금리 정책의 유혹은 달콤하다. 금리 인상은 대중의 반발을 불러오지만 금리 인하가 비난받는 경우는 드물기 때문이다. 그렇다면 저금리 정책은 과연 좋은 것인가?

　금리는 낮으면 좋다. 경제활동 참여자들은 이자비용 부담이 줄고, 낮은 금리에 대출해 새로운 투자에 나서볼 수도 있다. 국가도 마찬가지다. 국가는 필요한 예산 중 상당 부분을 국채를 발행해 조달하고 있다. 저금리를 유지하면 국가가 지불해야 하는 이자비용도 감소하고, 경제활동이 왕성해지면서 경제가 성장하고 세금 수입도 늘어난다.

　저금리 정책이 좋아 보인다는 것은 이견의 여지가 없다. 그렇다면 문제가 전혀 없는 것일까? 아니다. 바로 물가가 문제다.

저금리 정책의 달콤함과 그 이면

저금리가 오랜 시간 유지되고 앞으로도 계속 금리가 낮을 것이라는 생각이 들면 사람들은 대출을 받기 시작한다. 대출을 받아서 투자를 하든 소비를 하든 그 돈을 쓰게 되고, 대출된 돈은 대출자의 손을 떠나 다른 사람에게로 이동한다. 그 사람 역시 어딘가에 그 돈을 사용할 것이다. 그렇게 돌고 돌아 돈은 다시 은행에 예금 형태로 돌아가고, 그 돈이 또다시 누군가에게 대출되면서 세상을 돌아다니기 시작할 것이다.

이 과정에서 상품에 대한 수요가 증가한다. 투자 수요가 늘면서 주가도 상승하고, 부동산가격도 상승하고, 물건가격도 상승한다. 가격이 상승해도 사람들은 물건을 사려고 한다. 대출을 통해 시중에 돌아다니는 돈이 계속 늘어나고 있기 때문에 가격 상승에도 불구하고 수요는 여전히 많다.

물가가 오르는 것이 좋은 것인가 나쁜 것인가에 대해서는 이후에 또다시 논의하겠지만, 일단 물가 상승이 과도하게 나타나면 절대 좋지 않다. 물가가 과도하게 상승하면 사람들은 자신들의 구매력을 보존하기 위해 자기가 판매하는 상품의 가격도 그만큼 올려받으려고 한다. 과일가게 사장님은 과일가격을 인상할 것이고, 커피전문점들은 커피가격을 인상할 것이다. 월급을 받고 생활하는 샐러리맨 역시 마찬가지다. 고용주에게 임금 인상을 요구하게 된다. 그렇게 해서 인상된 임금은 다시 상품에 대한 수요로 이어지고 물가는 또 오르게 된다.

더 큰 문제는 빈부격차의 확대다. 물가가 오르는 과정에서 부동산과 주식, 원자재 같은 것들도 가격이 오른다. 부자들은 부동산도 주식도 보유하고 있겠지만, 서민들은 부동산도 주식도 없다. 가격은 올랐는데 부자들만 돈을 벌고, 서민들은 벌지 못해 상대적인 박탈감을 느끼게 된다. 사회의 양극화가 진행되는 것이다.

저금리 정책의 또 다른 매력, 통화가치 하락

저금리 정책을 사용한다고 해서 급작스럽게 물가가 상승하는 것은 아니다. 경제 상황이 좋지 않을 때는 저금리 정책을 사용하더라도 대출이 늘어나지 않고, 수요가 늘어나지 않으면서 물가가 당장에 오르지 않는 경우도 있다.

2009년 이후 전 세계는 거의 10년간 저금리 기조를 유지하고 있다. 하지만 전 세계경제성장률은 여전히 애매하고, 물가는 대부분의 나라에서 상승 위험이 나타나지 않고 있다. 주요 선진국들은 아주 낮은 기준금리를 여전히 유지하고 있다.

갈수록 세계화가 진행되고, 전 세계의 돈들은 국경을 넘나들며 이동하고 있다. 이 돈들은 공익을 위해 움직이는 돈이 아니다. 수익을 쫓아 움직이기 마련이고, 아무래도 금리가 낮은 나라보다는 높은 나라로 몰리게 되어 있다. 환율의 변화만 없다면 돈은 당연히 금리가 높은 쪽으로 갈 수밖에 없다.

그런데 우리나라는 수출의존도가 높은 나라다. 환율이 높으면 높을수록 수출상품들의 가격경쟁력은 높아지고 수입상품들의 가격은 비싸져, 수출은 증가하고 수입은 감소하기 마련이다. 이때 국가가 저금리 정책을 펼친다면 해당 국가는 다른 나라에 비해 상대적으로 금리가 낮아지고, 그 나라로 투자하고자 하는 수요가 감소한다. 또한 통화가치가 하락할 수 있다. 그렇게 하락한 통화가치는 수출을 증대시키고 수입을 감소시켜 무역수지 흑자와 순수출 규모 증가를 통한 경제성장에 이바지한다. 저금리 정책은 경제활동 참여자들의 이자비용 감소 외에도 통화가치 하락이라는 또 다른 매력이 있다.

중국이 저금리를 유지할 수 있는 이유

저금리 정책의 폐해는 명백하다. 물가 상승이다. 하지만 옆 나라 중국을 살펴보면 재미있는 현상이 보인다. 매년 성장률이 10% 전후에 달하는 초고성장 국가임에도 불구하고 1년 만기 예금금리가 4%대, 대출금리가 6%대에 불과하다는 것이다. 부동산시장에서 과열 징후가 반복적으로 나타나고는 있지만 물가에서는 아직은 문제가 보이지 않고 있다. 중국은 어째서 이런 것들이 가능할까?

첫 번째 이유는 역시 통제다. 여전히 사회주의 국가로서 국가가 많은 부분을 직접 통제하고 있기 때문이다. 금리를 낮게 해 경제활동 참여자들의 부담은 줄여주지만, 그렇다고 아무나 대출받을 수 있는 것은 아니다. 오래전의 한국처럼 정부가 생각했을 때 필요한 곳에 직접 자금을 지원하고, 필요하지 않다고 생각되는 곳에는 대출을 해주지 않아 전체 시중 유동성을 직접 조절한다. 그래서 중국은 금리보다는 지급준비율에 더 자주 손을 대고 있다.

두 번째 이유가 더 중요한데, 바로 중국의 생산성이다. 금리가 낮고, 대출이 늘어나고, 사회 전체의 수요가 증가하면서 물가가 상승한다. 예를 들어보자. 사기업이 낮은 금리를 바탕으로 대출을 받아 투자했다. 예전에 비해 같은 자원과 노동력을 투입했음에도 불구하고 제품생산량을 2배로 늘릴 수 있게 되었다고 가정해보자. 그렇다면 수요에 비해 공급이 늘어나, 결국 수요와 공급이 만나 결정되는 가격은 오히려 하락하는 일이 가능하다. 낮은 금리로 인해 발생한 대출이 부동산시장으로만 향한다면 부동산가격만 오르고, 보유자산가격의 상승으로 인한 소비 확대는 결국 물가 상승으로 이어진다. 하지만 대출받은 자금이 투자로 이어지고, 투자가 성공적이면 생산성이 확대되면서 수요보다 더 큰 공급의 증가를 가져올 수도 있는 것이다. 이런 선순환 과정이 이어진다면 저금리 정책의 폐해인 물가 상승은 나타나지 않을 수 있다.

그렇다면 다른 나라도 이런 식으로 저금리 정책을 시도해볼 수 있다. 잠재성장률(물가 상승이 일어나지 않는 범위에서 모든 생산자원을 최대한 활용하고, 완전고용 상태에서 달성이 가능한 최대 성장률)이라는 것은 추정치일 뿐이며, 민간투자가 증가할 경우 잠재성장률도 함께 올라갈 수 있다. 저금리 정책을 사용하면서 대출의 용도를 투자로 제한하는 정책적인 제도 역시 함께 덧붙이면 가능할 수도 있다.

하지만 문제는 항상 우회적으로 법을 피해 들어오는 대출 수요가 존재한다는 것이다. 투자를 통한 생산성의 향상은 결국 기술개발과 혁신을 의미하는 것인데, 일정 수준까지 이미 경제가 성장한 경우 추가적인 혁신이 나타나기가 쉽지 않다. 아마 편법대출을 통해 부동산투자만 활개치는 모습이 나올 가능성이 상당히 크다.

생각해보자. 우리가 쓰고 있는 컴퓨터도 예전에는 매년 눈부신 발전을 거듭했지만, 언젠가부터 딱히 달라진 것을 느끼지 못한 지 몇 년 되지 않았는가? 일정 수준까지 다다른 기술은 어느 시점부터는 개발과 혁신 속도가 크게 떨어진다.

그럼에도 계속되는 저금리 정책의 유혹

미국은 2008년 리먼브라더스 파산 이후 기준금리를 0%로 낮추면서 동시에 금융시장에 한 가지 약속도 했다. 현재의 0% 기준금리를 오래도록 유지하겠다는 것이었다. 그 사이 물가 상승이 나타나더라도 신경쓰지 않겠다고 선언한 것과 다름없다. 그래서 투자자들이 안심하고 저금리를 믿고 투자할 수 있게 만들어주려고 했다. 그 기간 발생할지도 모르는 물가 상승 리스크보다는 시장 안정이 더 중요하다고 판단한 것이다.

세계는 이제 긴밀하게 연결되어 있다. 물가는 자국의 수요와 공급에 의해 결정되는 부분도 있지만, 외부 요인에 의해 결정되는 부분도 크다. 예를 들면 휘발유가격은 물가에서 차지하는 비중도 크고 사람들의 생활과 매우 밀접하게 연결되어 있지만, 우리나라 사람들이 휘발유를 조금 더 소비한다고 해서 세계의 휘발유가격이 오르거나 하지는 않는다. 휘발유는 세계가 공통적으로 사용하고 있는 제품이며, 원산지 간의 품질 차이도 크지 않고, 아직까지 마땅한 대체재도 없다. 그래서 한 국가의 수요가 휘발유가격에 미치는 영향은 제한적이다.

그렇다면 여기서 유혹이 생길 수 있다. 저금리 기조를 유지해서 투자를 유인하고, 통화가치의 하락을 유도하고, 자국 내에서 발생하는 물가 상승 압력을 조금 모른 척하는 것이다. 지금과 같이 세계경제 동반 침체가 우려되는 상황 속에서는 한 번 해볼 만한 정책 옵션이라고 생각된다. 또한 실제로 많은 나라들은 여전히 물가가 상승하고 있지만, 기준금리 인상을 멈춘 상태다. 지금의 기준금리 인상이 상당히 손해처럼 느껴지고 있는 것이다. 기준금리를 인하하고 있는 나라들의 명분도 역시 그러하다. 물가가 여전히 높지만 상승세가 둔화되고 있으며, 대외경제 불안으로 인해 국내경제가 침체될 가능성이 크다. 그렇기 때문에 기준금리를 인하한다는 것이 최근 기준금리를 인하하는 국가들의 공통적인 명분이다. 우리나라 역시 상당한 규모의 가계 부채에도 불구하고 쉽게 기준금리 인상에 나서지 못하고 있다.

문제는 이것이 국가이기주의로 연결될 수 있다는 것이다. 다른 나라도 금리가 낮으니 우리도 최대한 낮은 금리를 유지할 수 있는 데까지 유지해보자는 태도로 임하게 되면, 대부분의 나라들이 금리를 적정 수준보다 낮게 유지하게 된다. 이것은 결국 수요 증대로 이어져 원유가격 같은 것이 크게 오를 수도 있다. 개별국가는 유가에 영향을 미치기 어렵지만, 대부분의 나라가 함께 저금리 정책을 사용하면 유가는 영향을 받을 수밖에 없다. 세계경제 둔화 우려에도 불구하고 유가가 하락하지 않고 있는 이유를 깊게 생각해볼 필요가 있다.

━━━━━━━━ 저금리 정책은 정책적으로는 항상 구미가 당기는 방안이다. 실제로 금리정책을 이끌어야 할 중앙은행의 독립성은 당연히 보장받아야 하지만 임명 권한을 가지고 있는 정치권의 요구와 여러 경로를 통한 압박을 피하기는 어렵다. 또한 각종 선거 때마다 국민여론을 고려해 이런 금리정책 같은 것들이 독립적으로 작용하지 못하고 영향을 받는일은 많은 나라에서 벌어지고 있다.

무조건 저금리 정책이 나쁘다는 것은 아니다. 하지만 저금리 정책은 각 나라의 상황에 맞춰 잘 사용해야 한다. 고금리정책도 저금리 정책도 어느 한쪽이 정답이라고 할 수 없다. 항상 과하지도 부족하지도 않는 것이 최선의 방법이다.

1997년 IMF의 결정은
옳은 것이었나?

1997년 우리나라는 IMF에 구제금융을 요청했다. 지금 한국은 위기를 극복한 좋은 사례로 평가받지만, 당시에 그것이 과연 최선이었는지에 대해 의문이 남는다.

 대한민국의 외환위기, 1997년 국제통화기금^{IMF}의 구제금융을 받은 그 시기는 정말 어려웠다. 지금은 어찌되었든 당시의 위기를 말끔히 심지어 매우 빠르게 극복해 IMF 구제금융 역사상 우수한 사례로 평가받는 한국이지만, 그때 당시 사용된 처방전이 과연 옳은 것이었나에 대한 의구심은 아직도 남아 있다. 구제금융에 대한 대가로 요구받은 고금리와 재정긴축정책, 또 이를 사용함으로써 생긴 국민들과 국가의 피해는 지금 생각해봐도 정말 적지 않다.

 2008년 이후 전 세계적인 경기침체를 겪고 있으며, 많은 나라들이 IMF의 구제금융을 이용하고 있다. 하지만 우리나라에게 했던 만큼 혹독하지는 않다. 저금리로 돈을 빌려주고, 저금리 정책을 유지하도록 하고 있다. 보고 있자면 결코 기분 좋은 일은 아니다.

한국의 외환위기와 IMF의 구제금융

버블은 지나고 나야 버블임을 알게 되고, 위기는 항상 예상치 못한 시기에 찾아온다. 아시아국가들이 경제호황을 누리고 있을 때, 1997년 태국이 고정환율제를 포기하면서 시작된 아시아 외환위기는 순식간에 인도네시아, 필리핀, 홍콩, 말레이시아, 대만 등으로 확산되었다. 예외는 없었다. 외국인 투자자들은 단순했다. 아시아에서 위기가 감지되자 그들은 한국을 비롯한 아시아 전체에서 투자한 자금을 빠르게 회수해 빠져나갔다. 그들에게는 한국 역시 아시아의 수많은 국가 중 하나일 뿐이었다.

외국인들이 빠르게 자금을 회수하면서 원화는 급격한 약세를 보였다. 이에 한국정부는 외환보유고에 있는 달러를 매도하면서 원달러 환율의 상승을 막기 위한 노력을 펼쳤다. 하지만 우리나라의 외환보유고보다 외국에서 빌려다 쓴 돈인 외채의 규모가 더 컸고, 환율 상승을 막기 위해 정부가 달러를 내다 파는 동안 외환보유고는 바닥을 드러내고 있었다. 패배가 뻔히 보이는 게임이었다. 심지어 헤지펀드들까지 달려들어 원화 매도-달러 매수의 움직임에 동참했다.

마침내 정부는 더 이상 손을 쓸 수가 없었다. 900원대였던 환율은 2천 원까지 수직상승했다. 1년 만에 통화가치가 반토막이 나버렸다. 정부는 결국 IMF에 구제금융을 요청했다. 그 후 구제금융에 돈을 빌리는 대가로 많은 것을 희생할 수밖에 없었다.

IMF가 요구한 것을 간단하게 요약하면 고금리, 재정긴축, 자본시장 개방, 기업 구조조정이었다. 논리는 다음과 같다. 외국인 자금이 이탈하면서 발생한 문제이니만큼 정부와 중앙은행은 고금리를 용인해 외국인 자금의 이탈을 막고, 새로운 자금을 유치해야 한다는 것이다. 이 과정에서 걸림돌이 될 수 있는 자본시장 규제를 철폐해야 한다고 요구했다. 또한 방만한 재정운용이 위기를 불러온 만큼 긴축재정을 이행해 정부의 체력을 강화해야 한다는 것이었다. 기업들 역시 혹독한 구조조정을 통해 체질개선을 요구받았다.

이러한 처방은 사실 따져보면 굉장히 이상하다. 갑자기 사정이 어려워진 사람에게 호통을 치면서 "네가 방만한 인생을 살다가 이 모양이 된 것이 아니냐"라며 비난한 뒤 고금리로 돈을 빌려주고, "네가 열심히 아껴 쓰면 다시 잘살 수 있을 것이다"라고 위로해주는 셈이지 않은가?

최근 서브프라임 모기지 사태 위기의 주인공인 미국은 자국경제가 어려워지자 즉각적으로 기준금리를 하한선인 0%까지 인하해버렸고, 막대한 재정을 풀었으며, 부족한 재원은 미국채를 아낌없이 발행해 조달했다. 미국채를 사줄 사람이 부족할 수 있다는 걱정이 나오자 연방준비은행FED은 미국채를 직접 사들이면서 우려를 불식시켰다. 1997년 한국이 겪은 외환위기 해법과는 완전히 정반대다. 저금리와 재정완화 정책을 사용했다. 또한 사실 직관적으로 생각하기에 이 방법이 더 맞는 것처럼 느껴진다.

　그렇다면 미국과 1997년 당시 한국의 차이는 무엇일까? 바로 선진국과 후진국, 기축통화와 기축통화가 아닌 통화의 차이다. 똑같이 경제위기가 발생해도 한국에서는 외화자본이 급격히 유출되면서 원화가 약세를 보이고 환율이 급등하는 모습을 보이지만, 미국에서는 오히려 자국통화인 달러화가 안전자산으로 부각되면서 자국의 경제위기에도 불구하고 달러강세가 나타난다. 그래서 IMF는 개도국들에게 구제금융을 요청받으면 자금을 빌려주고, 의례적으로 고금리와 재정긴축을 해결방안으로 제시하는 것이다.

우리나라의 치명적 약점, 과도한 단기외채

　1997년 IMF가 우리나라의 위기탈출의 해법으로 고금리 정책을 사용한 가장 큰 이유는 외국인 자본의 이탈 방지였다. 당시 우리나라의 단기외채(대외채무 중 잔존 만기 1년 이하의 채무)는 약 800억 달러로, 외환보유고의 2배가 훨씬 넘는 수준이었다. 우리나라에게 돈을 빌려준 해외 채권자들이 일시에 상환을 요구할 경우 지급 불능 상황에 빠질 수 있는 가능성이 차고도 넘치는 위험한 시기였다.

　이런 상황이 생기게 된 배경을 살펴보면, 아이러니하게도 우리나라의 빠른 경제성장과 단기외채의 급증이 맞물려 있다. 이런 현상은 개발도상국들이 고속으로 성장하는 과정에서 자주 나타난다. 고속성장을 경험하고 있는 이머징국가들은 해외의 기술력과 자본이 항상 필요하기 마련이고, 해외 선진국에서는 남는 돈을 이런 개도국에 투자하고자 혈안이 되어 있다. 서로의 이해가 맞아떨어지면서 개도국에는 대규모 해외자본이 주식과 채권의 형태로 급격히 유입되는 것이다.

이 과정에서 개도국 통화는 계속 강세를 보이게 된다. 개도국에 살고 있는 사람들은 자국통화 강세가 이어져 해외투자를 꺼리고, 보유한 외환은 그 즉시 소비하는 모습을 보인다. 문제는 어떤 예상치 못한 사건으로 외국인 투자 자본 중 일부가 이탈하기 시작하면서부터 발생한다.

급격히 들어왔던 많은 돈은 들어왔던 속도보다 더 빠르게 유출되기 시작한다. 환율은 급격히 상승하고, 자국통화 가치는 급락한다. 투자했던 외국인들도 당황스럽기는 마찬가지다. 이쯤 되면 누가 더 빨리 돈을 회수하는가의 경쟁이 시작된다. 이런 상황을 겪으리라고 예상하지 못했던 개도국 정부는 외환보유고를 방출하지만, 이는 오히려 위기의식을 자극할 뿐이다.

결국 개도국 정부는 IMF에 손을 벌리게 되고, IMF는 추가적인 해외자본 유출을 막기 위해 금리를 올리기 시작한다. 이자를 더 줄 테니 이 나라를 떠나지 말라는 논리다. 하지만 유출은 쉽게 진정되지 않는다. 금리는 계속 오르게 되는데 우리나라 같은 경우 1997년 당시 은행 예금금리가 20%가 넘고, 대출금리가 30%가 넘는 기현상이 발생했다. 그러면 그때부터 해외자본이 다시 급격하게 유입되기 시작한다.

높아진 환율로 인해 외국인에게는 우리나라에 있는 모든 자산이 저렴해 보이기 시작한다. 금리가 20~30%에 달하고, 이제 더 이상 유출될 자

302

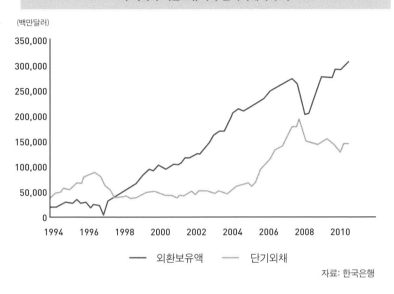

우리나라 외환보유액과 단기외채의 추이

(백만달러)

350,000

300,000

250,000

200,000

150,000

100,000

50,000

0

1994 1996 1998 2000 2002 2004 2006 2008 2010

―― 외환보유액   ······ 단기외채

자료: 한국은행

본도 없다는 소식에 관심을 보인다. 외국인들은 우리나라의 주식과 기업을 매수하고, 부동산을 매수하기 시작한다. 국민들도 따라서 사고 싶지만 이미 가진 돈을 모두 소진한 상태다. 몇몇 소수의 부자들과 외국인들을 제외한 나머지 서민들은 매우 어려운 삶을 살게 되었다. 이후 급등했던 환율은 빠르게 하락했으며, 금리도 1년 뒤에는 8% 수준까지 하락하면서 빠르게 안정되는 모습을 보였다. 하지만 이제 와서 그것이 무슨 소용이 있었을까? IMF 시기는 사회 양극화 현상의 진행속도를 몇십 년이나 앞당긴 셈이 되었다.

저금리와 재정완화로 대응했으면 어땠을까?

IMF에게 고금리를 요구받은 가장 큰 이유는 해외자본 이탈 속도 둔화와 신규자본 유입 유인 제공이다. 외국인들에게 이자를 많이 줄 테니까 이 나라를 떠나지 말아달라고 부탁하는 것이다. 하지만 IMF의 구제금융 자체만으로도 어느 정도 국제금융시장에서 신뢰를 회복할 수 있다는 점을 감안할 때, IMF가 우리나라에게 구제금융과 함께 저금리와 재정완화 정책을 요구했으면 더 쉽게 그 위기를 극복할 수 있지 않았을까 싶다.

2011년 유로존 재정위기가 확산되는 과정에서 그리스도 유로존과 IMF에 구제금융을 받았지만, 이들에게는 우리나라와 크게 다른 점이 있다. 그리스에 투자한 외국인들에게 일정 부분의 손실을 부담하라고 한 점이다. 방만하게 재정을 운영한 그리스에 책임이 있는데도 말이다. 우리나라의 경우 우리나라에 투자한 외국인들은 아주 편안하게 그들의 자금을 회수해갔다. 아무런 책임도 지지 않았다.

만약 당시에 쓴 정책이 저금리와 재정완화였다면, 우리나라 역시 그렇게 힘들지 않았을 것이다. 우리나라에 투자한 외국인들에게 손실을 일정 부분 책임지라고 강요하는, 그런 엄청난 조건까지 필요한 것도 아니다. 그냥 자금지원에 대한 대가로 요구받은 재정긴축, 기업 구조조정, 고금리 정책만 없었더라도 우리나라의 현재 모습은 상당히 다를 수도 있다.

물론 여기서 "IMF가 왜 우리를 위해 그런 모험까지 해야 하는가" 하고 묻는다면 그에 대해 대답할 수는 없다. 그래서 가장 손쉽고, 돈을 빌려주는 사람으로서 뭔가 상대방에게 압박을 해야 하고, 그에 대한 대가를 요구하는 것 같은 느낌이 드는 그런 정책을 항상 사용했는지도 모른다.

────────── 경제학에는 정답이 없다. 사람들의 행동도 변하고, 사회 구조도 변하고, 인구 구조도 변하고, 세상의 모든 것이 변한다. 예전에는 이런 것이 지금은 저런 것이 정답으로 통하는 시대고, 정해진 정답도 없다.

당시 IMF의 결정을 비판할 수도 수긍할 수도 있다. 다만 '우리나라의 역사에서 일본에게 지배를 당하지 않았더라면, 남북한이 분단되지 않았더라면' 같은 상상을 하듯이 그 당시 결정에 대한 아쉬움은 지금까지도 많은 사람들에게 남아 있는 것 같다.

터키는 왜 2018년에
금리를 인상할 수밖에 없었나

경제가 안 좋으면 기준금리를 인하해야 한다. 그런데 터키는 오히려 기준금리 인상에 나섰다. 경제가 좋지 않은데도 기준금리를 올리는 것에는 어떤 이유가 있는 걸까?

우리나라는 1997년 아시아 외환위기에 휩쓸리며 IMF에 구제금융을 신청했다. 환율이 급등하고, 환율 급등으로 인해 수입물가가 급등하고, 우리나라에 투자되었던 해외자본들이 썰물같이 빠져나갔다. IMF는 우리나라에 통화긴축과 재정긴축을 주문했다. 최근 터키도 그 당시 우리나라와 비슷한 모습을 보이고 있다.

터키는 기준금리를 급격히 인상하면서 현재의 위기를 대응 중이다. 이 나라는 왜 이렇게 기준금리를 올리고 있는 것일까? 일단 국가경제가 어려운 상황에서 기준금리를 올리면 대다수가 고통스럽다. 예금금리가 높아져봐야 어려운 경제 상황에서 예금할 사람은 없고, 대출금리가 높아지면 대출자들에게 고통이다. 왜 지금 터키는 기준금리를 높이고 있을까? 터키와 과거 1997년의 한국 사이에는 어떤 공통점과 어떤 차이점이 있을까?

터키, 경제위기의 시작

터키의 위기는 미국과의 갈등에서 출발했다. 터키는 시리아 정책이나 이란의 제재 동참 등에서 미국과 길을 달리하며 갈등의 골이 깊어지고 있었다. 이후 터키의 쿠데타를 지원했다는 이유로 미국인인 앤드류 브런슨 목사를 구금했다. 트럼프 대통령은 2018년 8월 터키산 철강 및 알루미늄 제품의 관세를 2배 인상하면서 터키를 향한 공격에 나섰다. 터키도 자국으로 수입하는 미국산 제품에 대해 관세를 인상하며 맞섰지만 큰 의미가 없었다. 터키 리라화가치는 급락하기 시작했다. 2018년 초 1달러를 사기 위해 필요한 리라화는 3.7리라 수준이었으나, 미국이 관세 인상에 나섰던 8월에는 달러당 7리라 가까이 급등했다. 터키는 미국의 공세에 잠시 맞서는 듯한 모습을 보였으나 2018년 10월 앤드류 브런슨 목사를 석방했고, 미국과 화해하는 제스처를 취했다. 리라환율도 5리라 수준으로 그나마 안정되는 모습을 보였다.

그럼에도 불구하고 터키 중앙은행은 2018년 급격한 기준금리 인상에 나서면서 2018년 초 8%였던 기준금리를 24%까지 끌어올렸다. 터키의 정치 지도자인 에르도안 대통령은 고금리 정책은 사람들을 가난하게 만

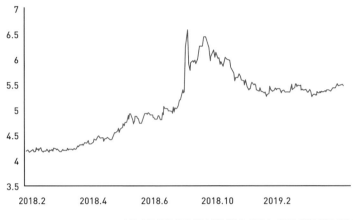

자료: TRADINGECONOMICS.COM, OTC INTERBANK

든다며 저금리를 도입해야 한다고 고집하기도 했지만, 중앙은행이 독립성을 발휘하며 기준금리를 끌어올린 것이다. 에르도안 대통령은 2003년 총리에 취임하며 집권하기 시작했고, 2014년 내각제였던 터키를 대통령제로 전환시키며 본인이 5년 임기의 대통령에 취임했다.

2018년에는 재선에 성공했고, 개헌을 통해 장기집권의 틀을 다시 한 번 만들어냈다. 이렇듯 17년 넘게 장기집권 중인 에르도안 대통령의 뜻을 거스르고 중앙은행이 기준금리를 인상시킨 것이다. 그동안 에르도안 대통령이 반대파를 탄압해온 역사를 비추어봤을 때 터키 중앙은행의 행보는 상당히 의미 있어 보인다.

터키는 1997년 우리나라가 위기를 겪었을 때와 몇 가지 공통점이 보인다. 환율이 급등하고 통화가치가 급락하며 외환위기가 왔다는 점, 외환보유고가 외채를 부담할 만큼 풍부한 상태가 아니라는 점, 이 과정에서 경기침체가 나타나고 있다는 점 등이다. 그리고 이를 막기 위한 대책으로 기준금리 인상을 선택했다. 대통령이 저금리를 주문하고 있었고, 아직까지는 IMF 구제금융을 요청하지도 않고 있다. 중앙은행이 스스로 금리를 올린 이유는 무엇일까?

이미 그전부터 시작되어버린 인플레이션

당시 우리나라와 현재 터키의 가장 큰 차이는 물가다. 우리나라는 1997년 위기 발생 이전까지는 아시아의 5마리의 용 중 하나로서 높은 경제성장률과 안정적인 물가상승률이라는 2마리 토끼를 모두 잡고 있었다. 터키의 위기는 미국의 관세 인상으로 인해 환율이 급등하면서 촉발된 것처럼 보이지만, 이미 2011년부터 실제 물가상승률이 물가안정목표 수준을 넘어서고 있었다. 2011년에도 중앙은행의 하루짜리 대출금리 인상을 단행했으며, 2014년에는 현행 기준금리로 활용되는 일주일 만기 레포(환매조건부채권)금리를 4.5%에서 10%로 인상했었다. 이미 터키는 인플레이션으로 인해 고통을 받고 있었고, 이에 대한 대책을 마련하고 있었으나 실제 시장에서는 잘 작동하지 않았다.

물가에는 항상성과 경직성이 있다. 매년 오른다는 생각이 모든 경제주체들의 머릿속에 각인되어버리면 물가 상승요인이 존재하지 않더라도 매년 가격을 인상하게 된다. 김치찌갯집은 밥값을 올리고, 휴대전화회

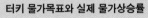

터키 물가목표와 실제 물가상승률

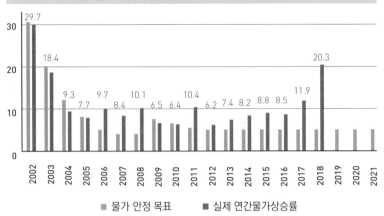

■ 물가 안정 목표   ■ 실제 연간물가상승률

자료: 세계은행, 터키 중앙은행

사는 휴대전화값을 올리고, 자동차회사는 차값을 올리고, 통신사는 통신요금을 올리게 된다. 이유는 간단하다. 매년 물가가 올라왔기 때문에 내 제품만 가격을 올리지 않으면 나의 매출은 전년과 동일할 것이고, 다른 제품의 가격은 올라갈 것이기 때문에 나의 실질구매력은 감소하게 된다. 그러므로 나의 제품가격도 매년 올릴 수밖에 없는 것이다. 이것은 인플레이션이 고착화되었을 때 가장 무서운 점이다. 그래서 중앙은행들은 물가안정에 사활을 거는 것이다.

터키의 2002년 물가안정목표는 연 35%의 물가상승률이었고, 실제 물가상승률은 29.7%였다. 2003년에는 물가안정목표가 20%였는데 실제 물가상승률은 18.7%였다. 이후부터 터키의 물가상승률은 드라마틱하게 안정되었고, 2005년에는 7.7%까지 물가상승세가 둔화되었다 (2003년 에르도안 총리가 집권한 후 물가상승률이 안정된 점이 그의 중요한

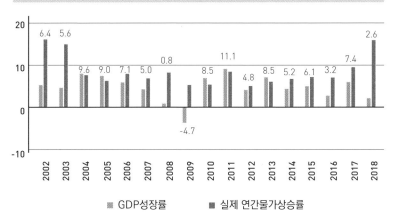

터키 경제성장률과 물가상승률 추이

20

6.4 5.6

11.1   2.6

0.8   8.5   7.4
9.6 9.0 7.1 5.0   8.5   5.2   6.1   3.2
10   4.8

0

-4.7

-10

2002 2003 2004 2005 2006 2007 2008 2009 2010 2011 2012 2013 2014 2015 2016 2017 2018

▨ GDP성장률   ■ 실제 연간물가상승률

자료: 세계은행

공적으로 꼽히곤 한다). 그러나 2006년부터 유가상승과 함께 다시 물가상
승률이 물가안정목표를 상회하기 시작했다. 2009년과 2010년 세계적인
경기침체로 인해 잠시 안정되는 모습을 보였으나, 2011년부터 다시 물
가상승률은 고개를 들기 시작했다.

그러나 이 물가상승세가 급격한 경제성장에 의해 나타난 것도 아니었
다. 터키경제는 2014년부터 경제성장률은 둔화되고 물가상승률은 높아
지기 시작했다. 경기침체와 인플레이션이 동시에 나타나는 스테그플레
이션Stagflation이 나타나기 시작한 것이다. 2018년 물가상승률은 20.3%에
달했다. 이 때문에 터키 중앙은행은 에르도안 대통령의 반대에도 불구
하고 기준금리를 24%까지 끌어올렸다.

터키는 기업들에게 제품가격을 인하하라는 압박에 나서고 있다. 그리
고 물가 상승으로 인한 국민들의 피해를 보전하기 위해 최저임금을 가

파르게 상승시키고 있다. 그러나 기업이 파는 물건과 서비스의 가격은 낮추라는 통제를 받고 있고, 비용 측면에서는 인건비 상승이라는 악재를 동시에 겪고 있는 상황에서, 터키의 스테그플레이션 상황은 쉽게 개선되는 모습이 보이지 않았다.

터키와 한국의 차이점

터키는 기준금리 인상이 불가피했다. 통화정책의 최우선 목표는 물가안정이다. 그것은 무조건적인 물가 하락이 목표가 아니다. 인플레이션보다 더 잡기 어려운 것은 디플레이션이다. 말 그대로 목표는 물가안정이다. 물가는 적정한 레벨을 계속 유지하거나, 느리게 또는 적정한 속도로 꾸준하게 올라가는 것이 가장 이상적이라고 알려져 있다. 터키는 이미 물가가 자신들이 판단하는 적정 속도보다 훨씬 빠르게 올라가고 있었는데, 통화가치 급락이라는 악재를 또 만나버린 것이다. 그렇다면 일단 물가를 안정시키고 난 뒤, 다시 금리를 인하하든지 하는 카드를 생각할 수밖에 없다.

인플레이션을 초기에 제어하지 못한다면 베네수엘라같이 하이퍼 인플레이션을 겪을 수 있다. 자국민이 자국통화에 대한 신뢰도가 사라지는 순간 어느 나라라도 하이퍼 인플레이션이 나타날 수 있다. 자국통화를 믿지 못하게 되면 자국통화를 매도하려고만 하고, 어느새 달러와 같은 국제적으로 통용되는 통화로만 거래하려는 현상이 나타난다. 자국통화의 가치는 매일같이 떨어지고, 물가는 통제 불능상태에 빠져 자국 화폐를 아예 포기하게 되는 일도 나타날 수 있다.

그렇다면 과거 한국은 어떠했을까? 우리도 터키처럼 걷잡을 수 없는 물가상승세가 나타났다면 고금리 정책이 불가피하다. 우리나라도 당시 원달러 환율이 800원대에서 순식간에 2천 원까지 오르는 모습을 보였었다. 여차하면 원화에 대한 신뢰를 국민들이 져버리는 일도 나타날 수 있었다. 그러나 우리나라는 그것이 전부였다. 원달러 환율이 급등하면 필연적으로 전량을 수입에 의존하고 있는 석유류와 같은 에너지 제품의 가격 상승이 불가피하다. 그래서 물가는 오를 수밖에 없다. 그렇게 오른 휘발유가격이 식당에서는 냉난방비, 가스비와 같은 곳에 영향을 미치고, 공장에서는 원재료가격에 영향을 미치면서 전체 물가를 끌어올린다. 우리나라는 1997년 11월 IMF에 구제금융을 신청했다. 그 당시를 전후한 우리나라의 소비자물가상승률과 식료품과 에너지 제품가격을 제외한 물가상승률은 다음과 같다.

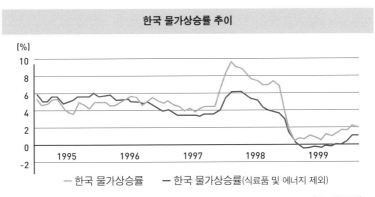

한국 물가상승률 추이

— 한국 물가상승률   — 한국 물가상승률(식료품 및 에너지 제외)

자료: 한국은행

우리나라는 외환위기가 발생하기 직전까지 5% 내외의 안정적 물가 상승 기조가 유지되고 있었다(당시에는 지금보다는 성장률이 더 높은 개도국 단계였기에 당연히 물가상승률도 높은 편이었다). 그러다 외환위기로 인해 원화가치가 급락하면서 소비자물가상승률이 올라갔지만, 원달러 환율에 직접 영향을 받는 에너지가격과 식료품가격을 제외한 물가상승률은 크게 타격을 받지 않았다.

한국과 터키의 차이점은 물가상승률이었다. 터키는 이미 환율 급등 이전부터 물가상승세가 제어할 수 있는 범위를 벗어나 있었다. 거기에서 나타난 통화가치 하락은 불난 집에 기름을 부은 셈이 되었다. 일단 불을 꺼야 다시 일을 하러 나가든 할 것이 아닌가? 그렇기 때문에 일단은 기준금리 인상으로 대책을 세울 수밖에 없었던 것으로 보인다. 그러나 한국의 물가상승률은 환율 상승에 의한 수입물가 상승분의 반영, 그 외에는 여파가 그리 크다고 보기는 어려웠던 것 같다.

———————— 물론 정책당국이 빠르게 IMF에 구제금융을 신청하고 그로 인해 금융시장이 안정되면서 물가도 빠르게 안정을 찾아간 것일 수도 있다. 그러나 당시 한국이 빠르게 경제 안정을 되찾은 가장 큰 이유로 언급되는 것은 환율이다. 대외부채가 많은 기업들이 원화가치 급락으로 고통을 겪었지만(달러로 돈을 빌린 기업은 환율이 급등하면서 자신들이 빌린 돈이 환율 변동으로 인해 크게 늘어나는 것을 경험했을 것이다), 대외부채가 많지 않은 기업들은 환율 급등으로 인해 수출하는 제품에 엄청난

가격경쟁력을 확보하게 되었다. 어차피 환율 급등이라는 것이 처음에는 고통으로 다가오나 나중에 경쟁력이라는 무기로 돌아오는 점을 알고 있다면 과연 고금리 정책이 필요했었던 것인가라는 의문이 남는다. 또한 당시 고금리 정책으로 인해 서민들이 받은 고통, 높은 실업률, 자산가격의 급락과 대출이자비용 부담 급증 등의 사회적 비용은 얼마나 컸던 것인지, 이 사회적 비용이 고금리 정책을 통해 얻을 수 있는 이득보다 그토록 작았던 것이었는지 다시 한 번 생각하게 된다.

나의 첫 금리 공부

초판 1쇄 발행 2019년 10월 15일
초판 12쇄 발행 2022년 8월 9일

지은이 | 염상훈
펴낸곳 | 원앤원북스
펴낸이 | 오운영
경영총괄 | 박종명
편집 | 최윤정 김형욱 이광민 양희준
디자인 | 윤지예 이영재
마케팅 | 문준영 이지은 박미애
등록번호 | 제2018 - 000146호(2018년 1월 23일)
주소 | 04091 서울시 마포구 토정로 222 한국출판콘텐츠센터 319호(신수동)
전화 | (02)719 - 7735   팩스 | (02)719 - 7736
이메일 | onobooks2018@naver.com   블로그 | blog.naver.com/onobooks2018
값 | 16,000원
ISBN | 979-11-7043-030-8 03320

이 도서의 국립중앙도서관 출판예정도서목록(CIP)은 서지정보유통지원시스템 홈페이지(http://
seoji.nl.go.kr)와 국가자료종합목록 구축시스템(http://kolis-net.nl.go.kr)에서 이용하실 수
있습니다. (CIP제어번호 : CIP2019037467)